자동차 마케팅전략

박 주 홍

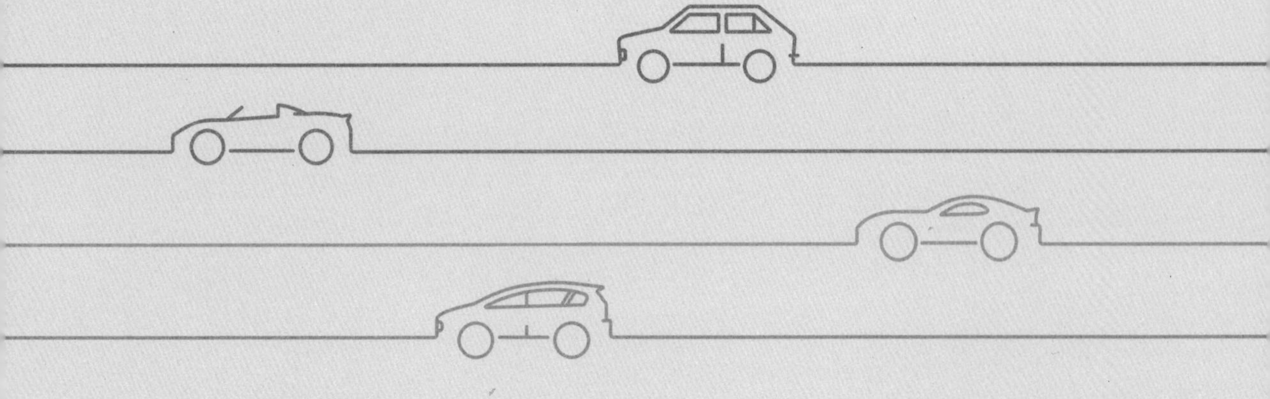

박영사

머리말

자동차 산업은 다른 산업에 비해 부가가치와 고용창출의 효과가 높은 산업에 속한다. 또한, 자동차 산업은 소수의 선진국에서만 성공적으로 발전해왔으며, 우리나라를 제외하면 다른 개발도상국에서 자동차 산업이 성공한 사례는 거의 없다고 볼 수 있다. 특히, 자동차 산업은 전후방 연계효과가 큰 종합산업일 뿐만 아니라, 규모의 경제효과가 큰 산업이다. 자동차 산업은 글로벌 기업들이 글로벌 시장에서 치열하게 경쟁하는 산업이다. 전 세계의 자동차 기업들은 본국에서뿐만 아니라 그들이 진출한 다양한 국가에서 서로 경쟁을 하고 있다.

세계 자동차 시장은 독일, 일본, 프랑스, 미국, 한국 및 이탈리아의 자동차 제조업체가 전 세계 시장에서 강력한 경쟁적 지위를 유지하고 있다. 2019년 세계 자동차 업체별 판매순위를 살펴보면, 독일의 Volkswagen이 1,000만대 이상을 판매하여 1위를 하였으며, 일본의 Toyota, 그리고 프랑스와 일본의 Renault－Nissan이 900만대 이상의 판매량을 달성하여 각각 2위와 3위를 차지하였다. 미국의 GM과 한국의 Hyundai－Kia는 700만대 이상을 판매하여 각각 4위와 5위를 하였다. 그리고 Ford, Honda, FCA, PSA, Mercedes－Benz가 차례로 6~10위를 차지하였다.

일반적으로 자동차 시장은 새롭게 제작된 자동차가 판매되는 신차 시장에 중점을 두는 경향이 있다. 전 세계의 자동차 제조업체들은 인적 및 물적 자원을 투입하여 신차의 개발과 판매, 그리고 이를 통한 시장점유율 및 매출액 증대를 위해 부단히 노력하고 있다. 실제로 볼 때, 자동차 시장은 시장연합체로서의 성격을 갖고 있다. 즉, 신차 판매의 이전과 이후를 중심으로 다양한 영역들이 시장연합체를 이루고 있다.

최근 들어, 자동차 시장과 관련된 주요 동향은 자동차 시장의 글로벌화가 증대되고 있다는 것이다. 이러한 글로벌화는 생산 및 판매의 관점에서 이루어진다. 자동차 시장과 관련된 생산과 판매의 글로벌화는 미국, 유럽, 일본 및 한국 자동차 기업들에 의해 추구되고 있다. 글로벌 자동차 시장에서는 미국, 유럽, 일본 및 한국 자동차 기업들이 강력한 경쟁력을 바탕으로 서로 경쟁하고 있다. 이러한 경쟁에서 우위를 차지하기 위해서는 자동차 마케팅전략을 효과적이고 효율적으로 수행하는 것이 중요하다.

자동차 마케팅전략을 수행하기 위해서는 믹스전략뿐만 아니라 마케팅 4P 전략에 대한 이해가 필요하다. 자동차 마케팅 믹스전략은 자동차 기업이 표적시장에서 마케팅 성과를 달성하기 위하여 제품(product), 가격(price), 유통(place) 및 촉진(promotion) 등과 같은 통제 가능한 마케팅 4P 요소를 조합(combination)하는 것을 말한다. 그리고 자동차 마케팅 4P 전략은 제품, 가격, 유통 및 촉진과 관련된 개별전략을 의미한다.

본서는 총 3부 10장으로 구성되어 있다. 제1부에서는 자동차 시장에 대한 기본적 이해를 위한 주제들을 다룬다. 제2부에서는 자동차 마케팅전략에 대한 통합적 접근을 하기로 한다. 여기에서는 자동차 마케팅전략의 개념적 기초, 자동차 마케팅 제품전략, 자동차 마케팅 가격전략, 자동차 마케팅 유통전략 및 자동차 마케팅 촉진전략 등이 체계적으로 논의된다. 마지막으로, 제3부에서는 자동차 마케팅의 도전과 전망에 대하여 논의하기로 한다.

저술연구의 일환으로 집필된 본서는 인용한 참고문헌에 대한 출처를 제시한 각주(footnote)와 자료원(source)을 명확하게 표기하였다. 본서를 집필하면서 마케팅 또는 글로벌마케팅에 대한 이론적 측면들은 저자가 출간한 '글로벌마케팅(제2판, 유원북스, 2013)'을 참고하였으며, 저서의 내용을 바탕으로 직접적으로 인용한 경우에는 해당부분을 재인용 또는 수정 재인용으로 표기하였다.

본서의 출판을 위해 많은 관심과 후원을 아끼지 않으신 박영사 안종만 회장님과 장규식 과장님, 그리고 편집을 위해 수고해주신 전채린 과장님께도 감사를 드린다. 또한, 본서가 집필되는 동안 많은 시간을 빼앗겨야만 했던 사랑하는 가족들에게 마음으로부터의 고마움을 전한다.

2021년 6월
궁산 기슭 연구실에서
저 자

◆ 강의(교수용) 파워포인트자료는 출판사 또는 juhong@kmu.ac.kr로 문의바람.

차 례

PART 01
자동차 시장에 대한 기본적 이해

PART 03
자동차 마케팅의 도전과 전망

표차례

그림차례

자동차
마케팅전략

AUTOMOBILE
MARKETING STRATEGY

PART

01

자동차 시장에 대한 기본적 이해

제1부에서는 자동차 시장에 대한 기본적 이해를 위한 구체적인 측면들이 논의된다. 제1장은 자동차 시장의 현황과 특징에 대하여 종합적으로 논의한다. 제2장은 자동차 시장에 대한 조사와 세분화에 대하여 상세하게 설명한다. 아울러, 제3장은 자동차 시장에서의 소비자 행동에 대하여 체계적으로 검토한다.

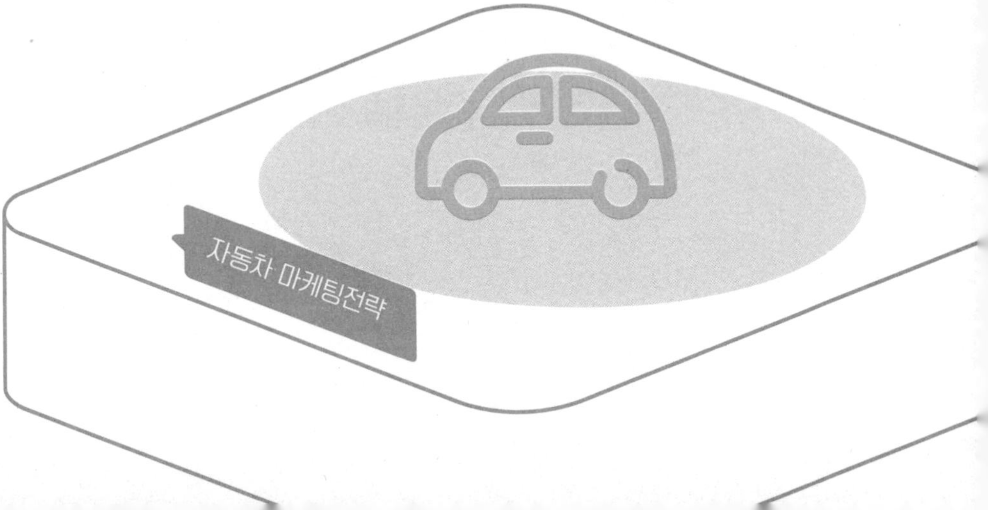

PART 01 자동차 시장에 대한 기본적 이해

CHAPTER 01 자동차 시장의 현황과 특징

CHAPTER 02 자동차 시장에 대한 조사와 세분화

CHAPTER 03 자동차 시장에서의 소비자 행동

↓

PART 02 자동차 마케팅전략에 대한 통합적 접근

CHAPTER 04 자동차 마케팅전략의 개념적 기초

CHAPTER 05 자동차 마케팅 제품전략

CHAPTER 06 자동차 마케팅 가격전략

CHAPTER 07 자동차 마케팅 유통전략

CHAPTER 08 자동차 마케팅 촉진전략

↓

PART 03 자동차 마케팅의 도전과 전망

CHAPTER 09 자동차 마케팅과 글로벌 경쟁력

CHAPTER 10 자동차 마케팅과 친환경 및 자율주행 자동차

Chapter 01

자동차 시장의 현황과 특징

CHAPTER 01 자동차 시장의 현황과 특징

1.1 자동차의 역사와 자동차 산업의 특징

1.1.1 자동차의 역사

자동차(自動車)는 인공적인 동력을 기반으로 하여 차체에 달린 바퀴를 노면과 마찰시켜 그 반작용으로 움직이는 교통수단을 말한다. 즉, 자동차는 휘발유, 경유, 가스, 전기, 수소 등의 연료 또는 동력원에 기초하여 '스스로 움직이는 차'를 의미한다. 자동차를 일컫는 영어 단어로는 'car, vehicle, automobile, auto, motor car' 등이 있다.

인류가 성취한 발명의 역사에서 볼 때, 스스로 움직이는 교통수단인 자동차는 '수레바퀴(wheel)'의 발명에서 그 출발점을 찾을 수 있다. 소 또는 노새가 끄는 수레바퀴는 기원전 4천 년경 남메소포타미아의 수메르인에 의해 고안되었다. 그리고 이것은 기원전 2년에는 보다 강하고 빠른 말이 끄는 마차의 수레바퀴로 더욱 발전하게 되었다.[1] 자동차가 개발되기 이전까지 수레바퀴는 마차를 구성하는 가장 중요한 부품이었다.

수레바퀴가 달린 마차는 말이 이끄는 힘으로 동력을 전달받아 움직이기 때문에 유사 이래로 속도에 있어서 진보를 이룩하지 못하였다. 마차가 자동차로

1 안병하(2007), p. 48.

대체되는 결정적인 사건은 1760년경 영국에서 시작되어 세계 여러 지역으로 확산한 산업혁명(industrial revolution)이다. 산업혁명 이후 자동차의 역사를 간략히 살펴보면 다음과 같다.[2]

• 증기 자동차

1769년 프랑스의 공병 장교 퀴뇨가 군용 목적(포차 견인용)으로 증기 자동차를 최초로 개발하였다. 증기기관은 1712년 뉴커먼에 의해 처음으로 개발되었으며, 그 이후 1765년 와트가 회전식 증기기관을 개발하였다. 증기 자동차는 1820년부터 본격적으로 보급되기 시작하였으며, 1900년대 초에는 증기 자동차의 전성시대가 열렸다.

• 전기 자동차

전기 자동차는 1830년대에 영국에서 개발된 이후에 19세기 후반까지 보급되었으나 충전의 문제와 배터리의 한계로 인하여 더 이상의 발전을 이룩하지 못했다. 최근에 전 세계적으로 급속히 보급되고 있는 전기 자동차는 무엇보다도 주행거리가 긴 배터리의 개발에 힘입은 바가 크다고 할 수 있다.

• 가솔린 및 디젤 자동차

가솔린(휘발유) 자동차는 1886년 독일의 다임러가 2인승 4륜 마차에 가솔린 엔진을 장착한 세계 최초의 자동차이다. 또한, 독일의 벤츠는 1885년 4사이클 가솔린 엔진을 삼륜차에 탑재하고, 1886년 특허를 취득하였다. 다임러와 벤츠는 '가솔린 자동차의 아버지'로 인정받고 있지만, 생전에 한 번도 만나지 않았다. 두 사람이 각각 만든 자동차 회사는 1926년에 합병되어 다임러 벤츠가 되었다. 한편, 디젤기관은 1897년 독일의 디젤에 의해 최초로 발명되었지만, 공기 분사식이었기 때문에 실용화의 한계에 부딪혔다. 디젤 자동차는 1921년 다임러

2 전게서, p. 49 이하; https://namu.wiki/w/%EC%9E%90%EB%8F%99%EC%B0%A8.

사에 의해 최초로 실용화되었으며, 1926년 독일 보쉬사가 자연 압축착화의 고압분사 연료펌프를 개발함으로써 본격적인 상업화가 시작되었다.

1.1.2 자동차 산업의 특징

자동차 산업은 다른 산업에 비해 부가가치와 고용창출의 효과가 높은 산업에 속한다. 또한, 자동차 산업은 소수의 선진국에서만 성공적으로 발전해왔으며, 개발도상국에서 자동차 산업이 성공한 사례는 거의 없다.[3] 자동차 산업의 주요 특성을 요약하면 다음과 같다.[4]

• **전후방 연계효과가 큰 종합산업**

산업적 차원에서 볼 때, 자동차 산업은 전후방 연계효과가 매우 큰 종합산업이다. 자동차 산업과 관련된 전방산업(최종 소비자가 주로 접하는 업종)과 후방산업(제품 소재를 주로 만드는 업종 및 산업재를 만드는 산업)은 다음과 같다.

- 전방산업: 이용부문(여객 운송, 화물 운송, 렌터카, 리스, 주차장, 창고, 레저, 유통, 세차 등과 같은 운수서비스 산업), 판매 및 정비부문(신차판매, 부품판매, 용품판매, 중고차 판매, 정비, 튜닝, 모터스포츠, 폐차 등과 같은 유통서비스 산업), 관련부문(정유, 윤활유, 보험, 금융, 광고, 운전교습, 의료, 도로건설 등)
- 후방산업: 생산 및 자재부문(철강, 비철금속, 전자, 전기, 소프트웨어, 유리, 고무, 타이어, 플라스틱, 섬유, 도료, 제조설비, 연구 기자재, 금형제작 등)

3 김종천(2002), p. 103.

4 R&D정보센터(2015), p. 45; 안병하(2007), p. 48.

• **규모의 경제효과가 큰 산업**

자동차를 개발하고 생산하기 위해서는 막대한 개발비와 설비투자가 요구된다. 자동차 산업에서의 규모의 경제효과는 대량생산을 통하여 생산원가가 절감되는 것을 말한다. 이러한 효과에 의해 달성되는 생산원가의 절감은 시장에서의 가격경쟁력 강화로 구체화된다.

• **글로벌 경쟁의 심화**

자동차 산업은 글로벌 기업들이 글로벌 시장에서 치열하게 경쟁하는 산업에 속한다. 전 세계의 자동차 기업들은 본국에서뿐만 아니라 그들이 진출한 다양한 국가에서 서로 경쟁을 하고 있다.

• **글로벌 소싱, 구매 및 생산**

자동차 산업은 글로벌 소싱, 구매 및 생산이 매우 활발하게 수행되는 산업이다. 자동차 산업에 있어서 글로벌 소싱(global sourcing)은 지리적 입지와 관계없이 필요한 원재료 및 부품을 가장 효과적으로 제공할 수 있는 공급업체를 전 세계적으로 활용하는 것을 의미한다.[5] 반면에 글로벌 구매(global purchasing)는 이러한 글로벌 소싱을 통하여 생산에 필요한 원재료 및 부품을 구입하는 행위를 말한다. 글로벌 생산(global production)은 기업이 전 세계적인 관점에서 이윤극대화의 목표를 달성하기 위하여 여러 국가에 자회사를 설립하여 제품을 생산하는 것을 의미한다.

---

5 Hodgetts, R. M./Luthans, F.(2000), p. 64.

1.2 자동차 시장의 현황

1.2.1 세계 자동차 시장의 현황

세계 자동차 시장은 독일, 일본, 프랑스, 미국, 한국 및 이탈리아의 자동차 제조업체가 전 세계 시장에서 강력한 경쟁적 지위를 유지하고 있다.

<표 1-1>은 2019년 세계 자동차 업체별 판매순위를 보여준다. 이 표에 제시된 바와 같이, 독일의 Volkswagen이 1,000만대 이상을 판매하여 1위를 하였으며, 일본의 Toyota, 그리고 프랑스와 일본의 Renault-Nissan이 900만대 이상의 판매량을 달성하여 각각 2위와 3위를 차지하였다.

표 1-1 2019년 세계 자동차 업체별 판매순위

순 위	업체명	판매량(단위: 1,000대)	시장점유율(%)
1	Volkswagen	10,336	12.2
2	Toyota	9,699	11.4
3	Renault-Nissan	9,223	10.8
4	GM	7,745	9.1
5	Hyundai-Kia	7,204	8.5
6	Ford	4,901	5.8
7	Honda	4,820	5.7
8	FCA	4,360	5.1
9	PSA	3,176	3.7
10	Mercedes-Benz	2,623	3.1

- FCA: Fiat, Chrysler 등의 브랜드 보유, PSA: Peugeot, Citroën 등의 브랜드 보유.

자료원: https://www.focus2move.com/.

미국의 GM과 한국의 Hyundai－Kia는 700만대 이상을 판매하여 각각 4위와 5위를 하였다. 그리고 Ford, Honda, FCA, PSA, Mercedes－Benz가 차례로 6~10위를 차지하였다.

<표 1－2>는 Interbrand에서 발표한 2020년 글로벌 100대 브랜드 자동차 부문 순위를 제시한다. 이 표에 나타나 있는 바와 같이 글로벌 100대 브랜드 중에서 자동차 브랜드 15개의 가치가 제시되어 있다. 1위는 Toyota로 밝혀졌으며, 한국의 Hyundai는 5위, Kia는 13위를 차지하였다.

표 1-2 2020년 글로벌 100대 브랜드 자동차 부문 순위

순 위	브랜드	브랜드 가치 (단위: 1억 달러)
1	Toyota	515.95
2	Mercedes-Benz	492.68
3	BMW	397.56
4	Honda	216.94
5	Hyundai	142.95
6	Tesla	127.85
7	Ford	125.68
8	Audi	124.28
9	Volkswagen	122.67
10	Porsche	113.01
11	Nissan	105.53
12	Ferrari	63.79
13	Kia	58.30
14	Land Rover	50.77
15	Mini	49.65

자료원: https://interbrand.com/best-brands/.

1.2.2 한국 자동차 시장의 현황

<표 1－3>은 2019년 국내 자동차 업체별 판매순위를 보여준다. 이 표에 나타나 있는 바와 같이, 현대, 기아, 한국GM, 르노삼성, 쌍용의 순으로 순위가 제시되어 있다. 현대는 국내 판매량 741,842대, 해외 판매량 3,680,802대로 1위를 차지하였다. 그리고 기아, 한국GM, 르노삼성, 쌍용이 각각 2~5위를 차지하였다.

표 1-3 2019년 국내 자동차 업체별 판매순위

순 위	업체명	국내 판매량 (단위: 대)	해외 판매량 (단위: 대)	총 계
1	현 대	741,842	3,680,802	4,422,644
2	기 아	520,205	2,250,488	2,770,693
3	한국GM	76,471	340,755	417,226
4	르노삼성	86,859	90,591	177,450
5	쌍 용	107,789	25,010	132,799
총 계		1,533,166	6,387,646	7,920,812

자료원: http://www.autoherald.co.kr/news/articleView.html?idxno=36848.

<표 1－4>는 2019년 국내 수입자동차 브랜드별 판매순위를 제시한다. 이 표에 나타나 있는 바와 같이, Mercedes－Benz가 78,133대로 1위, BMW가 44,191대로 2위, 그리고 Lexus가 12,241대로 3위를 차지하였다. 그리고 Audi, Toyota, Volvo, Chrysler, Mini가 각각 4~8위를 기록하였다. 한국수입자동차협회의 자료에 따르면, 2019년에 총 244,780대의 수입자동차가 국내에서 판매되었다.[6]

6 https://www.kaida.co.kr/ko/kaida/bbsList.do?boardSeq＝18.

• 표 1-4 2019년 국내 수입자동차 브랜드별 판매순위

순 위	브랜드	판매량(단위: 대)
1	Mercedes-Benz	78,133
2	BMW	44,191
3	Lexus	12,241
4	Audi	11,930
5	Toyota	10,611
6	Volvo	10,570
7	Chrysler	10,251
8	Mini	10,222

- 10,000대 이상 판매한 브랜드만 제시함.

자료원: https://www.kaida.co.kr/ko/kaida/bbsList.do?boardSeq=18.

1.3 자동차 시장의 특징과 특수성

1.3.1 시장연합체로서의 자동차 시장

일반적으로 자동차 시장은 새롭게 제작된 자동차가 판매되는 신차 시장(new car market)에 중점을 두는 경향이 있다. 전 세계의 자동차 제조업체들은 인적 및 물적 자원을 투입하여 신차의 개발과 판매, 그리고 이를 통한 시장점유율 및 매출액 증대를 위해 부단히 노력하고 있다. 실제로 볼 때, 자동차 시장은 시장연합체로서의 성격을 갖고 있다. 즉, 신차 판매의 이전과 이후를 중심으로 다양한 영역들이 시장연합체를 이루고 있다.

신차 판매 이전의 영역들은 업스트림(upstream)에 속하며, 신차 판매 이후의 영역들은 다운스트림(downstream)에 속한다.[7] 그리고 신차 판매는 업스트림과 다운스트림이 겹쳐지는 부분으로 볼 수 있다. 업스트림은 제품개발, 자원조달 및 생산의 영역들을 차지하고 있다. 다운스트림은 파이낸싱과 보험, 애프트마켓(aftermarket)과 애프트세일즈(aftersales), 중고차 판매, 연료 및 폐차의 영역들을 포함한다. 시장연합체로서의 자동차 시장은 <표 1-5>에 제시되어 있다. 이 표에 나타나 있는 바와 같이, 자동차 시장은 다양한 영역들이 거대한 시장연합체로 구성되어 있다는 것을 보여준다.

7 강 또는 하천의 상류는 업스트림, 하류는 다운스트림이라고 한다.

● 표 1-5 시장연합체로서의 자동차 시장

단 계	주요 영역	주요 시장
업스트림	제품개발	신제품 가공과 관련된 시장 (신제품 가공을 위한 부품, 기계 및 설비 등의 조달)
	자원조달	부품 및 원재료 조달과 관련된 시장
	생 산	최종 조립과 관련된 시장(제품생산에 필요한 기계, 설비 등의 조달)
업스트림 다운스트림	신차 판매	신차 시장
다운스트림	파이낸싱과 보험	파이낸싱 서비스 시장
	애프트마켓과 애프트세일즈	판매 후 서비스, 수리 및 정비 등과 관련된 시장 (수리 및 정비 등을 위한 부품 조달)
	중고차 판매	중고차 시장
	연 료	연료 시장(정유공장, 주유소)
	폐 차	폐기물 처리, 재활용 및 중고 부품 등과 관련된 시장

- 저자에 의해 일부 수정됨.
자료원: Diez, W.(2015), p. 4.

1.3.2 글로벌 자동차 시장

최근 들어, 자동차 시장과 관련된 주요 동향은 자동차 시장의 글로벌화가 증대되고 있다는 것이다. 이러한 글로벌화는 생산 및 판매의 관점에서 이루어진다. 자동차 시장과 관련된 생산과 판매의 글로벌화는 미국, 유럽, 일본 및 한국 자동차 기업들에 의해 추구되고 있다. <표 1-1>에서 설명한 바와 같이, 글로벌 자동차 시장에서는 미국, 유럽, 일본 및 한국 자동차 기업들이 강력한 경쟁력을 바탕으로 서로 경쟁하고 있다. 글로벌 자동차 시장이 추구하는 생산 및 판매의 글로벌화의 특징은 다음과 같이 요약될 수 있다.

• 글로벌 생산

글로벌 경쟁력을 갖춘 자동차 기업들은 그들이 속한 본국뿐만 아니라 다양한 현지국에서 자동차를 생산하고 있다. 1980년대 미국에 진출한 일본 자동차 기업들의 현지 자회사는 자동차 글로벌 생산의 시작으로 볼 수 있다. 그 당시 일본 자동차 기업들이 미국에 현지 자회사를 설립한 이유는 미국 정부에 의한 일본산 자동차 수입규제 때문이었다. 글로벌 생산은 본국에서 생산된 자동차의 수출이 현지 수입국가들의 관세 및 비관세 장벽에 의해 막힐 경우를 대비한 우회수단으로 활용되고 있다.

• 글로벌 판매

글로벌 판매는 글로벌 마케팅의 주요 활동에 속한다. 본국뿐만 아니라 현지국에서 생산된 자동차는 글로벌 마케팅활동을 통하여 전 세계의 소비자들에게 판매된다. 글로벌 자동차 기업들은 제품, 가격, 유통 및 촉진 등과 같은 마케팅 요소들을 효과적으로 결합하여 글로벌 소비자들에게 접근하고 있다.

1.3.3 성숙한 자동차 시장

자동차 시장은 다른 산업 부문에 비해 성숙한 시장의 특징을 보여준다. 제품수명주기의 관점에서 볼 때, 성숙한 시장은 성숙기 또는 포화기에 해당된다. 자동차 시장이 이러한 특징을 보여주는 이유는 다음과 같다.

• 큰 규모의 전 세계 자동차 판매량

전 세계 자동차 판매량은 2019년 8,670만대, 2020년 7,264만대를 기록하였다.[8] 코로나19 사태 때문에 2020년의 판매량이 2019년보다 많이 감소하였지만,

8 https://www.focus2move.com/.

여전히 글로벌 자동차 시장은 전 세계적으로 큰 규모의 판매량을 가진 성숙기 또는 포화기의 시장특징을 보여준다.

- 글로벌 자동차 기업 간의 치열한 경쟁

휘발유 또는 경유를 사용하는 내연기관 자동차의 관점에서 볼 때, 글로벌 자동차 기업 간의 경쟁은 여전히 치열하다. 일반적으로 경쟁이 치열한 시장은 성숙한 시장이라고 볼 수 있다. 하지만 내연기관을 대체하는 새로운 기술패러다임(technology paradigm)을 가진 전기 또는 수소자동차 등과 같은 친환경 자동차와 자율주행 자동차가 글로벌 시장에 도입되고 있는 현재의 시점에서 볼 때, 글로벌 자동차 시장은 도입기 또는 성장기에 해당되는 시장의 특징을 아울러 보여주기도 한다.

- 개발도상국 및 후진국의 자동차 수요 증대

자동차 구매는 소비자들의 구매력에 의해 많은 영향을 받는다. 어떤 국가의 경제적 수준에 따라 각 국가의 소비자 구매력은 달라질 수 있다. 예를 들면, 선진국 소비자들은 고가의 자동차를 구매할 수 있는 여건이 충분한 반면, 개발도상국 및 후진국의 소비자는 저가의 자동차를 구매하는 경향이 있다. 경제발전을 통하여 개발도상국 및 후진국의 소비자 구매력이 높아진다면, 이들 세분시장에서도 성숙기 또는 포화기의 특징이 나타날 가능성이 매우 높다.

1.3.4 경기순환의 영향을 받는 자동차 시장

자동차 시장은 경기순환의 영향을 많이 받는 대표적인 내구재 시장(durable goods market)이다. 경기순환(business cycle)은 경기가 호황과 불황을 거듭하면서 변화하고 반복되는 현상을 말하며, 경기변동이라고도 한다. 이것은 고용, 물가, 생산 등의 수준을 지표로 사용하여 측정한다. 내구재(durable goods)는 내구소비재라고도 하며, 자동차, 가전제품(텔레비전, 냉장고, 에어컨, 세탁기 등), 가구 등이 이에 속한다. 일반적으로 내구재는 오래 사용할 수 있으므로 소비자들은 불경기일 때 구매를 자제하게 되며, 호경기일 때 구매(신규 구매 또는 교환 구매)를 시도하게 된다.

특히, 자동차는 다른 내구재에 비하여 가격이 비싸므로 자동차 시장은 경기순환에 의해 직접적인 영향을 받게 된다. 불경기일 때는 중고차 시장(used car market)이 활성화되는 반면, 호경기일 때는 신차 시장(new car market)이 활성화되는 경향이 있다.[9] 예를 들면, 코로나19로 인한 전 세계적인 불황 때문에 2020년(7,264만대) 전 세계 자동차 신차 판매량은 2019년(8,670만대)에 비하여 1,406만대 감소하였다.

1.3.5 경쟁이 치열한 자동차 시장

앞서 살펴본 바와 같이, 독일, 일본, 프랑스, 미국, 한국 및 이탈리아의 자동차 제조업체가 전 세계 자동차 시장에서 치열하게 경쟁하고 있다(1.2.1 참고). 1990년대 이후부터 전 세계의 많은 자동차 기업들은 인수 및 합병 등을 통하여 기업의 규모를 키우는 전략을 선택하고 있다. 이러한 전략을 실행함으로써 자동차 기업들은 생산에서의 규모의 경제, 마케팅에서의 범위의 경제 및 연구개발에서의 시너지 효과를 누릴 수 있기 때문이다.

2021년 1월 FCA와 PSA는 50:50 비율로 합병한 자동차 회사 '스텔란티스(Stellantis)'를 출범시켰다. 이로써 새 합병사는 GM과 Hyundai-Kia를 제치고 세계 4위의 자동차 회사로 부상하게 되었다. Stellanstis는 양사 합병을 통하여 생산 플랫폼 결합, 비용 절감 등으로 약 50억 유로(약 6조 6,000억 원) 규모의 시

9 DAT(2014), p. 13.

너지 효과를 거둘 것으로 기대하고 있다.[10]

또한, 내연기관 자동차의 생산과 판매를 증대시키기 위하여 글로벌 자동차 기업 간의 경쟁이 치열할 뿐만 아니라, 내연기관을 대체하는 전기 또는 수소자동차 등과 같은 친환경 자동차의 생산과 판매와 관련하여 기존 자동차 기업과 신규 진입기업 간의 경쟁도 아울러 격화되고 있다(1.3.3 참고; 제10장 참고).

10 https://www.chosun.com/economy/auto/2021/01/18/E4QG7CU7NRHVDBLHPFJ2AS2HMA/.

1.4 본서의 구성 및 주요 내용

본서는 총 3부 10장으로 구성되어 있으며, 그 주요 내용은 다음과 같다.

먼저, '제1부 자동차 시장에 대한 기본적 이해'는 본서의 도입 부분으로서 자동차 시장의 현황과 특징(제1장), 자동차 시장에 대한 조사와 세분화(제2장) 및 자동차 시장에서의 소비자 행동(제3장)에 대하여 설명한다.

'제2부 자동차 마케팅전략에 대한 통합적 접근'에서는 자동차 마케팅전략의 개념적 기초(제4장), 자동차 마케팅 제품전략(제5장), 자동차 마케팅 가격전략(제6장), 자동차 마케팅 유통전략(제7장) 및 자동차 마케팅 촉진전략(제8장) 등이 체계적으로 논의된다.

마지막으로, '제3부 자동차 마케팅의 도전과 전망'은 자동차 마케팅과 글로벌 경쟁력(제7장), 그리고 자동차 마케팅과 친환경 및 자율주행 자동차(제8장)에 대하여 검토한다.

<그림 1-1>은 본서의 구성 및 주요 내용을 제시한다.

PART 01 자동차 시장에 대한 기본적 이해

CHAPTER 01 자동차 시장의 현황과 특징
CHAPTER 02 자동차 시장에 대한 조사와 세분화
CHAPTER 03 자동차 시장에서의 소비자 행동

↓

PART 02 자동차 마케팅전략에 대한 통합적 접근

CHAPTER 04 자동차 마케팅전략의 개념적 기초
CHAPTER 05 자동차 마케팅 제품전략
CHAPTER 06 자동차 마케팅 가격전략
CHAPTER 07 자동차 마케팅 유통전략
CHAPTER 08 자동차 마케팅 촉진전략

↓

PART 03 자동차 마케팅의 도전과 전망

CHAPTER 09 자동차 마케팅과 글로벌 경쟁력
CHAPTER 10 자동차 마케팅과 친환경 및 자율주행 자동차

▌그림 1-1 본서의 구성 및 주요 내용▐

PART 01 자동차 시장에 대한 기본적 이해

↓

PART 02 자동차 마케팅전략에 대한 통합적 접근

↓

PART 03 자동차 마케팅의 도전과 전망

Chapter 02

자동차 시장에 대한 조사와 세분화

CHAPTER 02 자동차 시장에 대한 조사와 세분화

2.1 자동차 시장조사

2.1.1 시장조사의 의의와 필요성[1]

시장조사(market research)는 시장과 관련된 다양한 형태의 의사결정을 하는 데 필요한 정보를 제공하기 위하여 수행되는 지원활동이다. 시장조사를 통하여 수집된 정보를 바탕으로 기업은 시장진입전략 및 마케팅 믹스전략 등을 수립한다.

방법론적인 측면에서 볼 때, 글로벌 시장조사는 국내 시장조사와 큰 차이가 없다. 즉, 글로벌 시장조사를 위해 활용하는 기법은 국내 시장조사를 위해 사용하는 기법과 동일하다. 그러나 글로벌 시장조사는 서로 다른 환경을 가진 다양한 국가를 대상으로 조사하기 때문에 국내 시장조사보다 더욱 복잡하다. 글로벌 시장조사의 특징은 다음과 같이 요약될 수 있다.[2]

1 박주홍(2013), p. 96 이하 수정 재인용.

2 문병준 외(2007), p. 87.

- 다양한 국가, 문화 및 언어 때문에 나타나는 조사설계의 복잡성
- 2차 자료의 정확성, 신뢰성 및 수집에 있어서의 문제점 발생가능성
- 1차 자료수집과 관련된 비용적 및 시간적 부담의 가중
- 국가 간 조사활동과 관련된 조정문제의 발생가능성
- 다양한 환경조건 하에서 수집된 자료의 국가별 비교의 문제점 발생가능성

자동차 시장은 국내시장뿐만 아니라 글로벌 시장을 포괄하고 있으며, 무엇보다도 글로벌 시장이 시장점유율 및 매출액 증대를 위해 중요한 역할을 한다. 글로벌 시장은 여러 가지 환경적 요인의 영향을 받는 다수의 개별 국가시장으로 구성되어 있다. 그러므로 어떤 자동차 기업이 다수의 개별 국가시장을 대상으로 마케팅활동을 하는 경우에 있어서, 정치적·법적, 경제적, 사회문화적 및 기술적 환경 등과 같은 요인들을 국가별로 조사하고 분석할 필요가 있다. 글로벌 시장조사는 다음과 같은 의사결정을 하는 데 필요한 정보를 제공한다.[3]

- **글로벌화 추진 여부**

  자사 제품에 대한 글로벌 시장기회의 평가, 글로벌화에 대한 경영진의 의지, 해외경쟁자와 비교한 자사의 경쟁력, 국내 시장기회와 글로벌 시장기회의 비교, 글로벌 시장에 대한 잠재적 및 실제적 수요조사

- **진입시장의 선택**

  환경분석을 통한 잠재적 및 실제적 시장에 대한 진입 우선순위의 결정

- **진입방법의 선택**

  수출, 라이선싱, 해외 지점 및 지사의 설립, 자회사의 설립 등과 같은 진입

3 문준연(2006), p. 96 이하; 이장로(2003), p. 480 이하.

방법의 선택에 영향을 미치는 요인의 분석

- 글로벌 마케팅믹스

글로벌 제품, 가격, 유통 및 촉진 등과 관련된 의사결정을 위해 요구되는 시장정보

- 글로벌 마케팅활동의 관리

다수의 글로벌 시장에서 수행되는 마케팅활동에 대한 계획, 조직 및 통제 등에 필요한 정보

2.1.2 자동차 시장조사를 위한 자료수집

(1) 2차 자료수집

시장조사는 자동차 기업이 국내뿐만 아니라 진출하려는 어떤 국가 또는 지역에 대한 자료수집으로부터 시작된다. 이러한 자료는 이미 발표되거나 출판된 자료를 말하며, 2차 자료(secondary data)라고 한다. 2차 자료수집의 원천을 살펴보면 다음과 같다.[4]

- 고 객

개인 소비자 또는 사용자, 기업고객으로부터 수집되는 정보

- 경쟁기업

경쟁기업이 발간한 자료 및 보고서, 경쟁기업의 직원으로부터 수집되는 정보

---

4 박주홍(2009), p. 163 이하 재인용; Daniels, J. D. et al.(2004), p. 394 이하; Perlitz, M.(2004), p. 170 이하.

- 해외회사

해외 자회사 및 해외에서 활동하는 다른 기업으로부터 수집되는 정보

- 개별적 보고서

시장조사기업 및 컨설팅기업에게 비용을 지불하여 수행한 보고서

- 전문적 연구보고서

산업협회(예를 들면, 한국자동차산업협회, 한국수입자동차협회) 및 연구기관이 발간한 연구보고서(예를 들면, 제품별 또는 산업별 연구보고서)

- 서비스기업

은행, 회계법인 등과 같은 서비스기업이 발간한 자료 또는 보고서

- 정부기관

각 정부부처에서 발간하는 보고서 및 각종 연감

- 국제조직 및 기구

UN, WTO, IMF 등과 같은 국제조직 및 기구에서 발간하는 보고서 및 각종 연감

- 상공회의소 및 무역협회

이들이 발간하는 자료, 보고서 및 각종 연감

- 정보서비스기업

각종 정보에 대하여 체계적으로 데이터베이스를 구축한 기업으로부터 관련

된 정보를 유료로 구입함.

- **인터넷**

인터넷검색을 통한 정보수집

- **박람회 및 전시회**

참가기업, 구매자(바이어), 주최기관 및 방문객 등을 통한 정보수집

(2) 1차 자료수집

1차 자료(primary data)는 자동차 기업이 필요로 하는 시장환경에 대한 정보 및 자료를 독자적으로 수집하거나 창출하는 것을 말한다. 즉, 기업외부에서 수집되는 2차 자료가 불충분한 경우에는 기업이 직접 조사하여 자료를 수집하게 된다. 자동차 기업은 설문조사와 비설문조사를 통하여 1차 자료를 수집한다.[5] 아래에서 제시되는 방법은 자동차뿐만 아니라 다른 제품들에 대한 1차 자료를 수집하는 데 널리 사용될 수 있다.

- **설문조사**

설문지(questionnaire)를 사용하여 필요한 자료를 수집하는 방법이며, 이 방법에서는 조사개념이 계량화되고 개념들 간의 상관관계가 심층적으로 분석된다.

- **비설문조사**

관찰법(observation), 프로토콜(protocol), 투사법(projective technique) 및 심층인터뷰(in-depth interview) 등을 통하여 필요한 자료를 수집하며, 그 내용은 다음과 같다.

---

5 이장로(2003), p. 497 이하.

- 관찰법: 조사자가 일상적인 생활패턴(예를 들면, 구매패턴)과 같은 조사대상자들의 행동을 직접 관찰하여 자료를 수집한다.
- 프로토콜: 현장 또는 모의현장에서 조사대상자가 구매행위와 같은 특정 행위를 하면서 구매동기 및 구매 의사결정에 대하여 자유자재로 구술하도록 하고, 이것을 기록하여 필요한 자료를 획득한다.
- 투사법: 조사대상자에게 구매행위와 같은 특정 상황을 그림 또는 문자를 통해 보여주면서 조사대상자 자신으로 하여금 그 상황 속의 구매자인 것처럼 생각하게 함으로써 나타나는 반응을 관찰하여 자료를 수집한다.
- 심층 인터뷰: 특정 주제에 대한 개인 또는 집단의 태도를 깊이 이해하기 위하여 수행하는 인터뷰 방법이다.

2.1.3 자동차 시장조사의 과정[6]

자동차 시장조사의 과정은 <그림 2-1>에 제시된 바와 같이 5단계로 구성되어 있다. 이론적으로 볼 때, 국내 시장조사의 과정은 조사의 대상만 다를 뿐이며 글로벌 시장조사와 동일하다. 또한, 시장조사는 기업의 마케팅 관리자가 수행할 수 있을 뿐만 아니라, 의뢰 기업의 요구에 따라 경영컨설턴트가 수행할 수도 있다. 이러한 5단계를 거침으로써 시장조사가 체계적으로 수행될 수 있다.

6 박주홍(2013), p. 101 수정 재인용.

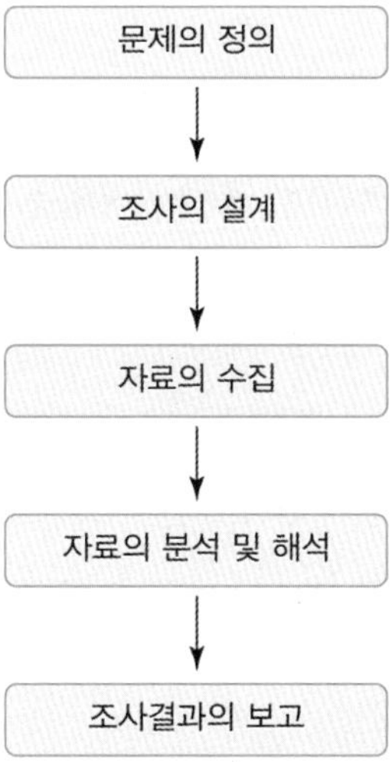

자료원: 박주홍(2013), p. 102.

▌그림 2-1 시장조사의 과정▐

(1) 문제의 정의

문제의 정의(problem definition)는 마케팅과 관련하여 해결되어야 할 문제를 명확히 규정하는 것이다. 즉, 마케팅과 관련된 문제를 파악한 후에 구체적인 조사과정이 시작된다. 문제의 정의는 향후의 조사과정에서 요구되는 시간과 비용에 직접적으로 영향을 미치기 때문에 매우 구체적으로 이루어져야 한다.

보다 효과적인 문제의 정의를 위하여 다음과 같은 측면들이 고려되어야 한다.

• **문제의 범위설정**

문제를 정의할 때 그 범위가 넓으면 조사시간이 오래 걸리고 비용이 많이 들 수 있으며, 반면에 그 범위가 너무 좁으면 필요한 조사결과가 획득되지 않을 수도 있다.

• 의사결정자의 직위

시장조사가 기업에 의해 수행되는 경우에 있어서 최고경영층 또는 상위경영층은 전략적인 문제를 고려하며, 중하위경영층은 운영적인 문제에 집중하는 경향이 있다.

• 문화적 차이

시장조사가 글로벌 관점에서 수행되는 경우에 있어서 국가별 또는 지역별 문화적 차이에 따라 문제를 보는 시각이 다를 수 있다.

(2) 조사의 설계

조사의 설계(research design)는 조사프로젝트를 수행하고 통제하기 위한 구체적인 방안을 제시하는 것이다. 조사의 설계에 있어서 가장 중요한 것은 시간과 비용을 절감하고, 조사의 효율성을 증대시키는 것이다. 조사의 설계는 다음과 같은 네 가지 주요 활동과제를 포함한다.[7]

• 규정된 문제에 대한 종합적인 검토

조사목적, 연구문제 및 연구가설 등에 대한 검토

• 조사골격(research framework)의 설정

조사방법, 자료수집의 절차 및 기법 등에 대한 결정

• 예산편성과 조사일정의 확정

인원, 시간 및 비용을 고려한 예산편성 및 조사일정의 확정

---

7 채서일(2003), p. 47.

• 조사설계의 평가

신뢰성, 타당성 및 결과의 일반화 가능성 등을 기준으로 평가

특히, 글로벌 시장조사는 여러 국가 또는 지역을 대상으로 이루어지기 때문에 수집하여야 할 자료의 유형을 결정하는 것이 중요하다. 자료는 앞에서 살펴본 바와 같이 1차 자료와 2차 자료로 구분되며, 이러한 자료의 유형에 따라 조사의 설계가 이루어진다. 2차 자료는 신속하게 수집될 수 있고 1차 자료에 비해 시간과 비용이 적게 소요되는 반면, 1차 자료는 자료의 정확성, 적합성 및 시의적절성 등의 측면에서 볼 때 2차 자료보다 우수하지만, 자료의 수집 비용 및 시간이 많이 드는 단점이 있다. 또한, 1차 자료의 수집은 2차 자료의 수집보다 조사의 설계가 더욱 복잡하다. 왜냐하면, 1차 자료의 수집에서는 조사방법, 응답자 접촉방법, 표본추출 및 측정도구 등이 결정되어야 하기 때문이다.[8]

(3) 자료의 수집

자료의 수집(data collection)은 앞서 논의한 조사의 설계에 기초하여 이루어진다. 아래에서는 글로벌 시장조사에서 발생할 수 있는 2차 자료수집과 1차 자료수집의 문제점을 중심으로 살펴보기로 한다.

글로벌 시장의 관점에서 볼 때, 2차 자료는 경제발전의 정도와 문화적 배경이 서로 다른 국가와 지역으로부터 수집되기 때문에 다음과 같은 문제점을 내포하고 있다.[9]

8 문병준 외(2007), p. 90.

9 Kotabe, M./Helsen, K.(2008), p. 202 이하; Gillespie, K./Jeannet, J.－P./Hennessey, H. D.(2004), p. 175 이하.

- **자료의 이용가능성(availability of data)**

국가 및 지역에 따라 필요로 하는 2차 자료가 없는 경우도 있다. 예를 들면, 세부적인 통계자료를 수집하는 정부기관이 없는 국가가 있을 수 있고, 통계조사를 하더라도 필요한 자료의 활용이 불가능한 경우도 있다. 이러한 현상은 주로 후진국 및 개발도상국에서 발견된다. 만일 필요로 하는 자료를 어떤 현지 국가에서 수집할 수 없는 경우에 기업은 직접 또는 조사대행 기관을 통하여 자료를 수집하여야 한다.

- **자료의 발생시기(age of data)**

기업이 요구하는 자료가 현지 국가에서 이용 가능할지라도 자료의 발생시기가 다를 수 있다. 즉, 국가에 따라 조사의 시점과 횟수가 일치하지 않기 때문에 자료의 발생시기가 달라지는 상황이 초래될 수 있다.

- **자료의 정확성(accuracy of data)**

자료의 정확성은 자료의 신뢰성과 관련되어 있다. 국가에 따라 통계수치가 조작되거나 자국에 유리하게 과장되어 발표되기도 한다. 일반적으로 선진국에서의 통계조사는 국가의 예산지원과 체계적인 과정을 거쳐서 수행되기 때문에 그 결과를 신뢰할 수 있지만, 후진국 또는 개발도상국에서의 통계조사는 전문가와 예산의 부족으로 인하여 그 정확성이 떨어질 가능성이 매우 높다.

- **자료의 비교가능성(comparability of data)**

기업이 서로 다른 여러 국가의 2차 자료를 비교하는 경우에 있어서 각 국가의 자료수집의 방식 및 표시방법 등에 따라 국가 간 직접 비교가 어려울 수 있다. UN, IMF, WTO 등과 같은 국제기구에서 직접 수집하여 제공하는 2차 자료는 이러한 문제점을 거의 발생시키지 않지만, 각 국가의 정부기관에서 발표한 2차 자료는 가끔 국가 간 직접 비교를 어렵게 만들기도 한다.

1차 자료의 수집과 관련하여 글로벌 시장조사자는 다음과 같은 문제에 직면할 수 있다.[10]

• 응답의 비협조성(unwillingness to respond)

국가에 따라 설문조사 또는 인터뷰에 비협조적인 응답자가 있을 수 있다. 특히, 현지인이 어떤 특정 국가 또는 외국인 조사자에 대하여 반감이나 적대감을 가진 경우에는 설문조사 또는 인터뷰가 불가능한 상황이 나타날 수 있다. 또한, 응답에 있어서 남성과 여성 간의 차이가 있을 수 있다. 예를 들면, 이슬람 문화권에서는 여성이 남성보다 응답을 더 꺼리는 경향이 있다. 이와 같은 문제점이 발생하는 경우에는 현지인 조사자 또는 여성 조사자를 활용하여 조사가 수행되어야 한다.

• 실증조사에서의 표본추출(sampling in field surveys)

조사방법이 정해지고, 설문지가 완성되고 나면 구체적인 조사대상자가 선정되어야 한다. 조사대상자의 선정방법은 조사대상자들이 속해 있는 집단 전체를 조사하는 전수조사와 그중에서 일부분을 대상으로 조사하는 표본조사가 있다. 표본추출은 여러 가지 표본추출방법을 사용하여 조사대상 집단 전체에서 조사대상자를 선정하는 것이다. 실증조사에서의 표본추출의 문제는 기업이 조사하려는 국가에 따라 표본의 대표성이 현저하게 차이가 나는 경우에 발생한다.

• 문화 간 연구(cross-cultural studies)

글로벌 마케팅활동은 서로 다른 문화적 배경을 가진 국가 또는 지역에서 수행되기 때문에 1차 자료의 수집에 있어서 조사자는 조사대상국 간의 문화의 차이를 이해하는 것이 중요하다. 즉, 설문조사 또는 인터뷰가 여러 국가의 조사대상자를 상대로 이루어진다면, 문화의 차이 때문에 나타나는 국가 간 응답의 차

---

10 Cateora, P. R.(1993), p. 348 이하.

이가 고려되어야 한다.

• 언어와 이해(language and comprehension)

언어는 국가 또는 지역 간의 차이점을 명확히 구분하게 하는 가장 대표적인 문화적 변수이다. 글로벌 시장조사자가 여러 국가를 대상으로 설문조사 또는 인터뷰를 할 경우에 있어서 통역, 번역 및 의사소통 등의 문제가 나타날 뿐만 아니라, 이와 관련된 추가적인 비용도 발생한다.

특히, 자동차 기업이 특정 국가에서 마케팅활동을 하려는 경우, PEST 분석(PEST analysis)을 통하여 그 국가의 외부적 경영환경의 분석하는 것이 바람직하다. 이것은 정치적·법적(political-legal), 경제적(economic), 사회문화적(sociocultural) 및 기술적(technological) 환경요인을 파악하는 것을 말한다. 이러한 분석은 국내뿐만 아니라 해외국가를 대상으로 수행될 수 있다(PEST는 4개의 환경요인의 영문 앞글자만을 따서 만든 용어임). 자동차 마케팅전략을 수립하기 위하여 분석의 결과는 기회 또는 위협요인으로 고려되어야 한다. PEST 환경요인과 관련된 다양한 평가항목들이 있지만, 최소한 다음과 같은 평가항목들은 가능한 한 우선적으로 분석되어야 한다.[11]

• 정치적 · 법적 환경요인

정치적 안정성, 무역정책 및 규제, 경쟁관련법, 무역관련법, 노동 및 고용관련법, 조세법 등

• 경제적 환경요인

경제성장률, 국민 총생산, 1인당 국민소득, 환율, 인플레이션, 금리 및 통화정책 등

11 박주홍(2012), p. 226 이하 재인용; 설증웅/조민호(2006), p. 58 이하.

- **사회문화적 환경요인**

인구통계적 변수, 소득분포, 교육수준, 생활양식, 가치관 등

- **기술적 환경요인**

정부의 연구개발 지원정책 및 지원투자, 과학기술정책, 기술이전, 새로운 발명 및 개발, 국내외 특허보유건수, 산업클러스터의 존재 등

(4) 자료의 분석 및 해석

자료의 분석 및 해석(data analysis and interpretation)의 단계에서는 먼저 수집된 자료를 조사목적에 따라 분석한 후, 조사결과에 대하여 해석하는 절차를 거친다. 자료의 분석은 수집된 자료의 편집, 코딩 및 통계분석 등을 통하여 이루어진다.[12] 편집, 코딩 및 통계분석 등에 대한 구체적인 내용을 살펴보면 다음과 같다.

- **편 집(editing)**

조사설계의 목적에 따라 분석이 수행될 수 있도록 자료를 정정, 보완, 삭제하여 완전하고 일관성 있는 자료를 확보하는 업무

- **코 딩(coding)**

조사된 내용에 일정한 숫자를 부여하여 자료분석을 용이하게 하는 과정

- **통계분석(statistical analysis)**

조사설계의 단계에서 계획한 통계기법을 사용하여 결과를 도출하는 행위

12 채서일(2003), p. 49.

수집된 자료에 대한 분석이 이루어지면, 그 다음 단계로 분석결과에 대한 해석의 과정을 거쳐야 한다. 특히, 글로벌 시장조사자는 조사결과에 근거하여 의미있는 해석을 하여야 하며, 이 과정에서는 조사대상 국가 또는 지역에 대한 환경적인 이해가 선행되어야 한다. 즉, 분석자에 따라 동일한 분석결과에 대한 서로 다른 해석이 가능하므로 주의가 요구된다.

(5) 조사결과의 보고

조사결과의 보고(presenting the results)는 기업의 의사결정에 도움을 주기 위하여 조사자가 조사결과를 최종적으로 정리하여 보고하는 것을 말한다. 조사결과의 보고는 서면보고와 구두보고로 구분할 수 있다.[13]

- **서면보고(written report)**

서면보고는 조사자보다 상위의 직위에 있는 의사결정자에게 문건의 형태로 전달되며, 표지, 목차, 요약 및 본문 등으로 구성된다.

- **구두보고(oral report)**

구두보고는 서면보고에 추가하여 시청각적으로 이루어지는 경향이 있다. 조사자 중에서 발표자를 선정하여 의사결정자에게 브리핑(briefing) 또는 프레젠테이션(presentation)하는 것이 필요하다.

13 Kumar, V.(2000), p. 292 이하.

2.2 자동차 시장세분화

2.2.1 시장세분화의 의의와 필요성[14]

시장세분화(market segmentation)는 다양한 욕구를 가진 소비자들을 일정한 기준에 따라 몇 개의 동질적인 소비자 집단으로 나누는 것을 말한다. 글로벌 시장세분화(global market segmentation)의 개념도 이와 동일하며, 이것은 글로벌

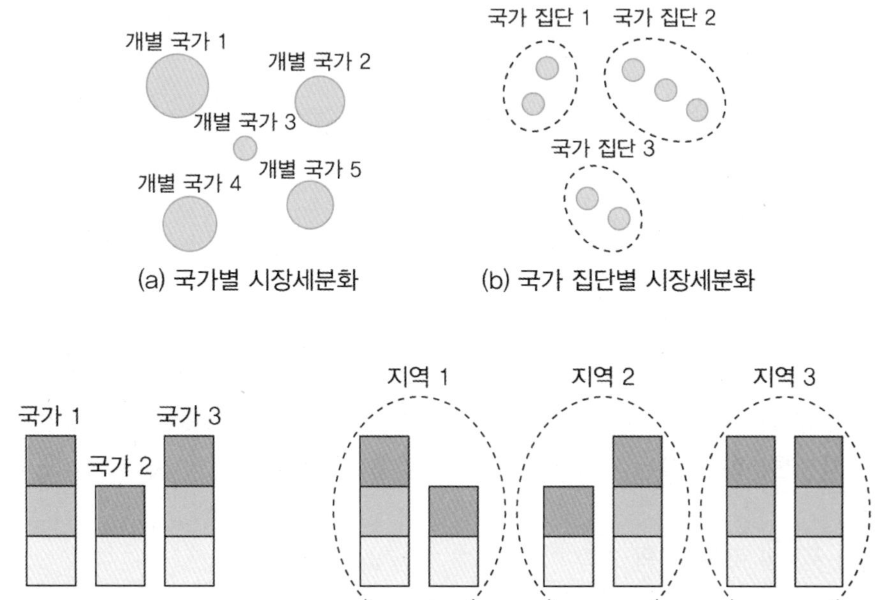

자료원: 문병준 외(2007), p. 139; 저자에 의해 일부 수정됨.

| 그림 2-2 시장세분화의 형태 |

14 박주홍(2013), p. 114 이하 수정 재인용.

시장을 일정한 기준에 근거하여 몇 개의 동질적인 세분시장 또는 동질적인 소비자 집단으로 분류하는 것이다. 마케팅관리자는 다음과 같은 두 가지 형태로 현지국 또는 지역의 시장을 세분화할 수 있다.[15] <그림 2-2>는 이러한 두 가지 형태의 시장세분화를 제시한다.

- **국가별 또는 국가 집단별 시장세분화**

이것은 어떤 특정 국가 또는 국가 집단을 분석단위로 하여 해당 국가 또는 국가 집단의 내부시장을 세분화를 하는 것을 말한다. 예를 들면, 국가 집단은 선진국, 개발도상국 및 후진국 등으로 분류될 수 있다.

- **국가 간 또는 지역 간 시장세분화**

이것은 국경을 초월하여 동일한 특징을 갖는 세분시장을 국가 또는 지역에 따라 분류하는 것을 말하며, 국가 간 또는 지역 간의 동질성이 세분화의 중요한 기준이 된다.

시장세분화는 표적시장선정과 포지셔닝전략을 수립하기 위한 전단계의 성격을 갖고 있을 뿐만 아니라, 효과적이고 효율적인 마케팅 믹스전략의 실행을 위한 전제조건이다. 특히, 글로벌 시장에서 활동하는 자동차 기업들이 글로벌 시장세분화를 하는 이유를 요약하면 다음과 같다.

- **글로벌 고객욕구의 충족**

기업은 시장세분화를 통하여 각 세분시장의 환경 또는 상황에 적합한 마케팅믹스를 할 수 있으므로 고객욕구를 더욱 잘 충족시킬 수 있다.

---

15 문병준 외(2007), p. 139; 김주헌(2004), p. 158.

• **표적시장선정과 포지셔닝전략의 실행**

기업은 시장세분화를 함으로써 성공가능성이 높은 표적시장을 선정할 수 있을 뿐만 아니라, 그 시장에서 제품의 위치를 확고히 구축하게 하는 포지셔닝전략을 실행할 수 있다.

• **효율적 마케팅 자원의 배분**

기업이 보유하고 있는 마케팅 자원은 한정되어 있기 때문에 전 세계의 모든 시장을 표적시장으로 선정하는 것은 거의 불가능하다. 그러므로 기업은 시장세분화를 통하여 각 세분시장의 특성을 파악한 후 표적시장을 선정할 뿐만 아니라, 각 표적시장에 적합한 마케팅 믹스전략을 수립할 수 있다.

2.2.2 자동차 시장세분화의 전제조건

국내시장보다 더 복잡하고 통제하기 어려운 환경으로 구성된 글로벌 자동차 시장에서의 시장세분화는 많은 제약에 노출되어 있다. 글로벌 자동차 시장은 수많은 국가와 지역으로 구성되어 있으므로 시장세분화를 하는 데 있어서 큰 비용이 발생할 수 있다. 무엇보다도 이러한 비용을 고려한다면, 글로벌 시장세분화는 다음과 같은 전제조건을 충족시켜야 한다.[16] 이러한 전제조건은 자동차 이외의 다른 제품 또는 제품집단에서도 동일하게 적용될 수 있다.

(1) 측정가능성(measurability)

세분시장은 정의하기가 쉽고, 측정이 가능해야 한다. 특히, 국가 또는 지역

16 Kotabe, M./Helsen, K.(2011), p. 222; 반병길/이인세(2008), p. 111 이하; 문병준 외(2007), p. 142 이하; 박재기(2005), p. 177; Wedel, M./Kamakura, W. A.(1998), p. 1 이하.

등을 기준으로 분류되는 세분시장의 크기와 구매력, 그리고 세분시장과 관련된 사회경제적 변수(예를 들면, 국민총생산, 1인당 국민소득 및 경제성장률 등)는 확인이 가능하여야 한다. 일반적으로 수치 또는 지표에 기초한 세분시장의 크기는 쉽게 측정할 수 있지만, 가치와 라이프스타일 등과 같은 척도에 근거하고 있는 세분시장의 크기는 측정하기 힘든 경향이 있다.

(2) 실질성(substantiability)

세분시장은 수익을 발생시킬 수 있을 정도로 충분한 시장규모를 가지고 있어야 한다. 여러 가지 기준을 고려하여 글로벌 시장세분화가 잘 이루어졌을지라도 어떤 특정 세분시장의 규모가 너무 작다면 수익이 창출될 수 없다. 또한, 규모가 작은 세분시장에서는 규모와 범위의 경제, 표준화의 이점 및 경험곡선의 효과 등이 제대로 달성되기 어렵다.

(3) 접근가능성(accessibility)

세분시장에 대한 접근은 일반적으로 마케팅 믹스프로그램(예를 들면, 촉진과 유통활동)의 실행을 통하여 이루어진다. 어떤 특정 세분시장에서 촉진과 유통활동이 불가능하거나 제약을 받는다면, 그 시장에 대한 접근가능성은 매우 낮아질 것이다. 또한, 어떤 특정 세분시장에 무역장벽이 존재하는 경우에도 그 시장에 대한 접근이 어려울 수 있다.

(4) 안정성(stability)

세분시장 내에서는 동질성을 유지하고, 세분시장 간에는 이질성을 유지해야만 세분시장의 안정성이 높아진다. 즉, 같은 세분시장에 속한 고객의 욕구는 동질적이어야 하며, 서로 다른 세분시장에 속한 고객의 욕구는 이질적이어야 한다. 그리고 장기적 관점에서 볼 때, 어떤 특정 세분시장의 고객욕구 또는 행동이 쉽게 변할 가능성이 높다면, 이러한 세분시장의 안정성은 매우 낮을 것이다.

(5) 실행가능성(actionability)

각 세분시장을 목표로 수립된 마케팅 믹스전략은 해당 시장에서 실행될 수 있어야 한다. 즉, 각 세분시장별로 마케팅 믹스전략의 실행가능성이 높을수록, 기업의 글로벌 수익목표를 달성할 수 있는 가능성이 더욱 높아진다. 앞서 언급한 접근가능성은 촉진과 유통활동에만 국한된 전제조건에 속하는 반면, 실행가능성은 제품, 가격, 유통 및 촉진활동 등과 관련된 전제조건에 해당된다.

2.2.3 자동차 시장세분화의 방법

자동차 시장세분화는 다음과 같은 네 가지 기준으로 설명할 수 있다. 아래에서는 이들에 대한 구체적인 내용을 살펴보기로 한다.

- **지리적 시장세분화**(geographic market segmentation)

  자동차 세분시장을 지리적 기준으로 분류함.

- **제품관련 시장세분화**(product-related market segmentation)

  자동차 세분시장을 가격등급별, 기술적 기준 등으로 분류함.

- **고객관련 시장세분화**(customer-related market segmentation)

  자동차 세분시장을 기관적, 행동적, 인구통계적 및 심리적 기준 등으로 분류함.

- **효용관련 시장세분화** (utility-related market segmentation)

  자동차 세분시장을 고객이 기대하는 효용으로 분류함.

(1) 지리적 시장세분화

지리적 시장세분화는 시장을 지리적 기준에 의해 나누는 것을 말하며, 가장 널리 사용되고 있는 시장세분화 방법 중의 하나이다. 특히, 자동차 기업이 지리적 기준에 의해 세분화를 하는 가장 중요한 이유는 지리적 인접성을 바탕으로 글로벌 마케팅활동에 대한 관리가 쉽고, 교통이 편리하고, 커뮤니케이션이 원활하기 때문이다.

지리적 시장세분화의 주요 변수는 지역, 인구밀도 및 기후 등이며, 이러한 변수들은 글로벌 마케팅활동과 관련하여 다음과 같은 시사점을 제공한다.[17]

- **지 역**

  글로벌 마케팅조직(예를 들면, 지역별 마케팅조직, 영업점 또는 대리점의 입지)과 지역별 마케팅믹스의 차별화에 영향을 미침.

- **인구밀도**

  인구밀도가 높은 도시지역과 인구밀도가 낮은 농촌지역 간 제품전략의 차이 또는 인구밀도가 서로 다른 국가 간의 차별적 제품전략과 유통전략의 실행

- **기 후**

  국가별 및 지역별 기후조건의 차이에 따른 제품차별화(예를 들면, 자동차 통풍 시트, 핸들 열선, 사륜구동 등과 같은 옵션의 차이), 유통 및 병참활동과 관련된 재고 및 창고관리

---

17 박주홍(2013), p. 122 이하 수정 재인용.

(2) 제품관련 시장세분화

가격등급별 시장세분화

자동차 시장세분화를 위하여 가장 일반적으로 사용하는 세분기준은 가격등급(price class)이다. 이 방법은 저가, 중가 및 고가 등과 같은 자동차의 가격등급에 따라 시장을 수직적으로 구조화하는 것을 말한다.[18] 자동차의 크기, 시장상황 등에 따라서 중가의 자동차 가격은 중저가와 중고가로 가격등급을 더욱 세분화될 수도 있다.

가격등급별 시장세분화는 가격등급에 따라 분류만 하면 되기 때문에 매우 간편하게 세분화할 수 있는 장점을 갖고 있다. 그러나 가격기준만으로 세분시장을 분류할 경우, 특정 가격수준의 자동차를 구매하려는 소비자의 동질성이 무시될 수 있는 문제점이 나타날 수 있다. 예를 들면, 10만 달러 이상의 고가의 자동차 세분시장은 고급 리무진, 스포츠카 등과 같은 서로 다른 시장으로 또다시 분류될 수 있는 상황에 직면하게 된다.

기술적 기준에 따른 시장세분화

자동차 시장은 다양한 기술적 기준에 따라 세분화될 수 있다. 이 기준에 따른 시장세분화는 매우 널리 사용된다. 특히, 자동차의 기술적 기준은 자동차의 제원(specification)과 관련되어 있다. 예를 들면, 자동차의 배기량(예를 들면, 2,000cc, 3,000cc, 5,000cc 등), 엔진형식(예를 들면, 4기통, 6기통, 8기통 등), 최대 토크(동력축을 회전시키는 힘), 최대 출력(마력), 크기(전폭, 전장, 전고, 휠베이스 등), 좌석 수(2인승, 4인승, 6인승 등) 등은 자동차의 제조기술과 관련된 대표적인 제원이다. 또한, 자동차의 제원에 따라 차급과 가격이 서로 다르게 분류된다.

<그림 2-3>은 자동차 시장의 수직적 및 수평적 세분화의 예를 보여준다. 이 그림에 나타나 있는 바와 같이, 수직적 세분화(vertical segmentation)는 차급

18 Diez, W.(2015), p. 12.

별 세분시장과 관련되어 있다. 이 경우에 있어서 차급별 성능과 가격의 차이가 뚜렷하게 나타난다. 반면에, 수평적 세분화(horizontal segmentation)는 동일 차급 내 서로 다른 모델들(예를 들면, 럭셔리 모델, 프리미엄 모델, 볼륨 모델, 저가 모델 등)과 관련되어 있다. 이 경우에 있어서 서로 다른 모델들은 조립형태에서 차이를 보여준다.[19]

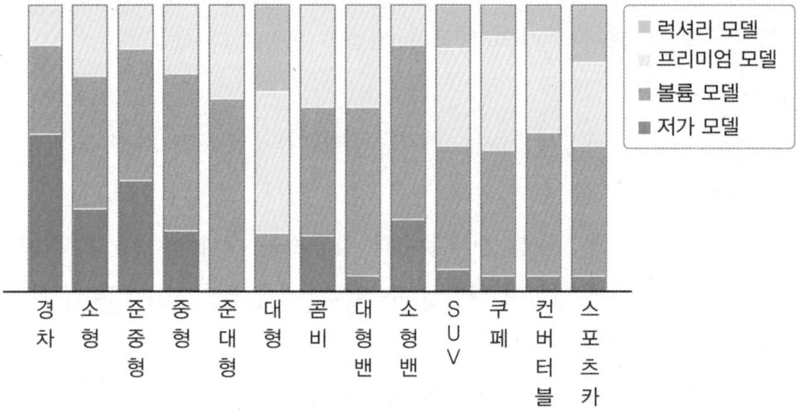

자료원: Diez, W.(2015), p. 13.

▌그림 2-3 자동차 시장의 수직적 및 수평적 세분화의 예▐

(3) 고객관련 시장세분화

기관적 시장세분화(institutional market segmentation)

기관적 시장세분화는 자동차의 소비주체가 누구이냐에 따라 시장을 구분하는 것이다. 이 기준에 따르면 자동차 시장은 개인 또는 개별가구, 기업 및 정부기관 등에 따라 세분화될 수 있다. 기관적 시장세분화의 의미를 소비주체별로

19 전게서, p. 13.

간략히 살펴보면 다음과 같다.

• 개인 또는 개별가구

이 경우에 있어서 소비주체는 개인 또는 개별가구이며, 개인 또는 가구별 필요에 따라 자동차 세분시장이 형성된다. 특히, 한 가구가 여러 명으로 구성된 경우, 자동차의 크기가 구매에 큰 영향을 미칠 수 있다. 예를 들면, 어린이가 포함된 가구는 패밀리카 또는 중형 이상의 자동차를 선호하는 경향이 있다. 반면에, 1인 가구는 개인의 소득과 성향에 따라 자신에게 맞는 자동차를 구매하게 된다.

• 기 업

기업은 사업상 필요에 따라 자동차를 구매한다. 자동차 구매자로서의 기업의 범주에는 민영기업 또는 공기업, 택시 회사, 렌트카 회사, 자동차 리스 회사, 카셰어링 회사, 화물, 택배 및 여객운송 회사 등이 포함된다.

• 정부기관

정부기관은 공공조달의 형태로 업무에 필요한 자동차를 구매한다. 정부기관의 범주에는 중앙정부 또는 지방정부, 각종 정부기관, 국방부문 등이 포함된다.

행동적 시장세분화(behavioral market segmentation)

행동적 시장세분화는 구매·사용 시기, 추구하는 편익, 사용경험, 사용량(판매량), 브랜드 충성도 및 구매준비단계 등과 같은 제품 또는 제품속성에 대하여 소비자가 지니고 있는 행동적 변수에 기초하여 자동차 시장을 분류하는 것을 의미한다.[20]

자동차 마케팅활동과 관련하여 행동적 변수는 다음과 같은 시사점을 제공

---

20 박주홍(2013), p. 129 이하 수정 재인용.

한다.

- **구매 · 사용 시기**

  제품생산량 및 촉진시점의 결정

- **추구하는 편익**

  제품차별화 및 촉진차별화에 영향을 미침.

- **사용경험**

  촉진차별화의 결정(예를 들면, 소비자의 사용경험 유무에 따른 광고의 차별화)

- **사용량(판매량)**

  제품생산량

- **브랜드 충성도**

  브랜드전략 또는 촉진전략의 수립

- **구매준비단계**

  판매할 제품결정 및 촉진전략의 수립과 실행

인구통계적 시장세분화(demographic market segmentation)

인구통계적 시장세분화는 연령, 성별, 가족구성, 소득, 직업, 학력, 종교 및 인종 등과 같은 인구통계적 변수를 기초로 자동차 시장을 분류하는 것이다. 특히, 인구통계적 변수에 대한 2차 자료는 UN에서 발간하는 ≪통계연감≫과 ≪인구연감≫ 등을 통하여 쉽게 획득될 수 있다. 일반적으로 2~3개의 변수를 활용하여 인구통계적 시장세분화를 하는 것이 바람직하다. 또한, 이 방법은 산

업재보다는 소비재의 시장세분화를 위해 더욱 효과적으로 사용될 수 있다.[21]

인구통계적 변수들은 자동차 마케팅활동과 관련하여 다음과 같은 측면에 영향을 미친다.

- **연 령**

연령과 관련된 제품의 개발과 촉진활동(예를 들면, 연령별 선호하는 자동차 모델의 개발과 촉진)

- **성 별**

남녀 선호도에 따른 자동차 모델의 개발과 촉진활동

- **가족구성**

자동차의 크기(예를 들면, 페밀리카, 스포츠카)

- **소 득**

차별적 가격책정과 구매력의 차이(예를 들면, 고가 또는 저가의 자동차 모델의 개발과 판매)

- **학 력**

촉진의 차별화(예를 들면, 문맹률이 높은 국가에서 매력성과 소구가능성이 낮은 신문광고 대신에 라디오 광고를 채택함)

심리적 시장세분화(psychographic market segmentation)

심리적 시장세분화는 사회계층, 라이프스타일 및 개성 등과 같은 심리적 변수에 근거하여 자동차 시장을 분류하는 방법이다.[22] 글로벌 자동차 마케팅의

21 전게서, p. 124 이하 수정 재인용.

22 전게서, p. 126 이하 수정 재인용.

관점에서 이와 같은 심리적 변수에 대한 의미를 구체적으로 살펴보면 다음과 같다.

- **사회계층**

동일한 사회계층에 속해 있는 서로 다른 글로벌 소비자들은 비교적 동질적인 구매성향을 보이며, 이것은 제품선택과 가격차별화에 영향을 미친다.

- **라이프스타일**

글로벌 소비자들이 갖고 있는 독특한 생활양식(예를 들면, 태도 및 가치관 등)을 말하며, 이것은 제품 및 촉진전략에 큰 영향을 미칠 수 있다.

- **개 성**

글로벌 소비자가 보유하고 있는 독자적이고 개별적인 특성(예를 들면, 취미, 태도 및 사고방식 등)을 의미하며, 일반적으로 이것은 제품차별화에 영향을 미친다.

특히, 라이프스타일(lifestyle)을 분석하기 위한 대표적인 방법으로 VALS (Values and Lifestyles)를 들 수 있다.[23] 이 방법은 SRI Consulting Business Intelligence가 개발하였으며, 현재 VALS2가 개발되어 사용되고 있다. 이것은 미국인의 라이프스타일을 8가지로 분류하였으며, 주요 특징은 <표 2-1>에 제시되어 있다. 이 표에 나타나 있는 바와 같이 VALS는 고객의 가치관과 그들의 라이프스타일을 세부적으로 분류함으로써 그들의 구매성향을 예측할 수 있도록 도와줄 뿐만 아니라, 아울러 자동차 마케팅과 관련된 다양한 활동을 수행하기 위하여 활용될 수도 있다.

23 http://www.strategicbusinessinsights.com/vals/ustypes.shtml; Solomon, M. R./Stuart, E. W.(2003), p. 227.

● 표 2-1 VALS2의 주요 특징

분 류	정 의	구매성향	특 징
혁신자 (Innovators)	기본적 동기부여가 강함, 성공한, 세련되고, 자신감이 넘치는 사람들	혁신적 제품 및 서비스	매우 풍부한 자원 및 높은 혁신성 보유
사색자 (Thinkers)	이상을 추구함, 질서, 지식 및 책임감에 가치를 둔 성숙한, 만족한, 편안한, 사색적인 사람들	탁월한 내구성, 기능 및 가치를 보유한 제품	비교적 풍부한 자원 및 혁신성 보유
성취자 (Achievers)	성취를 추구함, 목표지향적 라이프스타일을 갖고 있으며, 성공과 가족을 위해 열정적으로 헌신하는 사람들	성공을 과시할 수 있는 유명 제품 및 서비스	비교적 풍부한 자원 및 혁신성 보유
경험자 (Experiencers)	자기표현을 함, 젊고, 열정적이고, 생동감 있는 사람들	패션, 오락, 사교와 관련된 제품 및 서비스	비교적 풍부한 자원 및 혁신성 보유
신념자 (Believers)	이상을 추구함, 전통에 가치를 둔 보수적이고, 관습적인 사람들	친숙하고, 잘 알려진 브랜드를 선호하며, 충성도가 높음	비교적 부족한 자원 및 혁신성 보유
노력자 (Strivers)	성취를 추구함, 타인의 의견과 동의에 관심을 둔 재정적으로 부유하지 못한 사람들	재정여건이 허락하는 경우 과시적, 충동적 구매	비교적 부족한 자원 및 혁신성 보유
생산자 (Makers)	자기표현을 함, 실용적이고 가정적인 사람들	실용적이고 기능적인 제품	비교적 부족한 자원 및 혁신성 보유
생존자 (Survivors)	기본적 동기부여가 약함, 재정적으로 부유하지 못한 사람들	평범한 시장을 선호하며, 할인하는 경우 친숙한 브랜드에 대한 충성도가 높음	매우 부족한 자원 및 낮은 혁신성 보유

자료원: http://www.strategicbusinessinsights.com/vals/ustypes.shtml.

(4) 효용관련 시장세분화

경제학의 관점에서 볼 때, 효용(utility)은 제품(재화)과 서비스(용역)의 사용으로부터 얻을 수 있는 주관적인 만족을 측정하는 단위를 의미한다. 효용에 기준을 둔 시장세분화는 비교적 동질적인 효용가치를 추구하는 고객집단을 전제로 하며, 고객의 소득 또는 구매력을 동시에 고려하는 경우가 일반적이다. 효용 추구의 관점에서 볼 때, 승용차 구매고객의 7가지 핵심적인 구매동기를 살펴보면 다음과 같다.[24]

- 절 약
- 안락/안전
- 가 족
- 품 질
- 성 능
- 즐거움/여가
- 자 유

지금까지 설명한 자동차 시장세분화의 방법을 요약하면 <표 2-2>와 같다. 이 표는 자동차 시장세분화의 기준별 주요 변수와 분류방법의 예를 제시한다.

24 Bauer Media(2007); Diez, W.(2015) 재인용.

표 2-2 자동차 시장세분화의 기준별 주요 변수와 분류방법의 예

기 준	변 수	분류방법의 예
지리적 기준	지 역	아시아, 유럽, 북미, 남미, 아프리카, 오세아니아
	인구밀도	도시, 교외, 농촌
	기 후	열대, 온대, 한대
제품관련 기준	연 령	유년, 소년, 청년, 장년, 중년, 노년
	성 별	남자, 여자
	가족구성	대가족, 핵가족
	소 득	저소득, 중소득, 고소득
	직 업	전문직, 공무원, 사무직, 판매원, 농어민 등
	학 력	무학력, 초졸, 중졸, 고졸, 대졸, 대학원졸
	종 교	개신교, 가톨릭, 불교, 회교, 무교, 기타
	인 종	백인, 흑인, 황인 등
고객관련 기준	사회계층	상류, 중상류, 중류, 중하류, 하류
	라이프스타일	보수적, 진보적, 성취적, 합리적 등
	개 성	강제적, 사교적, 권위적, 야심적 등
효용관련 기준	구매·사용 시기	규칙적, 불규칙적, 특수적
	추구하는 편익	기능, 품질, 경제성, 디자인, 서비스 등
	사용경험	비사용자, 최초사용자, 잠재적 사용자, 기존사용자
	사용량	소량, 보통, 대량
	브랜드 충성도	없음, 보통, 강함, 절대적
	구매준비단계	무지, 인지, 관심, 원함, 구매의도

Chapter 03

자동차 시장에서의 소비자 행동

CHAPTER 03

자동차 시장에서의 소비자 행동

3.1 소비자와 소비자 행동에 대한 개념적 기초

3.1.1 소비자의 의의

소비자(consumer)는 기업이 생산한 제품 또는 서비스를 구입하는 손님을 의미한다. 이러한 소비자의 범주에는 개인, 가구, 집단(예를 들면, 청년, 장년 노년 시장 등), 기업 및 국가 등이 속한다. 특히, 소비자는 고객(customer), 구매자(purchaser 또는 buyer) 및 사용자(user) 등과 동의어로 사용되기도 한다. 소비자와 관련된 용어상의 차이를 간략히 요약하면 다음과 같다.[1]

- 소비자

일반적으로 이것은 제품 또는 서비스를 소비하는 개인을 의미하며, 산업재보다 소비재에 국한된 개념으로 볼 수 있다.

---

1 박주홍(2017b), p. 213 수정 재인용.

• 고 객

이것은 상점(예를 들면, 도매업체 및 소매업체), 공장, 사무실 등에 제품 또는 서비스를 구입하는 손님을 의미할 뿐만 아니라, 산업재와 소비재를 구입하는 개인 및 기업과도 관련된 개념이다.

• 구매자

이것은 제품 또는 서비스를 구매하는 개인, 기업 및 국가기관 등을 의미한다. 넓은 의미에서 볼 때, 소비자, 고객 및 사용자를 모두 포괄한다. 구매자와 대비되는 개념은 판매자(seller)이다.

• 사용자

이것은 제품(예, 소프트웨어, 승용차) 또는 서비스(예, 렌터카, 호텔 서비스)를 구입하여 사용하는 개인, 기업 또는 기관 등을 말한다.

소비자 또는 고객은 기업이 만든 제품을 최종적으로 취득하는 역할을 담당하며, 이러한 취득을 통하여 기업의 매출이 발생한다. 개념적으로 볼 때, 자동차 시장에서의 소비자는 고객, 구매자 및 사용자 모두를 포괄하는 개념으로 볼 수 있다.

신제품 개발의 관점에서 볼 때, 소비자는 신제품의 구매자(고객) 역할 이외에도 다음과 같은 다양한 역할을 담당하기 때문에 혁신 네트워크에 있어서 중요한 존재로 부각된다.[2]

• 새로운 요구사항의 제시

소비자(구매자 또는 고객)는 그들이 필요로 하는 제품에 대한 아이디어를 기

---

2 박주홍(2016), p. 280 이하 수정 재인용; 박주홍(2012), p. 186 이하; Ritter, T.(2005), p. 623 이하; Strebel, H./Hasler, A.(2003), p. 362.

업에 제공한다. 이러한 제품아이디어는 소비자의 제안과 기업의 마케팅 조사를 통하여 획득된다. 소비자에 의해 제시되는 요구사항은 기업에 대한 혁신압력(innovation pressure)으로 작용할 수 있다.

- 개선사항에 대한 해결책 제시

소비자는 그들이 구매한 신제품의 개선사항에 대한 해결책을 제시하며, 이를 통하여 제품수정이 이루어지기도 한다. 경우에 따라서 소비자는 시제품 테스트과정에서 기술적 노하우(사용자 관점에서의 기술적 건의사항)를 제공한다. 예를 들면, 시제품 테스트과정에서 소비자는 그들의 의견을 구체화하여 기업에 전달할 수 있다.

- 참고 및 확산의 역할 담당

신제품의 확산과정에서 잠재적 및 실제적 소비자들은 의견주도자의 구매행태를 참고하여 구매하게 된다. 이를 통하여 시장에서의 신제품 확산이 원활하게 이루어지게 된다.

- 신제품의 구매

이것은 소비자가 담당하는 가장 중요한 역할이며, 이를 통하여 기업의 매출이 발생할 뿐만 아니라, 매출규모에 따라 시장에서 신제품 성패가 좌우될 수 있다.

3.1.2 소비자 니즈의 분석과정

소비자 니즈(consumer needs)는 소비자가 어떤 제품 또는 서비스에 대하여 갖고 있는 욕구이다. 소비자 니즈분석(consumer needs analysis)은 소비자가 누구인지, 그들의 니즈가 무엇인지, 언제, 왜, 무엇을, 어떻게 구매하는지를 분석하는 것이다. 소비자 니즈분석은 다음과 같은 목적을 달성하기 위하여 수행된다.[3]

- **소비자의 욕구변화에 대한 이해**

일반적으로 소비자의 욕구는 고정되어 있지 않고 변화하기 때문에 상황에 따라 변화하는 소비자의 욕구가 정확하게 파악되어야 한다.

- **기업이 소비자에게 제공하는 것이 무엇이고, 경쟁기업이 소비자에게 무엇을 제공하는지에 대한 이해**

자사와 경쟁기업이 제공하는 제품 및 서비스가 소비자에게 어떤 의미가 있는지를 비교·분석하는 것이 중요하다.

- **기업의 목표고객 확인**

소비자 니즈분석의 가장 중요한 목적 중의 하나는 기업의 목표고객(target audience)을 확인하는 것이다. 목표고객은 기업이 세분된 여러 고객집단 중에서 욕구를 충족시켜 주고자 하는 특정 집단을 말한다.

- **기존 제품의 포지션 정립**

소비자 니즈분석을 통하여 시장에서 판매되고 있는 기존 제품의 포지션을 정립할 수 있다.

- **경쟁기업과의 차별화**

소비자 니즈분석을 통하여 획득되는 정보는 경쟁기업보다 더욱 차별화된 제품 및 서비스를 창출하는 데 활용된다.

---

3 방용성/김용한/주윤황(2012), p. 58.

소비자 니즈분석은 시장세분화(고객세분화), 구매동기 분석 및 미충족 소비자 욕구의 파악 등과 같은 과정을 거쳐 수행된다. <표 3-1>은 소비자 니즈의 분석과정을 제시한다. 자동차 시장에서의 소비자 니즈는 아래와 같은 과정을 거쳐 분석될 수 있다.

표 3-1 소비자 니즈의 분석과정

과 정	주요 질문
시장세분화 (고객세분화)	• 우리 기업의 고객(소비자)은 누구인가? • 가장 수익성이 높은 고객(소비자)은 누구인가? • 고객(소비자)의 욕구, 구매동기, 특징 등이 어떤 기준에 의해 분류되는가? • 어떤 세분변수를 기준으로 세분화할 것인가?
구매동기 분석	• 세분시장에서 고객(소비자)이 가장 중시하는 제품 및 서비스의 요소는 무엇인가? • 고객(소비자)의 구매목적은 무엇이며, 진정으로 구매하려는 것은 무엇인가? • 세분시장별로 어떤 구매동기가 중요한가? • 구매동기에 어떤 변화가 일어나고 있는가?
미충족 소비자 욕구의 파악	• 고객(소비자)이 현재 사용하고 있는 제품 및 서비스에 만족하는가? 불만족한다면 그 이유는 무엇인가? • 불만 발생의 빈도와 그 심각성은 어느 정도인가? • 고객(소비자)이 알고 있는 미충족 욕구는 무엇인가? 또는 고객(소비자)이 모르고 있는 미충족 요구는 무엇인가? • 미충족 욕구가 경쟁기업에게 좋은 기회가 될 가능성이 있는가? • 소비자 욕구는 어떻게 변화하고 있는가?

자료원: 방용성/주윤황(2015) p. 190; 저자에 의해 일부 수정됨.

• 시장세분화(고객세분화)

전체시장을 일정한 기준에 의해 분류하여 기업의 입장에서 가장 적합한 세분시장을 정의하고 표적시장을 선정함으로써 실제적 및 잠재적 소비자를 정확하게 파악하는 것이 중요하다.

• **구매동기 분석**

이 단계에서는 제품 및 서비스의 구매동기, 중요시하는 제품의 특성, 소비자가 추구하는 목적, 구매동기의 변화가능성 등을 파악하는 것이 중요하다.

• **미충족 소비자 욕구의 파악**

이 단계에서는 소비자의 제품만족도, 제품사용시의 문제점, 소비자가 잠재적으로 지니고 있는 욕구를 파악한다.

3.1.3 소비자 행동의 의의

마케팅관리자는 소비자에게 마케팅 자극을 제공하여 소비자로부터 긍정적인 반응을 끌어내기 위하여 소비자 행동에 대한 통합적인 이해를 할 필요가 있다.[4] 소비자 행동(consumer behavior)은 소비자에게 제시하는 제품(product), 가격(price), 유통(place) 및 촉진(promotion) 등과 같은 마케팅 4P가 소비자 행동에 영향을 미치는 요인, 그리고 소비자의 정보처리과정, 구매의사결정과정 등과 관련되어 소비자의 반응을 유발하는 일련의 과정과 활동이다.

특히, 소비자의 반응은 제품, 브랜드, 점포, 구매시점 및 구매량 등의 선택으로 구체화되며, 이러한 선택은 개별 소비자별로 서로 다르게 나타날 수 있다. <그림 3-1>은 소비자 행동의 모델을 제시한다. 아래에서는 이와 같은 소비자 행동의 모델에 기초하여 자동차 시장에서의 소비자 행동에 대하여 살펴보기로 한다.

---

4 주우진/박철/김현식(2020), p. 56.

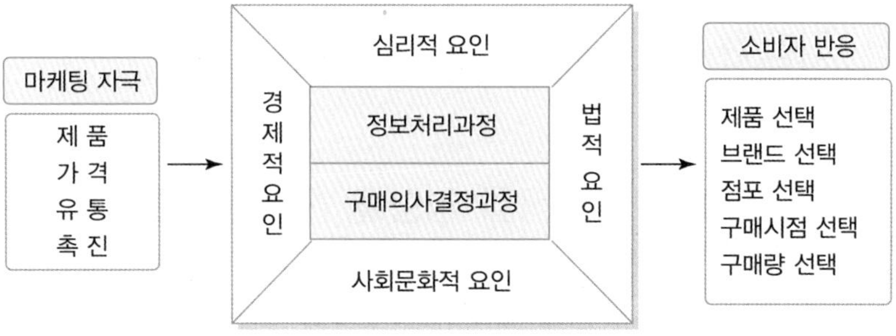

자료원: 주우진/박철/김현식(2020), p. 56; 저자에 의해 일부 수정됨.

그림 3-1 소비자 행동의 모델

3.2 자동차 시장에서의 소비자 행동

3.2.1 자동차 소비자 행동에 영향을 미치는 요인

(1) 심리적 요인

앞서 설명한 바와 같이, 소비자 행동에 영향을 미치는 심리적 요인은 사회계층, 라이프스타일 및 개성 등을 포괄한다(제2장, 2.2.3 참고). 자동차 소비자가 속해 있는 특정 사회계층은 비교적 동질적인 구매성향을 보일 가능성이 매우 높다. 사회계층은 사회문화적 요인에 속하지만, 여기에서는 개인의 구매성향과 관련하여 설명이 가능하므로 심리적 요인에 포함시켰다. 예를 들면, 경제적으로 상위에 속하는 소비자는 고가의 자동차를 구매할 가능성이 높은 반면, 경제적으로 하위에 속하는 소비자는 저가의 자동차를 구매할 가능성이 높다. 자동차 소비자의 라이프스타일은 소비자들이 보유하고 있는 독특한 생활양식을 말하며, 이것은 자동차 소비행동을 이해하는 데 있어서 매우 중요하다. 또한, 소비자 각자가 보유한 개성은 개인의 취미, 태도 및 사고방식에 기초하여 자동차 소비행동에 큰 영향을 미칠 수 있다.

매슬로우(Maslow)가 제시한 인간의 욕구 5단계는 자동차 소비자 행동의 설명을 위해 매우 유용하게 활용될 수 있다. 자동차 소비자 행동의 측면에서 볼 때, 이러한 5단계는 다음과 같은 해석을 가능하게 한다.[5] <그림 3-2>는 *매슬로우*의 인간의 욕구 5단계와 자동차 구매에서의 동기구조를 보여준다.

---

5 Diez, W.(2015), p. 29.

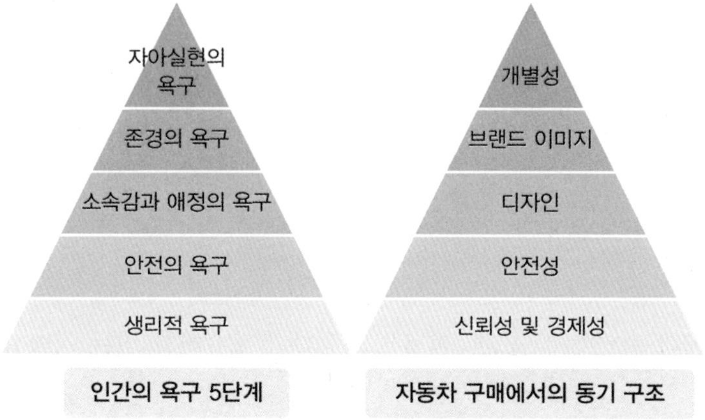

자료원: Bösenberg, D.(1987); Diez, W.(2015), p. 29 재인용.

| 그림 3-2 *매슬로우*(Maslow) 의 인간의 욕구 5단계와 자동차 구매에서의 동기구조 **|**

- **생리적 욕구(physiological needs)**

이것은 배고픔, 갈증 등과 같은 기본적 욕구를 의미한다. 자동차 소비자 행동의 관점에서 볼 때, 이것은 자동차가 갖고 있는 신뢰성 및 경제성과 연결된다.

- **안전의 욕구(safety needs)**

이것은 보호 및 안전 등과 같은 기본적 욕구를 말한다. 자동차 소비자 행동의 측면에서 볼 때, 이것은 자동차의 안전성과 관련되어 있다.

- **소속감과 애정의 욕구(belongings and love needs)**

이것은 소속감과 애정과 같은 심리적 욕구이며, 사회적 욕구를 의미한다. 자동차 소비자 행동과 관련하여 볼 때, 이것은 자동차 디자인으로 해석될 수 있다.

• 존경의 욕구(esteem needs)

이것은 자존심, 지위, 존경 등과 같은 심리적 욕구를 말한다. 자동차 소비자 행동의 관점에서 볼 때, 이것은 브랜드 이미지와 관련되어 있다.

• 자아실현의 욕구(self-actualization needs)

이것은 자아개발과 실현과 같은 자기성취의 욕구를 의미한다. 자동차 소비자 행동의 측면에서 볼 때, 이것은 자동차가 보유하고 있는 개별성과 연결된다.

(2) 사회문화적 요인

사회문화적 요인은 개인의 외부에서 형성되고, 개인의 행동에 영향을 미치는 내부적 요인에 속한다. 자동차 소비자 행동의 측면에서 볼 때, 다음과 같은 몇 가지 사회문화적 요인들을 제시할 수 있다.[6]

미학(aesthetics)은 자연이나 인생 및 예술 등에 담긴 미의 본질과 구조를 탐구하는 학문을 의미한다. 이것은 어떤 문화의 미적 감각과 취향 등과 관련되어 있으며, 예술(음악, 미술, 연극 및 무용), 색채 및 형상 등으로 표현된다. 특히, 미학은 자동차 소비자 행동과 관련하여 다음과 같은 측면에서 중요한 의미를 갖는다.

• 디자인

제품, 디자인 등에 대한 소비자의 선택 차이

• 색 채

제품의 색상, 색상의 상징적 의미, 컬러 TV에서의 광고 등에 노출된 소비자의 선택 차이

6 박주홍(2020a), p. 113 이하 수정 재인용.

• 음 악

광고에서의 배경음악의 선택, 음악의 문화적 차이 등과 관련된 소비자의 반응 차이

• 상표명

상표명에 대한 미학적 요소의 결합(디자인, 글꼴 및 색채 등)에 대한 소비자의 선호 차이

사회제도(social structure)는 어떤 국가에서 역사적, 관습적 및 종교적으로 지지되고 있는 사회계급과 사회조직 등을 포괄하는 개념이다. 사회계급은 공통적인 가계 또는 신분, 부, 교육 및 직업 등을 가진 개인들의 집단을 말한다. 어떤 특정 사회계급은 유사한 생활방식, 유사한 관념, 느낌 및 태도를 보유하고 있기 때문에 다른 계급과 구별된다. 사회계급은 전통적인 신분제도와 소득계층에 따른 계층구조(예를 들면, 상류, 중류 및 하류) 등에 의해 구체적으로 분류될 수 있다. 사회계급은 사회계층이라고도 하며, 이것은 자동차 소비자 행동에 직접적으로 영향을 미칠 수 있는 요인에 해당될 수 있다.

사회조직(social organization)은 친척관계와 자유로운 연합 등으로 형성된 인간관계의 기본적 조직을 의미한다.[7] 친척관계(kinship)의 대표적인 기초단위는 가족이다. 일반적으로 가족은 가족구성원의 세대와 수에 따라 대가족 제도(extended family)와 핵가족 제도(nuclear family)로 분류될 수 있다.

그리고 친척관계에 근거하지 않은 자유로운 연합(free association)은 연령별(예를 들면, 노인협회 및 청년협회 등), 성별(예를 들면, 여성협회) 및 공통이해집단(예를 들면, 정당, 노동조합 및 취미동아리 등) 등으로 구분될 수 있다. 자동차 소비자 행동의 측면에서 볼 때, 가족제도는 자동차의 크기(예를 들면, 대가족을 위한 대형 패밀리카와 핵가족을 위한 소형차)와 관련될 수 있다. 연령별 및 성별 등으로

7 Ball, D. A. et al.(2004), p. 321 이하.

구분되는 자유로운 연합은 연령별 및 성별로 선호하는 자동차의 선택(예를 들면, 자동차 가격, 크기, 색상 등의 선택)에 큰 영향을 미칠 수 있다.

(3) 경제적 요인

경제적 요인은 국민 총생산, 1인당 국민소득 및 소득분포 등을 포함하며, 이것은 어떤 국가의 자동차 시장규모와 잠재성을 측정하기 위하여 널리 활용되는 변수이다. 대표적인 경제적 요인들의 의미를 살펴보면 다음과 같다.[8] 국가별 경제적 요인에 따라 자동차 소비자의 구매행동은 국가별로 서로 다르게 나타날 수 있다.

• **국민 총생산(Gross National Product, GNP)**

이것은 어떤 한 국가의 국내 및 해외소유 생산요소들에 의해 최종 생산된 제품과 서비스의 총 시장가치를 화폐단위로 나타낸 것을 말한다. GNP는 국민총소득(Gross National Income, GNI)이라고도 하며, 일반적으로 1년 단위로 집계된다. GNP는 어떤 국가의 경제활동수준을 파악하는 데 가장 널리 사용되는 지표이다. 국내 총생산(Gross Domestic Product, GDP)은 어떤 한 국가 내에서 생산된 제품과 서비스의 시장가치를 합한 것을 의미하며, 어떤 한 국가의 실제적인 국내경제의 수준을 측정하는 데 널리 사용된다. 국민 총생산은 어떤 국가에 판매하려는 자동차의 수준과 가격에 큰 영향을 미칠 수 있다. 그러므로 자동차 소비자는 그들이 속한 국가의 국민 총생산에 영향을 받으며 자동차를 구매하는 경향이 있다.

• **1인당 국민소득(per capita income)**

이것은 국민 총생산(GNP)을 인구수로 나눈 것을 의미한다. 그러나 국내 총

8 박주홍(2020a), p. 99 이하.

생산(GDP)을 인구수로 나눈 국내의 1인당 국민소득을 사용하여 어떤 국가의 자동차 소비자의 구매력을 예측하려는 경향이 있다. 1인당 국민소득의 평가와는 별도로, 개인소득에서 납부한 세금을 차감한 가처분소득(disposable income)은 국가별 자동차 소비자의 실질구매력을 예측하는 중요한 기준이 될 수 있다. 또한, 1인당 국민소득은 가구별 소득과도 관련되어 있다. 가구별 소득의 고저에 따라 자동차 소비자는 신차를 구매할 것인가 또는 중고차를 구매할 것인가에 대한 의사결정상황에 직면할 수 있다. 2013년 독일의 자료에 의하면, 신차를 구매한 가구별 월평균소득은 3,744유로(약 500만원)인 반면, 중고차를 구매한 가구당 월평균소득은 2,840유로(약 380만원)인 것으로 나타났다.[9]

- **소득분포**(income distribution)

이것은 어떤 한 국가의 국민이 벌어들이는 소득이 어떻게 분포되어 있는가를 보여주는 지표이다. 어떤 한 국가의 소득분포에 기초하여 자동차 기업은 보다 정확하고 의미 있는 특정 제품의 시장규모와 잠재성을 예측할 수 있고, 보다 구체적으로 시장세분화를 할 수 있다.

(4) 법적 요인

법적 환경은 자동차 소비자뿐만 아니라 자동차 기업이 통제할 수 없는 규제적 조건을 제시한다. 자동차 소비행동에 영향을 미칠 수 있는 주요 법률들을 살펴보면 다음과 같다.[10] 아래에서 설명되는 자동차 보험과 자동차세는 신차 또는 중고차 구매 이후 지속적이고 추가적으로 부담해야만 하는 자동차 유지비(cost of ownership)와 관련되어 있다.

---

9 DAT(2014), p. 67; Diez, W.(2015), p. 33 재인용.

10 Diez, W.(2015), p. 33.

• 자동차 보험과 관련된 법률

보험이 부담하는 위험의 종류뿐만 아니라 그것들을 규정하는 법률에 따라 다양한 종류의 자동차 보험(예를 들면, 책임보험, 종합보험 등)이 있다. 신차를 구매할 경우, 소비자들은 자동차 보험료가 어느 정도인지를 고려하여 구매의사결정을 한다. 고가의 자동차는 저가의 자동차에 비해 보험료 부담이 크기 때문에 보험료의 규모가 고가의 자동차 구매에 큰 영향을 미칠 수 있다.

• 자동차세와 관련된 법률

자동차세는 법률적 규정에 따라 자동차 구매자 또는 소유자에게 부과하는 조세를 말한다. 신차를 구매할 경우, 소비자들은 취득세, 자동차 개별소비세, 자동차세 등을 고려하여 구매의사결정을 한다.

• 자동차 배기가스와 관련된 법률

자동차 연료가 연소할 때 발생하는 배기가스는 수많은 유해물질을 함유하고 있다. 이러한 유해물질을 줄이거나 제거하기 위하여 각 국가는 자동차 배기가스 배출규제와 관련된 다양한 법률을 제정하고 있다. 환경보호 의식이 투철한 자동차 소비자는 내연기관 자동차(예를 들면, 디젤 자동차)보다는 친환경 자동차를 구매하는 경향이 있다.

3.2.2 자동차 소비자 정보처리과정

일반적으로 소비자 정보처리과정은 노출, 주의, 지각, 반응, 기억의 단계로 구분된다.[11] 이러한 과정은 자동차 소비자에게 그대로 적용될 수 있다. 소비자 정보처리과정을 간략히 살펴보면 다음과 같다. <그림 3-3>은 소비자 정보처리과정을 제시한다.

자료원: 주우진/박철/김현식(2020), p. 64.

▌그림 3-3 소비자 정보처리과정▐

• **노 출(exposure)**

이 단계에서는 소비자가 어떤 자극에 노출된다. 노출은 시각, 청각, 촉각, 미각, 후각 등과 같은 오감 중의 하나 이상의 감각이 활성화된 상태를 의미한다. 노출은 다음과 같은 세 가지 종류로 구분될 수 있다.

- 의도적 노출: 이것은 소비자가 문제를 의식하여 정보를 탐색하기 위해 스스로 정보에 노출되는 것을 의미한다. 예를 들면, 자동차 소비자가 어떤 자동차 모델이 마음에 들어 스스로 그 자동차에 대한 정보를 목적 지향적으로 탐색하는 경우, 이것은 의도적 노출에 해당된다.
- 우연적 노출: 이것은 소비자가 원하지 않았지만 자연스럽게 어떤 자극에 노출되는 것을 말한다. 예를 들면, 운전 중 라디오 광고를 통해 어떤 자동차 광고를 우연히 청취하게 되는 경우, 이것은 우연적 노출에 해당된다.
- 선택적 노출: 이것은 소비자가 필요로 하고, 관심을 가진 정보에만 자신을 노출시키는 것을 의미한다. 예를 들면, 자동차를 구매계획을 가진 사람이

11 주우진/박철/김현식(2020), p. 64 이하; Kotler, P./Keller, K. L.(2016), p. 165 이하.

TV에서 방영되는 다양한 종류의 광고 중에서 자동차 광고에 더 집중하게 되는 것은 선택적 노출에 해당된다.

• 주 의(attention)

소비자가 다양한 자극에 노출되지만 모든 자극정보를 한꺼번에 처리할 수 없다. 주의는 소비자가 어떤 자극에 대해 뇌의 처리용량을 집중적으로 할당하는 것이다. 실제적 또는 잠재적 자동차 소비자의 주의를 끌기 위해서 자동차 기업은 소비자의 주의를 끌 수 있는 광고(예를 들면, 유명인을 광고 모델로 활용함)를 제작할 필요가 있다.

• 지 각(perception)

이것은 소비자가 자신에게 투입된 다양한 정보를 의미있는 것으로 만들기 위해서 선택하고 조직하고 해석하는 것을 의미한다. 지각은 물리적 자극의 특성뿐만 아니라 주변환경과 자극의 관계, 개인의 내적 상태에 의해 영향을 받을 수 있다. 소비자가 동일한 자극을 다르게 지각할 수 있는데, 이것은 다음과 같은 세 가지 지각적 과정 때문이다.

- 선택적 주의(selective attention): 소비자가 모든 자극에 주의를 기울이는 것은 거의 불가능하기 때문에 어떤 특정 정보에만 주의를 기울이게 되는데, 이것을 선택적 주의라고 한다.
- 선택적 왜곡(selective distortion): 이것은 소비자가 선입관을 가지고 특정 정보를 해석하는 경향을 말한다.
- 선택적 보존(selective retention): 소비자는 노출된 많은 정보를 기억 속에 저장하지 못하지만, 그들의 행동 또는 태도를 지지하는 정보(예를 들면, 선호하는 자동차 브랜드에 대한 좋은 점)만을 기억하는 경향이 있는데, 이것을 선택적 보존이라고 한다.

• 반 응(response)

특정 정보를 지각한 소비자는 이 정보에 대하여 반응을 보이게 된다. 이러한 반응은 다음과 같은 두 가지 종류로 구분된다. 예를 들면, 소비자의 긍정적인 인지적·감정적 반응은 특정 자극에 대하여 긍정적 태도를 형성할 수 있으며, 이러한 긍정적 태도는 정보의 저장에 영향을 미치게 된다.

– 인지적 반응: 정보처리를 하는 동안 떠올린 생각
– 감정적 반응: 정보처리를 하는 동안 발생하는 느낌

• 기 억(memory)

이 단계에서 소비자는 최종적으로 특정 정보를 기억한다. 소비자가 기억한 정보는 필요한 경우 회상되어 활용될 수 있다. 기억은 다음과 같은 두 가지로 구분될 수 있다.

– 단기기억(short-term memory): 정보를 잠시 제한적으로 저장함.
– 장기기억(long-term memory): 정보를 좀 더 영구적으로 제한없이 저장함.

3.2.3 자동차 구매의사결정과정

소비자 구매의사결정과정은 문제인식, 정보탐색, 대안평가, 구매결정, 구매 후 행동의 단계로 구성된다.[12] 이러한 과정은 자동차 소비자에게 그대로 응용될 수 있다. 소비자 구매의사결정과정에 기초하여 자동차 구매의사결정과정을 구체적으로 설명하면 다음과 같다. <그림 3-4>는 소비자 구매의사결정과정을 보여준다.

12 Kotler, P./Keller, K. L.(2016), p. 172 이하.

자료원: Kotler, P./Keller, K. L.(2016), p. 173.

❙ 그림 3-4 소비자 구매의사결정과정 ❙

(1) 문제인식(problem recognition)

구매과정(buying process)은 소비자 또는 구매자가 내부적 또는 외부적 자극에 의해 촉발되는 문제(problem) 또는 욕구(need)를 인식할 때 시작된다. 자동차 구매와 관련된 내부적 또는 외부적 자극은 소비자에게 자동차 구매의 욕구를 갖도록 동기를 부여하게 된다. 자동차 구매와 관련된 이러한 내부적 또는 외부적 자극의 예로 다음과 같은 것들을 들 수 있다.

- 내부적 자극

소비자의 자동차 필요성 인식(예를 들면, 출퇴근용, 가족용, 레저용 등), 자동차 교체 욕구, 자동차의 잦은 고장과 노후화, 자동차 구매에 충분한 현금 또는 신용 확보, 과시적 욕구 등

- 외부적 자극

신차 출시정보 또는 광고에 노출, 매장에서의 영업사원의 자동차 소개, 지인의 소개, 도로를 달리는 마음에 드는 자동차 발견 등

이 단계에서의 자동차 기업은 다음과 같은 측면들을 고려하여 마케팅을 준비하여야 한다.

- 시장조사를 통한 실제적 또는 잠재적 자동차 구매자의 욕구 파악

- 광고, 홍보, 인적 판매 등과 같은 촉진전략의 수립과 실행을 통한 실제적 또는 잠재적 자동차 구매자의 관심 유발 및 구매 유도
- 신제품 개발(모델 풀체인지) 또는 제품개선(모델 페이스리프트)을 통한 실제적 또는 잠재적 자동차 구매자의 관심 유발 및 구매 유도

(2) 정보탐색(information search)

정보탐색은 소비자가 자신의 욕구를 인식한 이후에 욕구충족과 관련된 다양한 정보를 수집하는 것이다. 실제적 또는 잠재적 자동차 구매자는 내적 탐색(internal search)과 외적 탐색(external search)을 통해 자신에게 필요한 정보를 찾아낸다. 내적 탐색은 자신의 기억 속에 있는 관련 정보를 회상하는 것인 반면, 외적 탐색은 기억 이외의 원천으로부터 정보를 탐색하는 것이다. 외적 탐색을 위해 자동차 구매자가 활용할 수 있는 정보의 원천(information sources)은 다음과 같다.[13]

- 개인적 원천

  가족, 친구, 이웃, 친지

- 상업적 원천

  광고, 웹사이트, 이메일, 판매원, 딜러, 디스플레이

- 공공적 원천

  대중매체, 소셜 미디어, 소비자 관련 조직

13 전게서, p. 174.

• 경험적 원천

취급, 조사, 제품 사용

또한, 정보는 수동적 또는 능동적으로 수집될 수 있다. 이러한 두 가지 정보 수집에 대하여 간략히 살펴보면 다음과 같다.[14]

• 수동적 정보수집

이것은 자동차 구매자가 자동차 구매욕구를 가지고 있는 경우, 자동차와 관련된 정보가 구매자에게 상황에 맞게 선택적으로 전달되는 것이다. 예를 들면, 자동차 구매자는 기존의 자동차를 사용하고 있지만, 정확한 후속 구매의 시점을 확정하지 않은 경우 수동적 정보수집의 상황에 노출된다.

• 능동적 정보수집

이것은 자동차 구매자가 구체적인 자동차 구매욕구를 충족시키기 위하여 적극적으로 정보를 수집하는 것을 말한다. 능동적 정보수집이 요구되는 신차 구매의 동기는 다음과 같다.

- 정기적인 구매주기의 도달(예를 들면, 독일의 자동차 구매자는 평균 76개월 주기로 신차를 구입함)[15]
- 긴급한 구매상황(예를 들면, 교통사고로 인한 폐차, 심각한 고장 등)
- 구매자가 관심을 가질 만한 신차 모델의 시장도입
- 가격조건이 좋은 신차 모델의 판매
- 자동차 구매자의 재무상황의 호전(예를 들면, 거액의 상속, 로또 당첨, 부동산 또는 주가 상승 등을 통한 재무상황의 호전 등)

14 Diez, W.(2015), p. 37.

15 DAT(2014), p. 67.

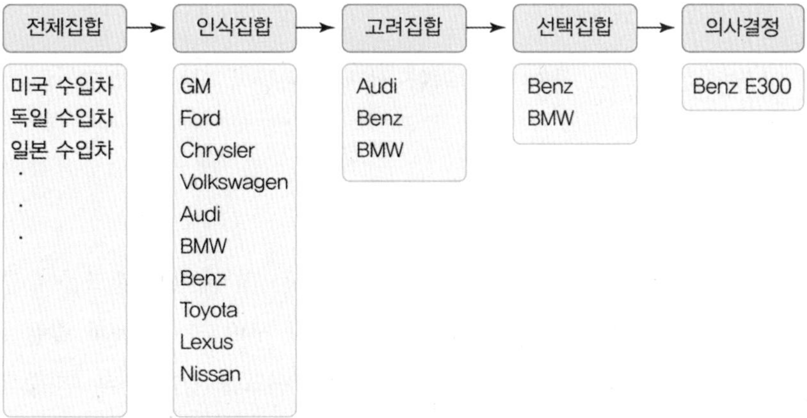

자료원: Kotler, P./Keller, K. L.(2016), p.174; 저자에 의해 일부 수정됨.

▎그림 3-5 수입 자동차를 구매하려는 소비자 의사결정과 관련된 성공적인 집합▕

<그림 3-5>는 수입 자동차를 구매하려는 소비자 의사결정과 관련된 성공적인 집합을 제시한다. 이 표에 나타나 있는 바와 같이, 자동차 구매자는 다양한 집합들을 거치면서 최종적인 구매의사결정을 하게 된다. 이러한 집합들은 각각 다음과 같은 의미를 갖는다.[16]

- **전체집합(total set)**

  구매자가 이용 가능한 모든 브랜드

- **인식집합(awareness set)**

  구매자가 알고 있는 제한적 브랜드

- **고려집합(consideration set)**

  인식집합 브랜드 중에서 최초 구매기준과 일치하는 브랜드

16 Kotler, P./Keller, K. L.(2016), p. 174 이하.

- 선택집합(choice set)

  고려집합 브랜드 중에서 강력한 선택의 대상의 되는 브랜드

(3) 대안평가(evaluation of alternatives)

정보탐색의 결과 소비자는 구매를 희망하는 몇 개의 브랜드를 추출하고 이들을 대상으로 구체적인 평가를 한다. 자동차 구매자는 다음과 같은 평가기준을 활용하여 자신이 관심을 가진 몇 개의 브랜드를 평가한 후, 최종적인 구매결정을 하게 된다.

- 가 격
- 디자인
- 옵 션
- 성 능(연비, 출력 등)
- 원산지(수입차 원산지, 주요 부품 원산지 등)
- 품질보증조건
- 브랜드 이미지
- 자동차 유지비(자동차 보험료, 자동차세 등)

(4) 구매결정(purchase decision)

자동차 구매자는 대안평가의 단계에서 최종적으로 선택한 제품을 구매할 수도 있고, 구매하지 않을 수도 있다. 중요한 것은 구매결정의 단계에서 실제로 제품을 구매하는 행위가 발생한다는 것이다. 대안평가의 단계에서 잠정적으로 구매하기로 결심한 제품이 반드시 구매로 연결되지는 않는다.[17] 자동차 구매자

17 주우진/박철/김현식(2020), p. 63.

는 대안평가의 단계에서 어떤 특정 제품을 구매할 의향을 가질 수 있지만 구매결정의 단계에서 이러한 의향을 번복할 수도 있다. 예를 들면, 구매결정의 단계에서 자동차 구매자는 자동차 딜러의 판매 권유, 유리한 가격조건의 제시, 할인 및 금융혜택 등과 같은 새로운 구매조건에 노출되거나 가족, 친구, 구매경험자 등의 압력 또는 권유에 노출된다면 대안평가의 단계에서 선택한 자동차가 아닌 다른 자동차를 구매할 수도 있다.

● 표 3-2 독일의 신차와 중고차 구매결정의 평가기준과 중요도

신차 구매결정의 평가기준				중고차 구매결정의 평가기준			
평가기준	2000	2005	2013	평가기준	2000	2005	2013
신뢰성	1.2	1.3	1.3	구매가격	1.4	1.4	1.4
외 관	1.6	1.6	1.5	외 관	1.8	1.9	1.6
구매가격	1.6	1.6	1.6	연 비	1.6	1.7	1.7
연 비	1.6	1.6	1.6	보유 사양	1.9	2.0	1.9
시리즈 사양	1.7	1.6	1.7	정비 용이성	1.8	1.9	1.9
수리비 및 유지비	1.7	1.8	1.9	짧은 주행거리	1.9	2.1	1.9
부품공급	-	-	2.0	부품공급	-	-	2.0
납품기일	1.9	2.1	2.0	서비스망 조밀성	2.1	2.4	2.3
대리점 근접성	-	-	2.1	친환경	-	-	2.4
서비스망 조밀성	1.9	2.0	2.1	잔존 보증범위	-	-	2.4
파이낸싱 혜택	-	-	2.1	중고차 재판매가격	2.2	2.5	2.5
친환경	-	-	2.2	위신가치	2.6	2.8	2.5
중고차 재판매가격	1.9	2.1	2.2	파이낸싱 혜택	-	-	2.7
위신가치	2.4	2.5	2.3	기존차량 인수조건	2.7	2.9	2.8
패키지 솔루션	-	-	2.4	패키지 솔루션	-	-	2.9
기존차량 인수조건	2.4	2.5	2.6				

- 척도의 의미: 1=매우 중요함, 4=전혀 중요하지 않음.

자료원: DAT(2014), pp. 25-27.

자동차 구매결정의 평가기준은 신차와 중고차에 따라 서로 다르게 제시될 수 있다. <표 3-2>는 독일의 신차와 중고차 구매결정의 평가기준과 중요도를 보여준다. 이 표에 제시된 바와 같이, 평가연도별(2000년, 2005년, 2013년)로 독일의 신차와 중고차 구매결정의 평가기준과 중요도는 서로 다르다는 것을 알 수 있다. 2013년 기준으로 볼 때, 신차 구매자가 매우 중요하게 고려하는 평가기준은 신뢰성, 외관, 구매가격, 연비, 시리즈 사양, 수리비 및 유지비 등으로 나타났다, 반면에, 중고차 구매자가 매우 중요하게 고려하는 평가기준은 구매가격, 외관, 연비, 보유 사양, 정비 용이성, 짧은 주행거리 등으로 밝혀졌다.

(5) 구매 후 행동(postpurchase behavior)

최종적으로 특정 브랜드의 제품을 구매한 자동차 구매자는 그 제품에 대하여 만족하거나 불만족하게 된다. 즉, 소비자는 제품구매 후 그 제품에 대하여 평가를 하게 된다. 자동차 구매자의 기대와 제품성과가 일치하거나 제품성과가 기대보다 크다면, 자동차 구매자는 미래에 또다시 이 브랜드를 재구매할 가능성이 높다. 반면에, 자동차 구매자가 기대한 수준으로 제품성과가 달성되지 않았다면, 불만족이 발생하기 때문에 자동차 구매자는 미래에 이 브랜드를 재구매하지 않을 가능성이 높다.

자동차 구매자는 자신의 구매결정에 대하여 확신을 갖지 못하고 심리적으로 불편 또는 불안을 느낄 수 있는데, 이것을 구매 후 부조화(postpurchase dissonance)라고 한다. 이러한 심리적 상황에 노출된다면 자동차 구매자는 제품구매를 후회하며 어쩔 수 없이 그 제품을 사용하거나, 경우에 따라서 주문취소 또는 구매취소를 할 수 있다. 그러므로 자동차 판매자 또는 딜러는 구매자들의 구매 후 부조화를 최소화하기 위하여 다음과 같은 노력을 기울여야 한다.

- 구매자 불만에 대한 적극적 대처

구매자 불만사항을 구체적으로 파악하여 해결방안을 제시함.

- 구매자 만족도 조사

체계적이고 정기적 만족도 조사를 통하여 불만족의 원인을 사전에 제거함.

- 구매자가 만족할 수 있는 품질보증제도(적극적 판매 후 서비스, 무상수리, 리콜 등)의 구축과 실행

<표 3-3>은 고객만족과 구매행동을 보여준다. 이 표에 나타나 있는 바와 같이, 고객이 더 만족하고, 그들의 기대가 더 충족될수록 재구매의 가능성이 커지게 된다. 그러므로 자동차 기업, 판매자 또는 딜러는 자동차 구매자들의 만족도를 높이고 기대를 충족시켜 줄 수 있는 마케팅활동을 하여야 한다.

표 3-3 고객만족과 구매행동

만족도	기대충족	고객행동
매우 만족(5점)	기대보다 매우 좋음	재구매, 매우 긍정적 구전활동
약간 만족(4점)	기대보다 약간 좋음	약간의 재구매 가능성
만족(3점)	기대와 같음	고객이탈, 할 수 없이 재구매
약간 불만(2점)	기대보다 약간 못함	고객이탈
매우 불만(1점)	기대보다 매우 못함	고객이탈, 매우 부정적 구전활동

자료원: 안병하(2007), p. 335; 저자에 의해 일부 수정됨.

<표 3-4>는 2020년 J.D. Power 초기품질지수(initial quality study)를 제시한다. J.D. Power는 1968년 처음으로 이 조사를 시작하였으며, 매년 신차 100대당 문제발생 수를 자동차 브랜드별로 발표하고 있다. 이 조사의 대상은 자동차 브랜드별 신차 구매 후 초기에 발생하는 고장, 품질 및 기능적 문제점들이다. 초기품질지수는 신차 100대당 문제발생 수로 표시되며, 수치가 낮을수록 신차의 초기품질이 더 좋다고 볼 수 있다. Dodge, Kia, Chevrolet, Ram,

Genesis가 각각 1~5위를 차지하였다. 실제적 또는 잠재적 자동차 구매자들은 J.D. Power가 조사하여 발표하는 초기품질지수를 참고하여 구매를 결정할 가능성이 있으므로 자동차 기업은 품질향상을 위해 큰 노력을 기울일 필요가 있다.

표 3-4 J.D. Power 초기품질지수(2020년)

자동차 브랜드	신차 100대당 문제발생 수
Dodge	136
Kia	136
Chevrolet	141
Ram	141
Genesis	142
Mitsubishi	148
Buick	150
GMC	151
Volkswagen	152
Hyundai	153
Jeep	155
Lexus	159
Nissan	161
Cadillac	162
Industry Average(산업평균)	166
Infiniti	173
Ford	174
MINI	174
BMW	176
Honda	177
Toyota	177

자동차 브랜드	신차 100대당 문제발생 수
Lincoln	182
Mazda	184
Acura	185
Porsche	186
Subaru	187
Chrysler	189
Jaguar	190
Mercedes-Benz	202
Volvo	210
Audi	225
Land Rover	228
Tesla	250

자료원: https://www.jdpower.com/business/press-releases/2020-initial-quality-\study-iqs.

PART

02

자동차 마케팅전략에 대한 통합적 접근

제2부는 자동차 마케팅전략에 대하여 통합적으로 논의한다. 자동차 마케팅전략에 대한 통합적 접근을 하기 위하여 다음과 같은 전략들이 구체적으로 검토된다. 제4장에서는 자동차 마케팅전략의 개념적 기초에 대하여 체계적으로 살펴본다. 제5장에서는 자동차 마케팅 제품전략에 대하여 검토한다. 제6장에서는 자동차 마케팅 가격전략에 대하여 설명한다. 제7장에서는 자동차 마케팅 유통전략에 대하여 논의한다. 마지막으로, 제8장에서는 자동차 마케팅 촉진전략에 대하여 논의한다.

PART 01 자동차 시장에 대한 기본적 이해

CHAPTER 01 자동차 시장의 현황과 특징

CHAPTER 02 자동차 시장에 대한 조사와 세분화

CHAPTER 03 자동차 시장에서의 소비자 행동

↓

PART 02 자동차 마케팅전략에 대한 통합적 접근

CHAPTER 04 자동차 마케팅전략의 개념적 기초

CHAPTER 05 자동차 마케팅 제품전략

CHAPTER 06 자동차 마케팅 가격전략

CHAPTER 07 자동차 마케팅 유통전략

CHAPTER 08 자동차 마케팅 촉진전략

↓

PART 03 자동차 마케팅의 도전과 전망

CHAPTER 09 자동차 마케팅과 글로벌 경쟁력

CHAPTER 10 자동차 마케팅과 친환경 및 자율주행 자동차

Chapter 04

자동차 마케팅전략의 개념적 기초

CHAPTER 04

자동차 마케팅전략의 개념적 기초

4.1 마케팅의 개념과 발전단계[1]

4.1.1 마케팅의 개념

먼저, 자동차 마케팅에 대한 개념을 이해하기 위해서는 마케팅의 개념에 대한 논의가 필요하다. 아래에서 논의되는 마케팅의 개념은 제품뿐만 아니라 서비스에도 적용될 수 있다. 2013년 미국 마케팅협회(American Marketing Association, AMA)는 마케팅(marketing)을 '고객, 클라이언트, 파트너, 그리고 사회 전반을 위해 제공물(offerings; 제품 및 서비스)을 창출, 커뮤니케이션, 전달 및 교환할 수 있도록 하는 활동, 조직구성 및 과정'으로 정의하였다.[2] 즉, 마케팅은 '고객의 욕구를 충족시키기 위하여 수행되는 교환활동'으로 요약될 수 있다. 이 정의에 포함된 용어를 구체적으로 살펴보면 다음과 같다.

1 박주홍(2017a), p. 202 이하 수정 재인용.

2 https://www.ama.org/AboutAMA/Pages/Definition-of-Marketing.aspx.

• 고 객(customer)

제품 또는 서비스를 최종적으로 소비하는 사용자 또는 소비자(개인, 기업, 국가, 기관 및 비영리단체 등을 포괄함)

• 욕 구(needs or wants)

제품 또는 서비스를 취득하기를 원하는 잠재적 또는 실제적 고객의 심리적 상태

• 충 족(satisfaction)

고객이 원하는 제품 또는 서비스를 구매함으로써 느끼는 심리적 만족감

• 교환활동(exchanges)

제품 또는 서비스를 고객에게 판매하고, 그 가격만큼 다른 제품 또는 서비스를 얻거나(예를 들면, 물물교환) 또는 화폐(예를 들면, 외환획득)를 얻는 활동

또한, 마케팅은 기업이 통제 불가능한 국내 및 글로벌 환경의 제약조건 내에서, 제품(product), 가격(price), 유통(place) 및 촉진(promotion) 등과 같은 통제 가능한 마케팅 4P 요소들을 활용하여 이윤을 추구하는 기업활동이다.[3]

<그림 4-1>은 국내 및 글로벌 마케팅의 환경과 마케팅 4P 믹스를 보여준다. 이 그림을 자동차 마케팅에 적용한다면, 자동차 마케팅을 성공적으로 수행하기 위해서는 국내환경과 글로벌 기업이 활동하고 있거나 활동하려는 국가들(1, 2,..., N)의 환경을 분석하여 자동차 마케팅 4P 믹스전략을 수립하여야 한다.

3 박주홍(2013), p. 30 이하.

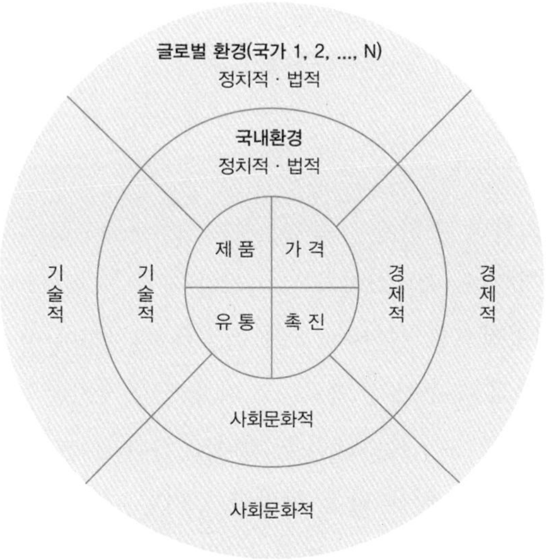

자료원: 박주홍(2013), p. 31.

▌그림 4-1 국내 및 글로벌 마케팅의 환경과 마케팅 4P 믹스 ▌

4.1.2 마케팅 개념의 발전단계

마케팅의 개념은 다음과 같은 5단계로 분류하여 논의할 수 있다. 즉, 시장지향성(market orientation)의 단계에 따라 마케팅의 개념은 진화하였다.[4]

• 생산 개념(production concept)

이 개념은 기업이 제품 또는 서비스를 생산하면 팔릴 것이라고 가정한다. 이것은 산업화 초기단계에 채택된 개념으로서 소비자들은 제품의 디자인이나 품질에는 전혀 관심을 두지 않으며, 구매 자체에만 관심을 보인다. 생산 개념에서 요구되는 상황은 다음과 같다.

4 Kotler, P.(1984), p. 16 이하.

– 제품에 대한 수요가 공급을 초과하는 상황이다.
– 제품원가가 높아서 이를 줄이기 위한 생산성 향상이 요구된다.

• 제품 개념(product concept)

이 개념 의하면 소비자는 품질, 성능 및 제품속성이 가장 우수한 제품을 선호한다고 가정한다. 즉, 소비자는 이러한 제품을 선호하기 때문에 기업은 우수한 제품을 지속적으로 생산하고, 그 품질을 개선하여야 한다. 이 개념은 기업이 소비자의 근본적 욕구보다 제품 그 자체에 집착하는 마케팅 근시안(marketing myopia)을 초래할 수 있는 단점을 지니고 있다. 마케팅 근시안은 먼 미래를 예상하지 못하고 바로 앞에 닥친 상황만 고려한 마케팅을 이르는 말이다. 따라서 단편적이고 단순한 생각에서 벗어나 좀 더 다른 입체적인 시각에서 경쟁자를 파악하는 것이 중요하다.

• 판매 개념(selling concept)

이 개념은 기업의 공급과잉으로 인하여 고품질의 제품을 생산하는 것만으로 기업활동을 수행하기 어렵게 됨에 따라 기업은 생산 이후의 판매(판매증대를 통한 이익확보)에 관심을 갖게 된다고 가정한다. 이 개념하에서는 기업은 판매에만 전적으로 관심을 가지며, 소비자의 구매 후 만족에 대해서는 전혀 고려하지 않는다.

• 마케팅 개념(marketing concept)

이 개념은 조직의 목표달성을 위해 기업은 고객의 니즈와 욕구를 파악하고, 경쟁사보다 더 효과적으로 만족을 제공하여야 한다는 가정을 한다. 판매 개념은 기업 내부에서 기업 외부로 관심을 집중하는 반면, 마케팅 개념은 기업 외부에서 기업 내부로 관심을 집중시킨다. 즉, 마케팅 개념은 기업 외부의 고객의 욕구를 고려하는 고객지향적인 마케팅활동(고객만족을 통한 이익확보)을 최우선의 가치로 삼는다.

• **사회적 마케팅 개념(societal marketing concept)**

이 개념은 조직이 목표달성을 위하여 경쟁사보다 고객의 니즈를 더 효과적으로 충족시킬 뿐만 아니라 고객과 사회의 복지증진에 기여해야 한다는 가정을 한다. 즉, 이 개념은 기업의 이익, 고객의 욕구, 그리고 사회의 복지를 동시에 고려하고 있다. 이 개념은 고객의 욕구(예를 들면, 자동차 운행을 통한 이동, 승차감), 그리고 고객과 사회의 복지(예를 들면, 자동차 배기가스로 인한 환경오염의 방지 등)를 동시에 충족시켜야 하는 과제를 안고 있다.

4.2 자동차 마케팅전략의 개념적 기초

4.2.1 자동차 마케팅 믹스전략의 의의와 구성요소[5]

자동차 마케팅 믹스전략(marketing mix strategy)은 자동차 기업이 표적시장(target market)에서 마케팅 성과를 달성하기 위하여 제품(product), 가격(price), 유통(place) 및 촉진(promotion) 등과 같은 통제 가능한 마케팅 4P 요소를 조합(combination)하는 것을 의미한다. <표 4-1>은 자동차 마케팅 4P 믹스의 주요 변수를 보여준다. 이 표에서 제시된 내용 중에서 가격 부분의 수출가격, 이전가격(본사와 자회사 또는 자회사와 자회사 간의 내부거래를 위해 책정하는 가격) 및 덤핑(생산원가보다 낮은 가격으로 수출) 등은 글로벌 마케팅과 관련되어 있다.

표 4-1 자동차 마케팅 4P 믹스의 주요 변수

제 품(product)	가 격(price)	유 통(place)	촉 진(promotion)
제품속성	가격결정	유통경로의 구조	광 고
제품개발	가격조정	유통경로의 설계	인적 판매
제품수정	가격변경	물적 유통	홍 보
제품제거	수출가격		판매촉진
브랜드	이전가격		
보증 및 서비스	덤 핑		

자료원: 박주홍(2013), p. 203.

<표 4-2>는 자동차 구매 시 주요 고려요인을 제시한다. 자동차 마케팅 4P(제품, 가격, 유통 및 촉진)의 관점에서 볼 때, 이 표에서 제시된 바와 같이 잠재적 또는 실제적 자동차 구매자들은 가격을 가장 중요하게 고려하며, 아울러

---

5 박주홍(2017a), p. 205 이하 수정 재인용.

제품의 특성(기능/성능, 제조사/브랜드, 연비, 내구성, 차량 크기)을 중요하게 고려하고 있음을 알 수 있다.

● 표 4-2 자동차 구매 시 주요 고려요인

고려요인	비 율(%)
가 격	45
기능/성능	32
제조사/브랜드	24
연 비	23
내구성	15
차량 구매자 추천/후기	11
차량 크기	10
공식 구매혜택(무이자 할부 등)	9
주변지인 추천/후기	9

조사대상: 서울, 5대 광역시 거주 만 25~49세 남성 303명 온라인 조사.
조사기간: 2020.02.19.~2020.02.23.
자료원: http://www.mezzomedia.co.kr/data/insight_m_file/insight_m_file_ 1281.pdf.

4.2.2 자동차 마케팅 믹스전략의 수립과정

자동차 마케팅 4P 믹스 요소들이 적절하게 혼합되어야만 효과적인 마케팅 전략 또는 마케팅 프로그램이 수립된다. 전략적 관점에서 볼 때, 이러한 자동차 마케팅 믹스전략은 표준화(standardization)와 차별화(differentiation)로 구분될 수 있다.

• 표준화

기업이 활동하는 모든 시장에 동일한 자동차 마케팅 4P 믹스를 활용하여 고객 또는 소비자에게 접근함.

• 차별화

기업이 활동하는 각 시장별로 서로 다른 자동차 마케팅 4P 믹스를 활용하여 고객 또는 소비자에게 접근함.

자동차 기업은 통제 불가능한 환경요인의 분석을 통하여 기회(opportunity)와 위협(threat)을 파악하고, 통제 가능한 기업의 내부적 상황을 평가하여 강점(strength)과 약점(weakness)을 확인한 후 전략을 수립한다. 기업의 목표(예를 들면, 수익성 증대, 장기적 성장 및 발전 등)는 기능영역별 전략실행을 통하여 달성될 수 있으며, 이러한 기능영역은 마케팅, 인사·조직, 생산 및 운영, 재무·회계, 그리고 연구개발 등으로 구성되어 있다. 그리고 마케팅의 목표는 기타의 기능영역별 목표와 동일한 위치를 차지하고 있다. 물론 기능영역별 목표의 중요성(가중치 또는 비중)은 내부적 및 외부적 상황에 따라 다르게 설정될 수 있다.[6]

<그림 4-2>는 자동차 마케팅 믹스전략의 수립과정을 보여준다. 이 그림에 제시된 바와 같이, 자동차 마케팅의 목표(예를 들면, 시장점유율 증대, 매출액 증대 등)를 달성하기 위하여 제품, 가격, 유통 및 촉진 등의 전략이 실행되어야 하는데, 이러한 전략은 환경분석과 기업상황을 고려하여 표준화되거나 차별화된다. 그리고 전략이 실행되면 구체적인 자동차 마케팅의 성과가 나타나게 된다. 만일 자동차 마케팅의 성과가 자동차 마케팅의 목표에 미치지 못한다면, 자동차 마케팅의 목표와 4P 믹스전략은 피드백을 거쳐 조정되어야 한다.

6 박주홍(2013), p. 206 수정 재인용.

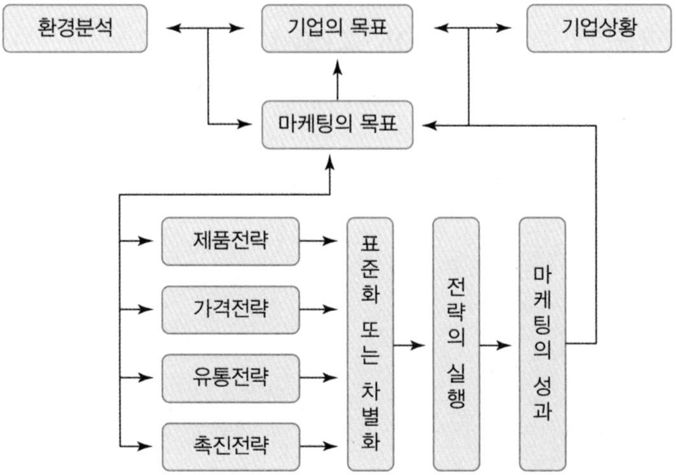

자료원: 박주홍(2013), p. 206 수정 재인용.

▌그림 4-2 자동차 마케팅 믹스전략의 수립과정▐

4.3 자동차 믹스전략의 표준화와 차별화[7]

4.3.1 표준화와 차별화의 의의

(1) 표준화의 의의

자동차 마케팅 믹스전략의 표준화는 전 세계적으로 동일한 마케팅 프로그램을 사용하여 고객 또는 소비자에게 접근하는 것을 말한다. 넓은 의미에서 볼 때, 표준화는 전 세계시장에 걸쳐서 동일한 마케팅 4P 믹스를 활용하는 것이다. 그리고 좁은 의미에서의 표준화는 마케팅 4P의 세분화된 각 요소별로 동일한 마케팅 프로그램을 전 세계적으로 사용하는 것을 뜻한다.

(2) 차별화의 의의

자동차 마케팅 믹스전략의 차별화는 적응화(adaptation)라고도 하며, 국가 또는 지역에 따라 마케팅 프로그램을 다르게 적용하는 것을 의미한다. 차별화는 강제적 차별화(mandatory differentiation)와 임의적 차별화(discretionary differentiation)로 구분할 수 있다.[8] 강제적 차별화는 현지 정부의 규제 또는 법률규정(예를 들면, EU의 디젤 자동차 배기가스와 관련된 유로6 규제) 및 환경적 요인 때문에 기업이 의무적으로 실행해야만 하는 차별적인 마케팅 프로그램에 바탕을 두고 있다. 이와 반대로 임의적 차별화는 기업의 전략 또는 상황판단에 따라 마케팅 프로그램을 국가 또는 지역에 따라 서로 다르게 구성하는 것을 의미한다.

---

7 전게서, p. 208 이하 수정 재인용.

8 Czinkota, M. R./Ronkainen, I. A.(1995), p. 267.

4.3.2 표준화와 차별화의 이유 및 장점

(1) 표준화의 이유 및 장점

자동차 마케팅 믹스전략의 표준화는 전 세계시장의 수요가 동질적이라는 가정에 기초하고 있다. 서로 다른 국가 또는 지역 등을 포괄하는 글로벌 시장이 산업을 초월하여 유사한 특징을 갖게 되는 이유는 다음과 같다.

- 글로벌 커뮤니케이션의 증대

방송 및 통신혁명(예를 들면, 인터넷과 위성방송의 보급)을 통한 글로벌 커뮤니케이션의 활성화

- 소비자의 국제적 이동성 증대

해외여행, 출장 등과 같은 소비자의 국제적 이동을 통한 이문화에 대한 학습 및 체험기회의 증대

- 교육시스템과 교육내용의 국제적 유사성

교육시스템과 교육내용의 국제적 동질화를 통한 글로벌 시민(global citizen)의 육성

- 글로벌 기술표준의 개발과 채택

인간의 안전, 환경 및 통신과 관련된 제품(예를 들면, 자동차, 항공기, 엘리베이터, 휴대폰 등), 산업재(예를 들면, 기계 및 공구) 등에서의 글로벌 기술표준의 개발과 채택

표준화의 장점은 다음과 같이 요약될 수 있다.

- **규모의 경제효과 및 범위의 경제효과 발생**

표준화된 제품의 대량생산과 대량판매를 통한 규모의 경제효과 발생, 마케팅 프로그램의 표준화를 통한 범위의 경제효과(예를 들면, 전 세계시장을 대상으로 동일한 자동차 광고의 실행) 발생

- **기업 또는 제품의 글로벌 이미지 구축**

표준화된 4P 믹스에 의한 통일적 기업 이미지 및 제품 이미지 창출

- **신속한 마케팅 프로그램의 조정**

마케팅 4P 믹스의 단순성과 통일성에 기초한 효율적 마케팅활동의 피드백

(2) 차별화의 이유 및 장점

자동차 마케팅 믹스전략의 차별화는 국가 또는 지역별로 서로 다른 4P 믹스를 활용하여 각 표적시장에 진입하는 것을 말한다. 일반적으로 볼 때, 개별 표적시장별로 차이가 발생하는 이유는 다음과 같다.

- **경제개발 정도의 차이**

선진국, 개발도상국 및 후진국 간의 경제적 환경의 차이(예를 들면, GNP, 1인당 국민소득, 가처분소득 등에서의 차이)

- **경쟁상황의 차이**

경쟁기업의 4P 믹스전략 및 표적시장별 경쟁상황의 차이

• **사회문화적 환경의 차이**

전통, 관습, 가치관, 종교, 미적 감각(예를 들면, 자동차 색상의 선호도 차이) 등과 같은 사회문화적 환경의 차이로 인한 차별화

• **소비자 행동의 차이**

표적시장별로 서로 다른 소비자 행동 및 구매동기

• **법적 환경의 차이**

국가별로 서로 다른 정부의 규제 및 법적 규정

차별화의 장점은 다음과 같이 열거될 수 있다.

• **국가 또는 지역별 표적시장에서의 소비자의 욕구충족**

차별적 마케팅 4P 믹스의 실행을 통한 서로 다른 표적시장에서의 소비자의 욕구충족 추구

• **경쟁상황을 고려한 마케팅 프로그램의 실행**

경쟁기업의 마케팅 믹스전략에 대응할 수 있는 차별적이고 다양한 마케팅전략의 수립 가능

• **현지국 마케팅관리자의 동기부여 증대**

본사로부터 현지 자회사로의 마케팅믹스의 차별화에 대한 의사결정권의 대폭 위임을 통한 현지국 마케팅관리자의 동기부여 증대

4.3.3 자동차 마케팅 믹스전략의 대안개발

자동차 마케팅 믹스전략은 제품, 가격, 유통 및 촉진 등과 같은 마케팅수단들의 결합방법과 관련되어 있으며, 결합방법에 따라 수많은 믹스전략의 대안들이 개발될 수 있다. 이러한 결합방법은 기업의 내부적 및 외부적 상황에 따라 다를 수 있다.

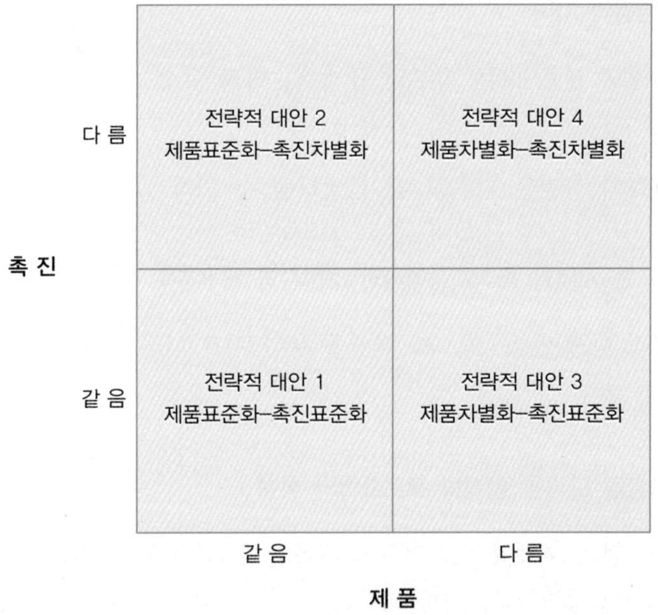

자료원: Keegan, W. J.(2002), p. 346.

▌그림 4-3 제품과 촉진의 표준화와 차별화를 결합한 전략적 대안▐

아래에서는 *키건*(Keegan)이 제시한 5개의 전략적 대안을 믹스사례로 살펴보기로 한다.[9] 그는 어떤 표적시장(예를 들면, 선진국)에서 제품에 대한 구매능력이 있다는 가정하에서 제품 및 촉진활동을 각각 표준화 또는 차별화함으로써 4개의 대안을 제시하였다. 그리고 어떤 다른 표적시장(예를 들면, 개발도상국 또는 후진국)에서 제품에 대한 구매능력이 없는 경우에는 앞서 제시한 4개의 대안이 실행될 수 없으므로 기존 제품과 다른 제품을 개발하여야 하는 대안이 추가되었다. <그림 4-3>은 제품과 촉진의 표준화와 차별화를 통하여 도출될 수 있는 4개의 전략적 대안을 제시하고 있다.

(1) 전략적 대안 1: 제품표준화-촉진표준화

이 전략은 표준화된 제품과 표준화된 촉진을 믹스하여 특정 표적시장에 접근하는 것이다. 그리고 이 전략은 제품과 촉진의 표준화를 동시에 추구하기 때문에 이중연장전략(dual extension strategy)이라고 한다. 예를 들면, 어떤 자동차 기업이 모든 선진국 표적시장에 표준화된 단일 모델을 판매하고, 동일한 촉진(예를 들면, 광고의 표준화)을 실행한다면, 이것은 전략적 대안 1에 해당된다.

제품표준화는 기업으로 하여금 생산원가 또는 비용을 절감하게 하는 대량생산을 가능하게 한다. 또한, 단일 제품만을 생산하면 되기 때문에 연구개발비가 대폭 절감된다. 촉진표준화는 모든 표적시장에서 동일한 촉진수단을 사용할 수 있기 때문에 많은 비용이 절감될 수 있다. 이 전략은 비용절감의 장점을 갖고 있지만, 서로 다른 표적시장에서 다양한 소비자의 욕구를 충족시키기 힘든 단점을 갖고 있다.

9 Keegan, W. J.(2002), p. 346 이하.

(2) 전략적 대안 2: 제품표준화-촉진차별화

이 전략은 표준화된 제품과 차별화된 촉진을 결합시켜 특정 표적시장에 진입하는 것이다. 예를 들면, 어떤 자동차 기업이 모든 선진국 표적시장에 표준화된 단일 모델을 판매하고, 서로 다른 촉진(예를 들면, 광고의 차별화)을 수행한다면, 이것은 전략적 대안 2라고 볼 수 있다.

제품표준화는 원가절감과 대량생산 등과 같은 이점을 확보하게 하지만, 촉진차별화는 많은 비용이 발생하게 한다. 이 전략에서는 단일 제품만 개발하면 되기 때문에 연구개발비가 많이 절감될 수 있으며, 이렇게 절감된 비용은 촉진차별화를 위하여 활용될 수 있다. 촉진차별화(예를 들면, 산악지역이 많고 눈이 많이 내리는 스위스에서의 차별화된 사륜구동 SUV 광고)는 특정 표적시장에서 제품이 제공하는 기능 또는 사용조건이 다른 경우에 주로 사용된다.

(3) 전략적 대안 3: 제품차별화-촉진표준화

이 전략은 제품차별화와 촉진표준화를 믹스하여 특정 표적시장에서 마케팅 활동을 하는 것을 말한다. 예를 들면, 어떤 자동차 기업이 모든 선진국 표적시장에 서로 다른 모델을 판매하고, 동일한 촉진(예를 들면, 광고의 표준화)을 수행한다면, 이것은 전략적 대안 3에 해당된다.

이 전략은 제품이 제공하는 기본적 기능은 표적시장별로 동일하지만 제품의 사용조건이 달라 제품차별화 또는 제품변경이 요구되는 경우에 실행된다. 또한, 현지 정부의 규제 또는 법률규정 및 환경적 요인 등에 의하여 강제적 제품차별화(예를 들면, EU의 디젤 자동차 배기가스와 관련된 유로6 규제)가 요구되는 경우에도 이 전략이 추구될 수 있다.

(4) 전략적 대안 4: 제품차별화-촉진차별화

이 전략은 모든 표적시장에서 제품과 촉진을 차별화하여 고객에게 접근하는 것을 말한다. 이 전략은 제품과 촉진을 동시에 차별화하기 때문에 이중적응전략(dual adaptation strategy)이라고 한다. 예를 들면, 어떤 자동차 기업이 모든 선진국 표적시장에 서로 다른 모델을 판매하고, 서로 다른 촉진(예를 들면, 광고의 차별화)을 실시한다면, 이것은 전략적 대안 4라고 볼 수 있다.

서로 다른 표적시장의 다양한 고객욕구를 효율적으로 충족시킬 수 있다는 것이 이 대안의 장점이다. 반면에, 제품차별화 및 촉진차별화의 비용이 많이 발생할 수 있다는 것이 이 대안의 단점이다.

(5) 전략적 대안 5: 제품개발전략

어떤 특정 표적시장의 고객 또는 소비자가 표준화 또는 차별화된 기존의 제품을 경제적인 이유로 구매할 능력이 없을 때 이 전략이 실행된다. 즉, 이 전략은 앞서 언급한 4개의 전략과는 다른 관점에서 수립된다. 예를 들면, 소득수준이 낮은 국가의 소비자가 제품을 구매할 능력이 없다면 가격을 낮춘 제품(예를 들면, 선진국에 비해 소득수준이 낮은 인도시장을 목표로 한 저가 자동차의 개발 및 판매)을 추가로 개발하여 그들에게 접근하여야 한다.

또한, 제품개발과 더불어 추가적인 비용이 투입되어야 하는 촉진전략도 새롭게 수립되어야 한다. 개발도상국 또는 후진국의 시장규모가 크다면 이 전략이 실행될 수 있지만, 그 규모가 작다면 추가적인 제품개발비용이 부담으로 작용할 수 있으므로 이 전략은 실행되기 어려울 수도 있다.

Chapter 05

자동차 마케팅 제품전략

5.1 제품의 의의와 주요 의사결정영역
5.2 자동차 모델 프로그램의 구성과 평가
5.3 신제품 개발과 신제품 마케팅
5.4 자동차 브랜드 관리와 원산지 효과
5.5 자동차 제품보증과 제품판매 후 서비스

CHAPTER 05

자동차 마케팅 제품전략

5.1 제품의 의의와 주요 의사결정영역[1]

5.1.1 제품의 의의

제품(product)은 노동력, 기계 및 원재료 등과 같은 생산요소를 투입하여, 가공 또는 생산과정을 거쳐 만든 완성품을 말한다. 넓은 의미에서 볼 때 제품은 유형의 제품뿐만 아니라 무형의 서비스(예를 들면, 금융서비스)도 포괄한다. 또한, 글로벌 제품(global product)은 글로벌 고객의 욕구를 충족시키기 위하여 글로벌 시장에서 판매되는 제품과 서비스를 의미한다. 예를 들면, 특정 브랜드의 자동차가 어떤 국가에서 생산되어 해외로 수출되거나, 현지 자회사에서 생산되어 현지 시장에 판매되거나 해외로 수출되는 경우 글로벌 제품의 성격을 갖는다.

국내마케팅과 글로벌 마케팅의 이분적 구분과 관계없이 제품의 개념은 동일하게 정의될 수 있다. <그림 5-1>에 나타나 있는 바와 같이 *코틀러*(Kotler)

---

1 박주홍(2013), p. 220 이하 수정 재인용.

는 제품을 핵심제품, 유형제품 및 확장제품 등과 같은 세 가지 차원으로 분류하였다.[2] 자동차는 아래와 같은 세 가지 차원을 가진 제품에 해당된다.

- **핵심제품(core product)**

제품이 제공하는 핵심적인 편익 또는 서비스를 말함. 예를 들면, BMW의 "운전의 즐거움(독일어 Freude am Fahren, 영어 sheer driving pleasure)"이라는 슬로건(slogan)에 나타나 있는 자동차의 편익

- **유형제품(tangible product)**

핵심제품을 실제의 제품으로 형상화한 제품을 의미함. 브랜드, 디자인, 품질 및 포장 등과 같은 제품속성을 통하여 구체화됨.

- **확장제품(augmented product)**

유형제품에 추가하여 제공되는 서비스 또는 기타의 혜택 등이 포함된 제품을 말함. 제품보증, 제품판매 후 서비스(after-sales service) 및 신용(예를 들면, 할부판매에서의 금융혜택, 파이낸싱 서비스) 등이 부가적으로 제공됨.

2 Kotler, P.(1986), p. 297.

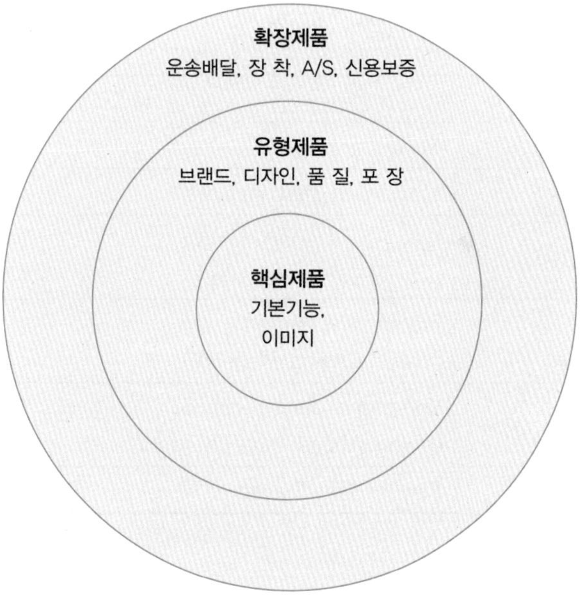

자료원: Kotler, P.(1986), p. 297.

| 그림 5-1 제품의 세 가지 차원 |

자동차 기업은 제품으로서의 자동차를 알리기 위하여 간결하게 표현한 짧은 어구인 슬로건을 개발하여 사용한다. <표 5-1>은 한국 및 독일 자동차 기업의 슬로건을 제시한다.

● 표 5-1 한국 및 독일 자동차 기업의 슬로건

자동차 기업	슬로건
Hyundai	New Thinking, New Possibilities
Kia	Movement that inspires
Mercedes-Benz	Das Beste oder nichts. (The Best or Nothing.)
BMW	Freude am Fahren (Sheer Driving Pleasure)
Audi	Vorsprung durch Technik (Being Ahead through Technology)
Volkswagen	Play or Get Played.

5.1.2 주요 의사결정영역

제품전략과 관련된 주요 의사결정영역은 제품정책 및 제품속성에 대한 의사결정 등과 같은 두 가지 영역으로 요약될 수 있다.

(1) 제품정책에 대한 의사결정

제품혁신(신제품개발), 제품변경 및 제품제거 등은 국내마케팅뿐만 아니라 글로벌 마케팅에 있어서 가장 중요한 제품정책에 대한 의사결정영역이다.[3] 이러한 의사결정은 제품수명주기와 밀접하게 관련되어 있다. 일반적으로 제품혁신은 제품수명주기의 도입기, 제품제거는 제품수명주기의 쇠퇴기에 이루어지는 경향이 있으며, 제품변경은 제품수명주기의 모든 기간에 걸쳐 이루어질 수 있다.

3 Meffert, H./Bolz, J.(1994), p. 155 이하.

• **제품혁신(product innovation)**

국내시장 또는 글로벌 시장에 신제품을 개발하여 도입하는 것을 말함, 아이디어 창출, 평가 및 실현의 과정을 거쳐 신제품 개발이 이루어짐, 예를 들면, 제네시스 GV70(기본 모델) 개발 및 출시

• **제품변경(product variation)**

국내시장 또는 글로벌 시장에서의 고객의 욕구와 기업의 전략적 선택 등에 따라 제품의 일부분을 수정하는 것을 의미함. 예를 들면, 특정 자동차 모델의 차체 외관을 바꾸는 페이스리프트(facelift) 또는 마이너 체인지(minor change)

• **제품제거(product elimination)**

국내시장 또는 글로벌 시장에서의 매출 및 시장점유율의 감소, 그리고 제품혁신 및 제품변경 등과 같은 이유로 특정 제품을 시장에서 퇴출하는 것을 말함. 예를 들면, 기아자동차의 K7 단종(생산 및 판매 중단)

(2) 제품속성에 대한 의사결정

제품속성은 앞서 설명한 유형제품 및 확장제품의 각 구성요소와 관련되어 있다. 기업은 그들이 활동하고 있거나 활동하려는 표적시장에서 브랜드, 디자인, 품질 등과 같은 유형제품의 구성요소와 제품보증, 제품판매 후 서비스 및 신용제공 등과 같은 확장제품의 구성요소에 대한 의사결정을 하여야 한다. 아래에서는 이와 관련된 주제와 이슈들이 구체적으로 논의된다.

5.2 자동차 모델 프로그램의 구성과 평가

5.2.1 자동차 모델 프로그램의 구성

자동차 모델(car model)은 어떤 자동차 기업에서 생산되는 제품이 그 기업의 다른 제품과 완전히 다른 외부 차체를 사용하는 것을 의미한다.[4] 그러므로 어떤 자동차의 차체 외형의 전체 모습(silhouette)이 다르다면, 이 자동차는 하나의 모델이라고 볼 수 있다. 같은 시리즈의 차종이지만 도어(door)의 수가 다르거나 차체의 뒷부분의 모습(예를 들면, 스테이션 왜곤, 노치백 세단, 해치백 세단 등)이 다르다면, 이것은 파생모델(variation model) 또는 새로운 버전(new version)으로

표 5-2 자동차 신제품 개발의 종류와 내용

구 분	내 용
신규 모델 차종 (new product/model)	• 새로운 플랫폼 • 내외장 및 섀시 전면 신규개발
전면적 모델 개조 (full model change)	• 기존 차종의 전면적 개조 모델 • 경쟁력 제고와 수요창출을 위해 3~6년 주기 • 섀시는 주로 이월됨, 내외장은 신규개발
중규모 모델 개조 (minor change)	• 기존 차종의 부분적 개조 모델(차체 외관) • 수요유지를 위해 2~4년 주기로 변경
소규모 모델 개조 (facelift)	• 부분적 소규모 개조(라디에이터, 범퍼 등) • 모델수명 연장 목적으로 1~2년 주기로 변경 • 신선한 이미지 유지를 위해 연식변경(model year)
사양변경 (ECO/ECN)	• 품질개선, 성능개선, 국산화, 공정개선, 고객요구, 클레임 처리 목적으로 일부 사양변경

자료원: 안병하(2007), p. 203.

4 안병하(2007), p. 197.

간주된다.[5] <표 5-2>는 자동차 신제품 개발의 종류와 내용을 보여준다. 좁은 의미의 새로운 모델은 이 표에 제시된 자동차 신제품 개발의 종류 중에서 신규 모델 차종과 전면적 개조 모델을 포함한다.

새로운 자동차 모델을 경제적이고 효율적으로 개발하기 위해서 자동차 기업들은 플랫폼(platform)의 개발에 많은 인적 및 물적 자원을 투입하고 있다. 자동차 플랫폼은 공통의 설계, 엔지니어링, 생산성, 모델과 타입을 아우르는 주요 부품들의 호환 패키지를 의미한다. 예를 들면, 이것은 서스펜션, 스티어링, 파워트레인 등 자동차에 필수적인 요소와 뼈대 부분을 포괄한다. 자동차 기업은 플랫폼 공유를 통하여 다양한 브랜드 라인업을 구축한다. <표 5-3>은 자동차 기업의 플랫폼 공유모델을 제시한다.

표 5-3 자동차 기업의 플랫폼 공유모델

자동차 기업	플랫폼	공유모델
Ford	B2E	Ford Fiesta, Ford EcoSport, Mazda 2
GM	Global Delta	Opel Astra, Opel Cascada, Chevrolet Cruze
Honda	C-5	Honda Civic, Honda CR-V, Acura RDX
Hyundai	HD	Kia ceed'd, Hyundai i30, Hyundai ix35
PSA	PF1	Citroën DS3, Peugeot 208, Citroën C3
Renault/Nissan	B	Renault Clio, Nissan Juke, Nissan Leaf
Toyota	MC-C	Toyota Auris, Lexus CT, Toyota Verso
Volkswagen	PQ25	Audi A1, Skoda Fabia, Seat Ibiza, Volkswagen Polo

자료원: Automobilindustrie Special(2012), Diez, W.(2015), p. 69 재인용.

5 http://global-autonews.com/bbs/board.php?bo_table=bd_013&wr_id=275&page=55.

자동차 모델 프로그램(car model program)은 특정 자동차 기업이 다양한 시리즈의 차종을 바탕으로 서로 다른 모델들을 어떻게 구성할 것인가에 대한 일종의 계획이라고 볼 수 있다. 이러한 계획은 새로운 자동차 모델의 개발과 생산을 위해 요구되는 투자와 관련되어 있다. 자동차 기업이 차종별 모델을 어떻게 구성하는가에 따라 실제적 또는 잠재적 자동차 구매자들의 선택의 폭이 달라질 수 있을 뿐만 아니라 구매반응도 달라질 수 있다. 특히, 자동차 모델 프로그램을 새롭게 구축하고, 이에 대한 의사결정을 하기 위해서는 자동차 모델 프로그램의 평가와 경제성 분석이 요구된다(5.2.2 및 5.2.3 참고). <표 5−4>는 1990년과 2014년 BMW의 자동차 모델 프로그램 구성사례를 보여준다.

표 5-4 1990년과 2014년 BMW의 자동차 모델 프로그램 구성사례

1990년	2014년
3시리즈 • Cabriolet • Limousine • Touring **5시리즈** • Limousine **7시리즈** **8시리즈**	**1시리즈** • 3도어 • 5도어 • ActiveE **2시리즈** • Cabrio • Coupé • Active Tourer **3시리즈** • ActiveHybrid3 • Gran Turismo • Limousine • Touring **4시리즈** • Cabrio • Coupé • Gran Coupé

1990년	2014년
	5시리즈 • ActiveHybrid5 • Gran Turismo • Limousine • Touring **6시리즈** • Cabrio • Coupé • Gran Coupé **7시리즈** • ActiveHybrid7 • Limousine **X시리즈** • X1 • X3 • X4 • X5 • X6 **Z4** • Roadster **BMW i시리즈** • i3 • i8

자료원: Diez, W.(2015), p. 50.

5.2.2 자동차 모델 프로그램의 평가

자동차 모델 프로그램의 평가는 현재 또는 미래에 어떤 자동차 기업의 기존 모델과 신규 모델을 어떻게 구성할 것인가에 대한 문제를 다룬다. 이러한 평가는 자동차 기업이 보유한 인적 및 물적 자원의 효과적이고 효율적 활용을 위해 수행되어야 한다. <그림 5-2>는 자동차 모델 프로그램의 평가과정을 보여준다. 이 그림에 제시된 바와 같이, 이러한 평가과정은 외부 및 내부환경의 분석, 미래의 모델 프로그램의 구성, 표적시장의 선정, 추가적 시리즈 및 모델의 개발의 순서로 구성되어 있다. 이와 관련된 내용을 간략히 살펴보면 다음과 같다.

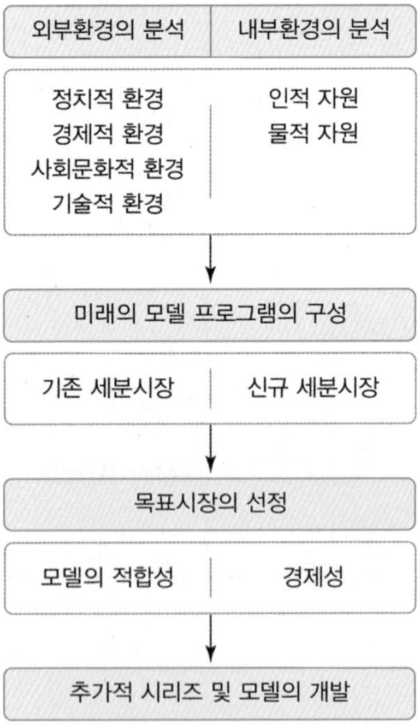

자료원: Diez, W.(2015), p. 50; 저자에 의해 일부 수정됨.

그림 5-2 자동차 모델 프로그램의 평가과정

• **외부환경의 분석**

외부환경의 분석을 통하여 국내외 자동차 시장의 기회와 위협이 확인될 수 있다. 의사결정자는 국내외 정치적, 경제적, 사회문화적 및 기술적 환경에 대한 PEST 분석을 수행하여야 한다(제2장, 2.1.3 자동차 시장조사의 과정 참고).

• **내부환경의 분석**

내부환경의 분석을 통하여 강점과 약점이 파악될 수 있다.

– 인적 자원: 자동차 개발 인력, 국내외 마케팅 인력 보유현황 등
– 물적 자원: 자동차 기업이 보유한 자본, 자원, 특허 등

• **미래의 모델 프로그램의 구성**

기존 세분시장과 신규 세분시장에서 판매되거나 판매하여야 하는 시리즈 또는 모델이 적절하게 구성되어야 한다.

– 기존 세분시장: 기존 세분시장에서 판매되는 시리즈 또는 모델의 미래 프로그램의 구성
– 신규 세분시장: 신규 세분시장에서 판매하여야 할 시리즈 또는 모델의 미래 프로그램의 구성

• **목표시장의 선정**

목표시장에서의 모델의 적합성과 경제성이 확인되어야 한다.

– 모델의 적합성: 신규 및 기존 시장에서 특정 모델이 경쟁력을 유지할 수 있을 것인가 또는 잠재적 또는 실제적 구매자의 구매행동에 영향을 미칠 수 있을 것인가에 대한 평가(제3장, 3.2.3 자동차 구매의사결정과정 참고)
– 경제성(5.2.3 참고): 신제품 개발과 관련된 원가절감 및 이윤증가 등과 같은 미래관련적인 성과기준 및 자본가치의 검토

• 추가적 시리즈 및 모델의 개발

연구개발을 통하여 시리즈 또는 모델의 형태로 신제품이 추가적으로 개발된다. 신제품이 개발된 이후에는 신제품 마케팅이 중요한 과제가 된다(5.3 참고).

5.2.3 경제성 분석

자동차 신제품 개발을 통하여 모델 프로그램을 확대하고, 기존 또는 새로운 세분시장에 진출하기 위한 중요한 평가기준은 신제품의 경제성이다. 경제성은 "어떤 특정 기간 동안 지출한 비용 또는 자원과 수익과의 관계"로 정의할 수 있다.[6] 미래의 성공 잠재성을 확인하기 위하여 신제품에 대한 경제성 분석(economic analysis)이 이루어져야 한다. 경제성 분석은 원가절감 및 이윤증가 등과 같은 미래관련적인 성과기준뿐만 아니라, 자본가치도 아울러 검토해야 하기 때문에 원가계산, 손익계산 및 자본가치평가 등과 같은 방법이 일반적으로 사용된다.[7]

(1) 원가계산

원가계산(cost accounting)에서는 신제품 아이디어평가의 시점에서 모든 미래의 주요 원가가 확실하게 정해질 수 있다는 가정을 한다. 연간 또는 단위당 원가절감액은 다음과 같이 계산된다.[8]

---

6 Bea, F. X./Dichtl, E./Schweitzer, M.(Ed., 1994), p. 3; Heyde, W. et al.(1991), p. 119; Horváth, P.(1988), p. 3.

7 박주홍(2016), p. 227 이하 수정 재인용.

8 Heyde, W. et al.(1991), p. 137 이하.

$$\triangle K = K_0 - K_1 = x_1 \cdot (k_0 - k_1)$$

여기에서 기호의 의미는 다음과 같다.

$\triangle K$: 원가절감액

$K_{0/1}$: 투자 전과 투자 후의 총원가(원/연간)

$k_{0/1}$: 투자 전과 투자 후의 단위당 원가(예를 들면, 원/단위)

x_1 : 생산량(개/연간)

신제품 아이디어실현을 위하여 필요한 원가는 신제품 아이디어에 따라 변동이 되지만, 투자 전의 원가는 일정하다.

원가계산의 장점은 수많은 대안들 중에서 최소의 원가를 갖는 신제품 아이디어가 비교적 용이하게 채택될 수 있다는 것이다.[9] 그러나 신제품 아이디어평가의 시점에서 원가를 계산하는 것이 어려울 수 있다는 단점이 있다.

(2) 손익계산

손익계산(profit and loss calculation)에서는 신제품 개발을 통하여 달성될 수 있는 이윤증가에 중요한 의미가 있다. 이 방법에서는 신제품 아이디어평가의 시점에서 모든 미래의 주요 원가 및 매출액이 정해져야만 한다는 가정을 한다. 이윤증가액은 다음과 같이 계산된다.[10]

$$\triangle G = \triangle K + \triangle G_x + \triangle G_Q + \triangle G_t$$

위의 식에서 기호의 의미는 다음과 같다.

---

9 전게서, p. 137.

10 전게서, p. 132 이하.

$\triangle G$: 이윤증가액

$\triangle K$: 원가절감액; $\triangle K = x_1 \cdot (k_0 - k_1)$

$\triangle G_x$: 생산량증가에 따른 이윤증가액; $\triangle G_x = (x_1 - x_0) \cdot g_0$;

g_0 : 투자 전의 단위당 이윤(원/단위당)

$\triangle G_Q$: 품질향상에 따른 이윤증가액; $\triangle G_Q = x_1 \cdot \triangle g_Q$;

g_Q : 고품질 달성을 통한 단위당 이윤증가액(원/단위당)

$\triangle G_t$: 시간단축을 통한 제품의 조기판매에 따른 이윤증가액

$\triangle G_t = x_1 \cdot \triangle g_t$;

g_t: 조기판매, 적시의 시장진출, 공정의 단축 및 고객요구에 대한 신속한 반응 등을 통한 이윤증가액(원/단위당)

계산가능한 이윤증가액은 다음과 같다.[11]

$$\triangle G_{kalk} = \triangle G_1 - \triangle G_0 = (UE_1 - K_1) - (UE_0 - K_0)$$

여기에서 기호의 의미는 다음과 같다.

$\triangle G_{kalk}$: 계산 가능한 이윤증가액

$UE_{0/1}$: 투자 전과 투자 후의 매출수익(원/연간)

$K_{0/1}$: 투자 전과 투자 후의 연간원가(원/연간)

이 방법에서는 여러 가지 대안들로부터 이윤극대적인 신제품 아이디어가 채택될 수 있다. 또한, 제품아이디어와 공정아이디어가 동시에 검토될 수 있다. 그러나 이 방법에서는 신제품 아이디어 평가의 시점에서 매출수익과 원가를 정확하게 파악하기 어려운 단점이 있다.

---

11 전게서, p. 132.

(3) 자본가치평가

특정 신제품을 개발하기 위해서는 자본투자가 필요하다. 어떤 투자에 대한 자본가치(capital value)는 "투자와 인과관계를 갖는 모든 수입과 지출에 대한 현재가치의 차이"로 정의될 수 있다.[12] 자본가치는 다음과 같이 결정된다.[13]

$$KW = \sum_{t=0}^{n} \frac{(E_t - A_t)}{(1+i)^t} = \sum_{t=0}^{n} (E_t - At)(1+i)^{-t}$$

위의 식에 표시된 기호는 다음과 같은 것을 의미한다.

KW : 자본가치

E : 수입(원)

A : 지출(원)

t : 0에서 n년까지의 수익기간

I : 산정이자율

$(1+i)^{-t}$: 현가율

의사결정자는 자본가치평가를 통하여 수많은 신제품 투자대안들 중에서 가장 높은 자본가치를 갖는 대안을 선택한다.[14] 자본가치평가는 다음과 같은 의사결정을 위하여 사용된다.[15]

---

12 전게서, p. 143; Spremann, K.(1991), p. 354; Busse von Colbe, W./Laßmann, G.(1990), p. 47.

13 Heyde, W. et al.(1991), p. 143.

14 Bea, F. X./Dichtl, E./Schweitzer, M.(Ed., 1994), p. 216.

15 Heyde, W. et al.(1991), p. 143 이하.

- 감가상각기간의 결정
- 경제적 수익기간의 확인
- 여러 가지 자본투자대안들의 평가를 통한 가장 유리한 대안 선택
- 어떤 투자에 대한 최종 자산가치의 확인

자본가치평가는 신제품 아이디어의 실현을 위해 투입되는 자본의 관점에서 여러 가지 대안들이 합리적으로 평가되는 장점을 갖고 있다. 반면에, 이 방법은 현재 시점에서 수입, 지출 및 이자율을 산정하여 계산하기 때문에 다소 현실성이 떨어질 수 있는 단점을 갖고 있다.

5.3 신제품 개발과 신제품 마케팅[16]

5.3.1 신제품 개발의 의의

신제품 개발(new product development)은 제품혁신과 연구개발의 관점에서 이해할 필요가 있다. 넓은 의미에서 볼 때, 제품혁신은 신제품 개발과 기존 제품의 개선을 모두 포함한다. 또한, 연구개발의 관점에서 볼 때, 신제품 개발은 기초개발(응용연구의 결과물에 기초하여 개발원칙의 확립, 제조 가능성의 검토 및 제품개념의 설정 등과 관련된 활동) 및 개발(기초연구, 응용연구 및 기초개발 등의 결과물을 기초로 하여 신제품 또는 신공정을 구체적으로 개발하는 활동)과 밀접하게 관련되어 있다.

아래에서는 신제품 개발을 '기존 시장 및 신시장에 최초로 도입되는 신차(new car)의 개발'로 정의하기로 한다. 신제품 개발은 기술진보에 초점을 맞추고 있을 뿐만 아니라 고객들에게 새로운 것으로 인식되는 제품을 시장에 도입하기 위하여 개발하는 것을 의미한다. 신제품 개발의 가장 중요한 목표는 다음과 같이 요약될 수 있다.

- 고객의 욕구충족
- 기존 시장 및 신시장에서의 시장성장 및 시장점유율 증대
- 제품경쟁력의 강화
- 경쟁시장에서의 주도권 확보

16 박주홍(2020b), p. 162 이하 수정 재인용.

5.3.2 신제품 개발의 과정

신제품 개발은 다음과 같은 7개의 단계를 거쳐 이루어진다. 각 단계에서 창출되어야 하는 주요 성과는 다음과 같이 요약될 수 있다.[17]

- **아이디어창출(idea generation)**

  기업의 미션에 적합한 고객효용(customer benefits)의 제공을 위한 제품아이디어의 확인

- **제품개념의 개발과 평가(product concept development and screening)**

  더욱 완전한 제품개념으로의 제품아이디어의 확장 및 제품개념에 대한 잠재적 사업적 성공 가능성의 예측

- **마케팅전략의 개발(marketing strategy development)**

  표적시장, 가격책정, 유통 및 촉진 등을 위한 예비 계획의 수립

- **사업성 분석(business analysis)**

  이윤달성을 위한 잠재성 예측(잠재적 수요, 지출규모, 마케팅 비용 등)

- **기술적 개발(technical development)**

  제품, 제조 및 생산공정 등의 설계

- **시장테스트(market test)**

  실제 시장에서의 잠재적 성공에 대한 증거의 확보

17 Solomon, M. R./Stuart, E. W.(2003), p. 263.

• **사업화(commercialization)**

완전한 마케팅 계획의 실행

신제품 개발과정의 주요 목표들은 소비자 요구 만족도의 최대화, 개발기간의 최소화, 개발비용의 관리이다.[18] 이러한 주요 목표들을 간략히 살펴보면 다음과 같다.

• **소비자 요구 만족도의 최대화**

신제품의 성공을 위해서 기업은 경쟁기업의 제품보다 더 좋은 기능, 우수한 품질, 매력적인 가격으로 소비자들을 만족시켜야 한다. 기업은 소비자의 요구사항을 최대한 반영하여 신제품을 개발하지만, 기술적 한계와 부족한 연구개발비용 때문에 소비자들이 요구하는 모든 사항들을 반영할 수는 없다. 소비자의 요구사항을 모두 반영하여 신제품을 개발하는 경우, 막대한 연구개발비용이 소요되기 때문에 신제품의 가격이 너무 비싸게 책정될 수도 있는 위험이 있다.

• **개발기간의 최소화**

기업이 신제품을 개발하여 시장에 출시하는 시간이 짧을수록 시장의 최초진입자로서의 지위는 더욱 강화될 수 있다. 만일 경쟁기업보다 늦게 신제품을 시장에 도입한다면 그 기업은 시장에서의 신제품 경쟁력을 상실할 수도 있다.

• **개발비용의 관리**

기업이 소비자의 요구사항들을 최대한 충족시키기 위하여 신제품 개발비용을 많이 투입하는 경우, 신제품이 시장에서 성공적인 반응을 얻더라도 개발비용을 모두 회수할 수 없는 상황이 발생할 수 있다. 그러므로 기업은 신제품 개발비용을 효율적으로 관리하고 통제할 필요가 있다.

---

18 김길선 역, Schilling, M. A. 저(2017), p. 277 이하.

아래에서는 신제품 개발의 7단계를 단계별로 구분하여 체계적으로 살펴보기로 한다.

(1) 아이디어창출

신제품 개발의 첫 단계는 다양한 원천으로부터 신제품 아이디어를 창출하는 것으로부터 출발한다. 아이디어창출은 기업 내부적(예를 들면, 연구개발자) 및 기업 외부적(예를 들면, 고객, 경쟁업체, 공급업체 등) 원천을 통하여 창출될 수 있다. 신제품 개발을 위한 주요 아이디어창출의 원천과 그 의미를 구체적으로 살펴보면 다음과 같다.[19]

• **제품사용자**

제품사용자(고객)들은 제품의 사용과정에서 제품의 문제점을 가장 잘 파악하는 집단이다. 기업은 제품에 대한 이들의 평가정보를 바탕으로 신제품 개발을 위한 아이디어를 창출할 수 있다. 일반적으로 이러한 평가정보는 소비자 패널, 유통경로 구성원(딜러), 마케팅 또는 영업 부서, 애프터서비스 부서 등을 통해 수집된다. 특히, 제품사용자들이 파악하여 제시한 제품의 문제점들은 제품을 개선하고, 신제품을 개발하는 촉발요인으로 작용할 수 있다. 특히, 제품사용자들이 제시하는 제품에 대한 평가정보를 바탕으로 신제품 개발을 하는 경우, 기업은 그들의 요구사항을 잘 충족시킬 수 있을 뿐만 아니라 성공적으로 신제품을 도입할 수 있다.

• **생산기술 집단**

연구개발자와 엔지니어 등과 같은 생산기술 집단은 제품의 기술적 문제를 가장 잘 파악하는 집단이다. 이들은 자사의 제품이 지니고 있는 기술상의 결함

---

19 이종옥 외(2005), p. 294 이하.

또는 문제점을 발견하여, 이에 대한 개선 아이디어들을 제시할 수 있을 뿐만 아니라, 경쟁기업이 생산하여 판매하는 제품(기존 제품 또는 신제품)의 장단점을 분석한 후 신제품 아이디어들을 제시할 수 있다. 경우에 따라서 생산기술 집단은 그들이 보유한 신기술을 과신하여 고객의 요구사항과 동떨어진 신제품 아이디어를 제안할 수 있으므로 이에 대한 주의가 요구된다.

- 최고경영자

도전적인 기업가 정신을 갖춘 최고경영자 또는 창업자는 시장에 성공적으로 도입될 수 있는 신제품 개발을 위한 아이디어들을 제안할 뿐만 아니라 신제품 개발을 위한 최종적인 의사결정을 한다. 또한, 최고경영자는 신제품 개발을 위한 아이디어들이 더욱 잘 창출될 수 있도록 하는 제도를 도입하고, 조직의 분위기를 조성하는 역할을 담당할 필요가 있다.

(2) 제품개념의 개발과 평가

제품개념의 개발과 평가단계에서는 아이디어창출의 단계에서 획득된 아이디어들 중에서 기업의 목표, 매출액, 수익성 등에 긍정적인 영향을 미칠 수 있는 아이디어가 채택된다. 특히, 성공적인 신제품 아이디어를 채택하기 위하여 이 단계에서는 기업 내의 서로 다른 부서 간(예를 들면, 연구개발, 마케팅 및 생산)의 밀접한 접촉과 협력을 통하여 아이디어평가가 이루어지는 것이 바람직하다.

신제품에 대한 아이디어를 구체화하기에 앞서 기업의 관련된 기능영역들이 참여하고, 기술과 시장의 관점에서 중요한 정보를 제시하는 제품요구 명세서를 작성하여야 한다.[20] *알레쉬*와 *클라스만*(Allesch & Klasmann)은 관련된 기능영역에 따라서 구분된 기준에 의하여 다음과 같은 정보가 포함된 제품요구 명세서를 작성해야 한다고 주장한다.[21]

---

20 Allesch, J./Klasmann, G.(1989), p. 8; 박주홍(2016), p. 202 이하 재인용.

21 Allesch, J./Klasmann, G.(1989), p. 10.

• **판매시장**

제품기능 및 속성, 판매잠재성, 가격 및 관리비용에 대한 예측, 수요에 부합하는 제품다양성, 최적의 디자인 및 부가 서비스 등

• **경 쟁**

경쟁기업의 제품기능 및 속성, 가격과 관리비용 및 성공적인 문제해결 잠재성 등

• **자원조달시장**

보호권, 규범 및 표준에 대한 검토, 종속가능성의 회피, 자원조달 가능한 부품 및 설비의 확인 등

• **생 산**

실제 기술의 응용, 조립에 적합한 구조, 기존부품 및 모듈의 계속적 이용가능성, 조립 및 수리의 용이성, 창고보관 및 수송적합성, 보호 가능한 부품 및 해결방안(특허) 등

• **기타 제품프로그램**

전체적 문제해결을 위한 보완책, 일관적 제품출시 및 다양한 프로그램의 조합가능성 등

아이디어창출의 단계에서 획득된 신제품 아이디어들은 체계적인 방법을 통하여 검토되어야 한다. 신제품 아이디어평가의 단계에서는 무엇보다도 새로운 제품아이디어에 대한 시장기회 및 경제성이 중요하게 고려되어야 한다.

(3) 마케팅전략의 개발

마케팅전략의 개발단계에서는 기업 내부적 및 외부적 환경분석을 수행한 후 표적시장을 선정하고, 예비적 마케팅 4P 믹스전략(제품, 가격, 유통 및 촉진의 믹스)이 수립된다. 이 단계에서는 신제품이 개발되고 시장에 도입된 이후의 신제품 마케팅을 위한 예비 계획의 수립이 중요한 과제가 될 수 있다. 특히, 기업 내부적 환경분석에서는 신제품 개발과 관련된 강점과 약점이 확인되어야 한다. 또한, 기업 외부적 환경분석에서는 신제품 개발과 관련된 기회와 위협이 파악되어야 한다.

신제품이 개발된 이후에 제품이 판매될 표적시장은 신제품 개발의 초기 단계에서부터 매우 중요한 의미를 갖는다. 이 단계에서 마케팅관리자는 시장세분화를 통하여 분류된 세분시장들을 비교·평가한 후 진입할 만한 가치가 있거나 잠재성이 높은 시장과 그 범위를 개략적으로 결정하여야 한다. 이러한 의사결정을 통하여 선정된 시장을 표적시장(target market)이라고 하며, 표적시장을 선정하는 행위를 타기팅(targeting)이라고 한다. 표적시장의 특징과 유의점을 간략하게 살펴보면 다음과 같다.[22]

- 표적시장은 특정 국가 또는 지역에서 선정된 잠재적 시장일 뿐이며, 실제적 시장은 시장진입전략의 실행을 통해서만 형성된다.
- 표적시장은 포지셔닝(고객 또는 소비자의 의식 속에 제품 또는 서비스에 대한 확고한 브랜드 이미지를 확립하는 것을 의미함)의 이전 단계에서 선정되며, 각 표적시장별로 포지셔닝이 이루어져야 하기 때문에 세분시장들 간의 비교·평가를 통하여 기회와 위협이 제시되어야 한다.
- 표적시장은 기업의 강점과 약점을 고려하여 선정되어야 한다.
- 표적시장의 선정에 있어서 가장 중요한 것은 시장의 매력성이다. 즉, 높은 매

22 박주홍(2013), p. 136 수정 재인용.

출액이 달성될 수 있고, 높은 시장성장이 예상되는 시장이 매력적이다.

- 서로 다른 국가 및 지역에 존재하는 표적시장은 해당 국가 또는 지역의 여러 가지 환경적 요인들에 의해 지속적으로 영향을 받기 때문에 주기적으로 재평가되어야 한다. 중장기적 관점에서 볼 때, 어떤 특정 표적시장으로의 진입이 시간적으로 지체되는 경우에는 표적시장을 다시 선정해야 하는 상황이 나타날 수 있다.

(4) 사업성 분석

사업성 분석은 예비적 마케팅계획, 기술적 계획, 재무적 검토 및 추정 예산의 수립 등을 포함한다.[23] 또한, 이러한 사업성 분석은 신제품 도입 이후의 이윤달성을 위한 잠재성 예측과도 관련되어 있다. 사업성 분석과 관련하여 다음과 같은 주요 사항들이 검토되어야 한다.

- **예비적 마케팅계획**

이것은 앞서 언급한 마케팅전략의 개발과 연결되어 있다. 즉, 이것은 예비적 마케팅계획의 수립을 통하여 신제품이 시장에서 성공할 것인가를 미리 검토하는 것이다.

- **기술적 계획**

기술적 계획은 신제품 개발과 관련된 기술의 사업성을 염두에 두고 수립되어야 한다.

- **재무적 검토**

신제품 개발과 시장도입에 대한 재무적 검토는 경제성 분석과 관련되어 있

23 Trott, P.(2012), p. 567.

다(5.2.3 참고).

• **추정 예산의 수립**

신제품 개발과 시장도입을 위한 추정 예산이 수립하는 것은 신제품 아이디어를 구체적으로 실현하기 위한 가장 중요한 의사결정에 속한다.

• **신제품 도입 이후의 이윤달성을 위한 잠재성 예측**

잠재성 예측은 잠재적 수요, 지출규모(예를 들면, 신제품 개발과 시장도입 비용), 마케팅 비용 등을 포함한다.

(5) 기술적 개발

기술적 개발은 신제품의 시장도입과 관련하여 가장 중요한 활동인 신제품 개발, 제조 및 생산공정 등을 설계를 포괄한다. 제품개념이 사업성 분석을 거쳐 시장도입의 성공 가능성과 경제성을 입증한다면 물리적인 제품개발이 이루어지고, 제조 및 생산공정이 설계되어야 한다. 이 단계에서 가장 중요한 역할은 연구개발, 생산 및 마케팅부서가 담당한다. 연구개발부서는 신제품의 기술적 목표를 달성하기 위한 기술개발을 책임진다. 또한, 생산부서는 신제품의 제조 또는 생산을 위한 공정을 설계하여 구체화시켜야 한다. 마지막으로, 마케팅부서는 다음 단계에서 중요하게 고려해야 하는 시장테스트를 한 후 신제품을 시장에 도입하게 된다. 이 단계에서 다음과 같은 활동들이 구체적으로 수행된다.[24]

• **연구개발 팀의 구성과 개발 활동**

신제품을 위한 기술적 개발을 담당할 연구개발 팀이 구성된다. 특히, 인적 및 물적 자원, 연구 기자재 또는 설비 등이 적절히 배치되어야 하며, 연구개발

---

24 이종옥 외(2005), p. 297 이하.

팀의 개발 활동을 통하여 시제품이 완성된다.

• **연구개발 결과의 잠재성 확인**

연구개발 팀이 개발한 제품기술은 제조 또는 생산부서에서 그 잠재성이 평가되어야 한다. 특히, 여기에서는 제품기술의 공정상의 효과성과 효율성이 구체적으로 검토되어야 한다.

• **시제품의 잠재적 경쟁력의 확인**

마케팅부서는 생산부서에서 공정상의 확인 과정을 거친 시제품을 대상으로 시장에서 어느 정도의 잠재적 경쟁력을 보유하고 있는지를 확인할 필요가 있다. 만일 시제품의 잠재적 경쟁력이 약한 것으로 평가될 경우, 연구개발과 생산부서는 피드백 과정을 거쳐 시제품을 수정·보완하여야 한다.

(6) 시장테스트

시장테스트(market test)는 개발된 신제품이 시장에 도입되기 전에 이루어지는 평가활동을 말하며, 이를 통하여 고객욕구와 신제품 간의 편차가 수정될 수 있다. 시장테스트와 관련된 주요 고려사항들은 다음과 같다.[25]

• **시 장**

현재의 구매패턴, 기존의 세분시장, 이용 가능한 제품들에 대한 고객의 생각

• **구매의도**

시범구매 및 재구매, 브랜드 교체에 대한 장벽, 교체비용

---

25 Trott, P.(2012), p. 525 이하.

• **신제품 개선**

전반적 제품개념, 제품개념의 특징

신제품에 대한 시장테스트를 통하여 그 결과가 도출되면 이를 바탕으로 신제품에 대한 수정 또는 보완이 이루어진다. 신제품이 시장에 도입되기 전에 고객욕구와 신제품 간의 편차를 적시에 수정하여 신제품을 시장에 도입한다면 기업은 그들이 추구하는 시장목표를 달성할 수 있으며, 소비자 또는 고객은 그들이 원하는 신제품을 만족스럽게 구매할 수 있다.

(7) 사업화

사업화(commercialization)는 상업화 또는 상품화라고도 하며, 신제품이 시장에 도입되는 출시(launching) 단계를 의미한다. 시장테스트의 결과에 따라 신제품을 수정 또는 보완하여 최종적인 시장도입이 이루어진다. 이 단계에서는 구체적인 마케팅전략 또는 믹스전략이 수립되고 실행되어야 한다. 사업화 단계에서는 신제품 마케팅이 실제적으로 수행되는 것으로 볼 수 있다(5.3.4 참고).

사업화 단계에서는 무엇보다도 다음과 같은 측면들에 대한 의사결정이 중요한 의미를 갖는다.[26]

• **신제품 도입시점의 결정**

신제품 도입시점의 결정은 기업의 상황과 경쟁기업의 상황을 고려하여 이루어진다. 도입시점에서는 다음과 같은 세 가지 중에서 하나를 선택할 수 있다.

– 최초 도입: 경쟁기업보다 먼저 도입

– 동시 도입: 경쟁기업과 동시에 도입

– 후발 도입: 경쟁기업보다 늦게 도입

26 이종옥 외(2005), p. 299 이하.

• **신제품 도입지역 결정**

이것은 신제품을 어느 지역 또는 국가에 판매할 것인가를 결정하는 것과 관련되어 있다.

- 국내시장: 도시, 농촌, 지역별 도입
- 국제시장: 지역(예, 아시아, 유럽, 북미, 남미 등) 또는 국가별 도입

• **신제품 목표시장의 설정**

이 단계에서 마케팅관리자는 시장세분화를 통하여 분류된 세분시장들을 비교·평가한 후 진입할 만한 가치가 있거나 잠재성이 높은 시장과 그 범위를 결정한 후 표적시장에 신제품을 도입한다.

• **신제품 도입전략의 실행**

이것은 구체적인 신제품 마케팅전략 또는 믹스전략의 실행과 관련되어 있다. 이것은 마케팅 4P에 대한 주요 의사결정을 포괄하며, 구체적으로 제품, 가격, 유통 및 촉진 등의 활동을 계획하고 실행한다.

무엇보다도 중요한 것은 신제품을 시장에 도입하기 전에 신제품에 대한 테스트를 수행하여야 한다. 자동차는 수많은 부품과 장치로 구성되어 있고, 그 성능과 기능이 복잡하게 연결되어 있으므로 테스트를 통하여 문제점을 파악하고 수정하는 절차를 거치는 것이 필요하다. 이러한 테스트는 자동차 기업 자체의 품질테스트와 각종 법규에 따라 실시하는 법규테스트로 구분된다.[27]

• **자동차 기업 자체의 품질테스트**

각종 성능시험(출력, 속도, 등판능력 등), 충돌시험(crash test), 물이 스며드는지를 확인하는 수밀도시험, 공기저항과 역학구조를 점검하는 풍동시험(wind

---

27 안병하(2007), p. 216 이하.

tunnel test), 소금물과 진흙탕에서 실시하는 부식시험, 영하 50도 이하의 냉동실에서 실시하는 혹한시험, 요철길을 달리는 진동시험, 소음시험, 브레이크시험, 연비시험, 냉각성능시험, 조종안정시험, 공기조화시험, 승차감시험 등

• **법규테스트**

우리나라의 주요 법규테스트는 다음과 같다.

– 양산차의 형식승인제도(구조기준, 안전기준, 내구시험, 성능시험 등)

– 환경관련 법규(배기가스, 소음의 시험인증)

5.3.3 신제품 개발을 위한 주요 접근법

신제품 개발을 위한 주요 접근법은 신차개발뿐만 아니라 다른 종류의 다양한 신제품 개발을 위해 적용이 가능하다. 아래에서는 신제품 개발을 위한 주요 접근법인 Stage-gate 모델과 품질기능전개에 대하여 설명하기로 한다.

(1) Stage-gate 모델

쿠퍼(Cooper)에 의해 개발된 Stage-gate 모델(Stage-gate model)은 가장 잘 알려진 신제품 개발의 방법이다.[28] stage는 단계를 의미하고, gate는 관문을 뜻하는 영어 단어이다. 이 모델에서는 신제품 개발의 주요 단계에 따라서 신제품 개발 관리자가 프로젝트를 중단(kill)하거나 진행(go)시키는 의사결정을 하게 된다. 각 단계를 시작하기에 앞서 다음 단계로 신제품 개발 프로젝트를 진행해야 할지를 결정하는 것은 신제품 개발과 관련된 비용절감과 위험회피의 관점에서 이루어진다. 각 단계별로 정확한 평가가 이루어지지 않은 상태에서 다음 단계

28 Cooper, R./Kleinschmidt, E. J.(1991), p. 137 이하; 김길선 역, Schilling, M. A. 저(2017), p. 287 이하.

로 넘어간다면, 향후에 막대한 비용이 발생할 수 있을 뿐만 아니라, 위험상황이 나타날 수도 있다.

발견: 아이디어창출
Gate 1: 아이디어선별
Stage 1: 범위 규정 쉽게 가용한 정보들을 활용하여 예비 프로젝트들의 수를 줄이는 사전 범위 설정
Gate 2: 아이디어에 대한 추가 조사를 할 가치가 있는가?
Stage 2: 사업계획의 구성 제품의 정의, 사업 타당성, 프로젝트 수행 계획을 포함하는 사업계획을 구성하기 위해서 필요한 시장과 기술 조사
Gate 3: 사업계획의 구성
Stage 3: 개 발 구체적인 제품 디자인, 개발, 그리고 테스트, 또한 생산과 출시에 관한 계획들도 개발
Gate 4: 프로젝트가 외부 검증의 단계로 넘어가야 하는가?
Stage 4: 테스트와 검증 제안된 신제품, 마케팅 그리고 생산 계획의 검증 (실험 생산/판매 테스트도 포함 가능)
Gate 5: 제품은 상업적 출시 준비가 되었는가?
Stage 5: 출 시 제품 양산, 홍보와 판매 시작
출시 이후 평가 계획 대비 실적은? 배운 점은?

자료원: Cooper, R.(2011).

❙ 그림 5-3 Stage-gate 프로세스 ❙

<그림 5-3>은 Stage-gate 프로세스를 보여준다. 이 그림에 제시되어 있는 것처럼 신제품 개발 관리자는 각 gate별로 다음 단계로 이동할지에 대한 의사결정을 한다.

(2) 품질기능전개

품질기능전개(Quality Function Deployment, 이하에서는 QFD라고 함)는 일본에서 개발된 품질경영을 위한 방법 중의 하나이며, 신제품 개발을 위해 활용된다. QFD는 고객의 요구사항을 제품의 기술특성으로 변환하고, 이를 다시 부품특성과 공정특성, 그리고 생산에서의 구체적인 옵션과 활동으로까지 변환시키는 방법이다. QFD의 주요 목적은 신제품의 개발기간을 단축하고, 제품의 품질을 향상시키는 것이다. 이러한 목적을 달성하기 위하여 신제품 개발의 초기 단계부터 연구개발, 마케팅 및 생산부서가 서로 협력하는 것이 요구된다.[29]

<그림 5-4>는 QFD의 활용사례를 보여준다. 이 그림은 마치 집 모양처럼 생겼다고 하여 '품질의 집(house of quality)'이라고 한다. QFD의 활용방법을 보여주는 '품질의 집'은 제품의 엔지니어적인 속성과 고객의 욕구를 연결하는 매트릭스의 형태로 만들어진다. <그림 5-4>에 제시된 자동차 문(car door)의 개발사례를 위한 매트릭스는 다음과 같은 일련의 단계를 거쳐 완성된다.[30]

• 고객요구의 이해

자동차 문의 5가지 속성(예를 들면, 열기 쉬움, 언덕에서 열린 채로 유지, 비가 새지 않음, 도로 소음 차단, 충돌로부터 보호)이 파악됨

• 고객의 요구사항들에 대한 중요도 평가

고객의 관점에서 중요도(가중치)가 다음과 같이 평가됨, 열기 쉬움(15%), 언

29 김길선 역, Schilling, M. A. 저(2017), p. 290.

30 전게서, p. 291 이하.

덕에서 열린 채로 유지(10%), 비가 새지 않음(35%), 도로 소음 차단(20%), 충돌로부터 보호(20%)

• 자동차 문의 성능을 결정하는 기술적 속성의 확인

문의 무게, 이음새의 견고함, 문에 달린 고무의 타이트한 정도, 창문에 달린 고무의 타이트한 정도 등 4개의 기술적 속성이 확인됨

• 어떤 하나의 기술적 속성이 다른 하나의 기술적 속성에 미치는 영향의 확인

긍정적 또는 부정적 평가, 이 매트릭스에서는 '문의 무게'와 '이음새의 견고함' 간에 '부(-)의 상관관계'가 있음(문이 무거울수록 이음새의 견고함이 떨어진다는 것을 의미함)

• 매트릭스의 각 셀에 기술적 속성과 고객의 요구 사이의 관계를 평가함

1(매우 약함)~9점(매우 강함) 사이에서 평가함

• 각 기술적 속성에 대한 상대적 중요도의 평가

중요도와 각 기술적 속성의 평가점수를 곱한 값을 합산함, 문의 무게(365), 이음새의 견고함(135), 문에 달린 고무의 타이트한 정도(495), 창문에 달린 고무의 타이트한 정도(495)

• 경쟁자 A와 B의 제품들(자동차문)을 각각 평가함

1(요구가 반영되지 않았음)~7점(요구가 완벽하게 만족되었음) 사이에서 평가함

• 각 기술적 속성의 상대적 중요성 점수와 경쟁제품들의 평가점수의 비교

비교 결과에 따라 각 디자인 요구사항들에 대한 목표수준(예를 들면, 문의 최적 무게 등)을 결정함

• 이전 단계에서 수립된 디자인 목표수준에 기초하여 만들어진 새로운 디자인을 평가함

매트릭스 오른쪽에 있는 '새로운 디자인의 평가' 부분에 1(요구가 반영되지 않았음)~7점(요구가 완벽하게 만족되었음) 사이에서 평가한 후, 경쟁제품들의 평가 점수와 새로운 디자인 점수를 비교함

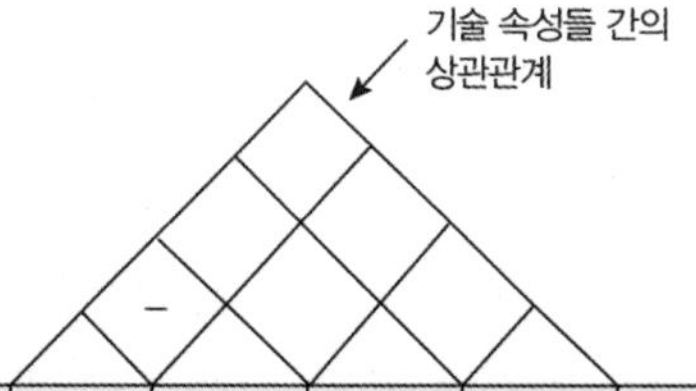

	기술속성	중요도	문의 무게	이음새의 견고함	문에 달린 고무의 타이트한 정도	창문에 달린 고무의 타이트한 정도	경쟁자 A	경쟁자 B	새로운 디자인의 평가
고객 요구	열기 쉬움	15	9	3			7	4	
	언덕에서 열린 채로 유지	10	3	9			6	7	
	비가 새지 않음	35			9	9	7	6	
	도로 소음 차단	20	1		9	9	4	7	
	충돌로부터 보호	20	9				4	7	
각 기술 속성의 상대적 중요도			365	135	495	495			
목표 디자인									

자료원: 김길선 역, Schilling, M. A. 저(2017), p. 291.

‖ 그림 5-4 품질기능전개: 자동차 문을 위한 품질의 집(사례) ‖

5.3.4 신제품 마케팅

(1) 신제품의 시장도입

신제품의 시장도입(market introduction)은 신제품이 개발되고, 시장테스트가 성공적으로 수행된 이후에 이루어진다. 신제품의 시장도입으로 인하여 새로운 제품수명주기가 시작된다. 즉, 신제품의 시장도입을 통하여 신제품은 제품수명주기상의 도입기에 접어든다. 또한, 신제품의 시장도입은 신제품이 시장으로 널리 확산(diffusion)하는 것을 의미한다.

신제품의 시장도입과 더불어 나타나는 소비자 관점에서의 신제품의 제품수용과정(product adoption process)은 다음과 같은 단계를 거친다.[31]

- 인 식(awareness)

이것은 소비자가 신제품의 존재를 알게 되는 단계이며, 소비자는 광고 또는 구전으로 인하여 신제품 정보에 노출된다.

- 관 심(interest)

이것은 소비자가 신제품에 대한 흥미를 가지고 정보를 탐색 또는 수집하는 단계이다.

- 평 가(evaluation)

이것은 소비자가 신제품의 장단점을 평가하는 단계이다. 이 단계에서 소비자는 제품의 사용여부를 결정한다.

31 Solomon, M. R./Stuart, E. W.(2003), p. 268 이하.

• 시 도(trial)

이 단계에서 소비자는 신제품의 유용성을 결정하기 위하여 제품을 시험한다. 이 단계에서 소비자는 제한적 범위 내에서 신제품 채택, 신제품 성능 확신 차원의 견본품(예를 들면, 소비재)을 구매한다.

• 수 용(adoption)

이것은 소비자가 신제품의 가치를 인정하여 구매를 수용하는 단계이다. 즉, 소비자는 신제품을 구매하여 사용한 후 신제품에 대하여 긍정적으로 평가하게 된다.

• 확 인(confirmation)

이것은 소비자가 신제품을 수용한 후 자신의 선택이 옳았는지를 지속적으로 확인하는 단계이다. 만일 신제품에 대한 신뢰도가 형성되었다면, 이 신제품에 대한 충성도가 높아질 수 있고, 구전효과가 나타날 수 있다.

(2) 신제품 마케팅의 의의

신제품 마케팅(new product marketing)은 '새롭게 개발된 신제품을 기초로 하여 고객의 욕구를 충족시키기 위하여 수행되는 교환활동'으로 정의될 수 있다(제4장, 4.1.1 참고).

넓은 의미에서 볼 때, 신제품 마케팅은 혁신 마케팅(innovation marketing)의 관점에서 고찰될 수 있다. 신제품 개발과 시장도입은 경쟁우위의 달성이라는 혁신 마케팅의 목표와 관련되어 있다. 이러한 혁신 마케팅의 목표시스템은 <그림 5-5>에 제시되어 있다.

이 그림에 나타나 있는 바와 같이, 무엇보다도 먼저 신제품의 시장 지향적 개발은 고객에게 적합한 제품개념을 충족시켜야 하고, 신제품의 혁신에 대한 고객의 준비는 수요자 불확실성 회피를 뒷받침해야 한다. 아울러 고객에게 적합한 제품개념과 수요자 불확실성 회피는 외부적 수용(예를 들면, 시장에서의 신제품 수용)을 창출해야 한다. 마지막으로, 내부적 수용의 창출(예를 들면, 기업에서의 신제품 개발)과 외부적 수용의 창출을 통하여 신제품에 대한 경쟁우위가 달성되어야 한다.

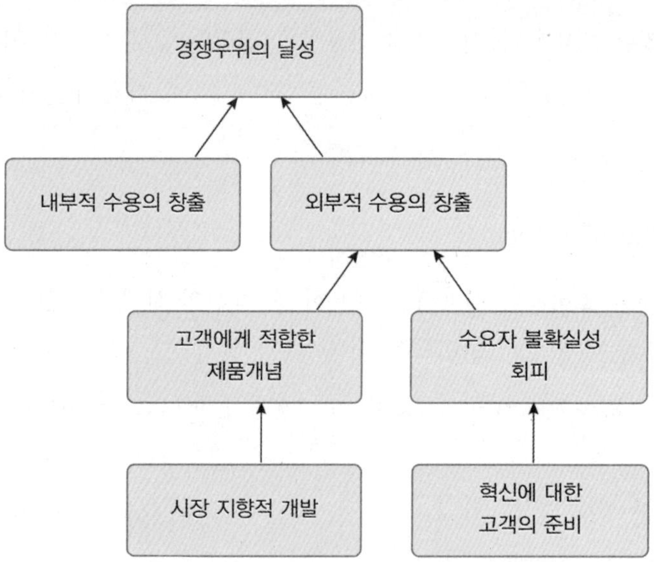

자료원: Vahs, D./Burmester, R.(2005), p. 266.

▌그림 5-5 혁신 마케팅의 목표시스템▐

(3) 신제품 마케팅을 위한 STP 전략

STP 전략은 시장세분화(market segmentation), 표적시장선정(targeting) 및 포지셔닝(positioning)과 관련된 전략을 말한다. 신제품 마케팅의 관점에서 이러한 전략들에 대한 주요 의미를 각각 살펴보면 다음과 같다.

시장세분화

기업이 생산한 신제품을 판매하려고 할 때 기업이 해야만 하는 가장 중요한 일들 중의 하나는 잠재적 소비자를 파악하는 것이다. 기업이 활동하거나 진입하기를 원하는 국가 또는 지역의 시장은 서로 다른 욕구를 가진 소비자들의 집합으로 구성되어 있다. 시장세분화는 다양한 욕구를 가진 소비자들을 일정한 기준에 따라 몇 개의 동질적인 소비자 집단으로 나누는 것을 말하며, 표적시장 선정과 포지셔닝전략을 수립하기 위한 전단계의 성격을 갖고 있을 뿐만 아니라, 효과적이고 효율적인 마케팅 믹스전략의 실행을 위한 전제조건이다. 이에 대한 내용은 앞에서 살펴보았으므로 여기에서는 추가적인 설명은 생략하기로 한다(제2장, 2.2 참고).

표적시장선정

앞서 설명한 바와 같이 신제품이 개발된 이후에 제품이 판매될 표적시장은 시장세분화를 통하여 분류된 세분시장들을 비교·평가한 후 선정된다. 그러므로 표적시장선정에 있어서 진입할 만한 가치가 있거나 잠재성이 높은 시장과 그 범위를 결정하는 것은 매우 중요하다. 이러한 의사결정을 통하여 선정된 시장을 표적시장(target market)이라고 하며, 표적시장을 선정하는 행위를 타기팅(targeting)이라고 한다.

신제품 마케팅관리자는 각 세분시장들을 평가한 후 진입할 만한 가치가 있는 표적시장을 선정한다. 그리고 이러한 과정을 거쳐 표적시장이 선정되면, 그 다음 단계로 적절한 표적시장 마케팅전략이 수행되어야 한다. 표적시장에서의 마케팅전략은 다음과 같은 네 가지로 분류할 수 있다.[32] <그림 5-6>은 표적시장 마케팅전략의 유형을 제시한다.

32 Solomon, M. R./Stuart, E. W.(2003), p. 232 이하; Keegan, W. J.(2002), p. 201 이하.

비차별적 마케팅전략

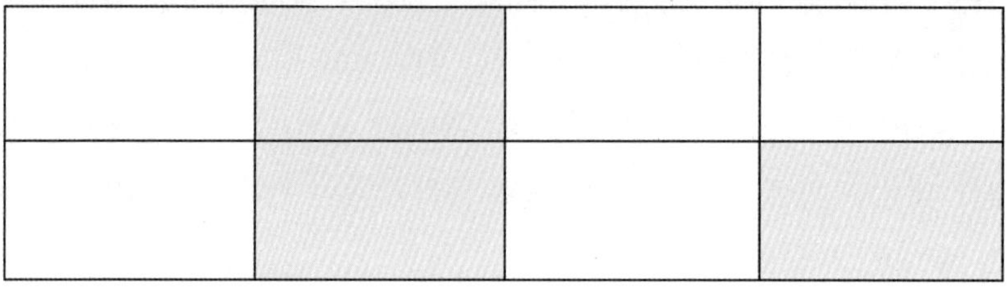

차별적 마케팅전략

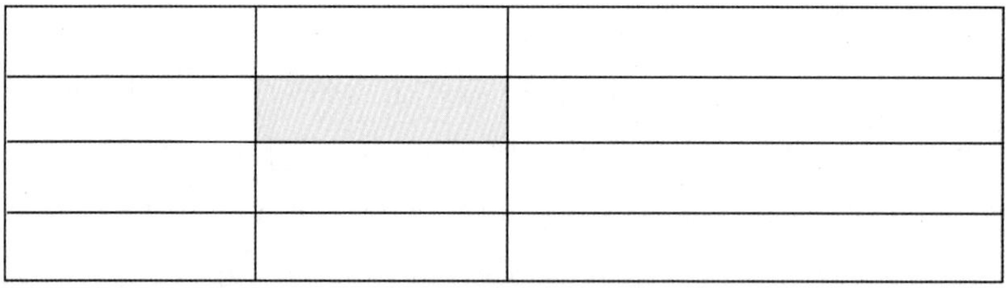

집중적 마케팅전략

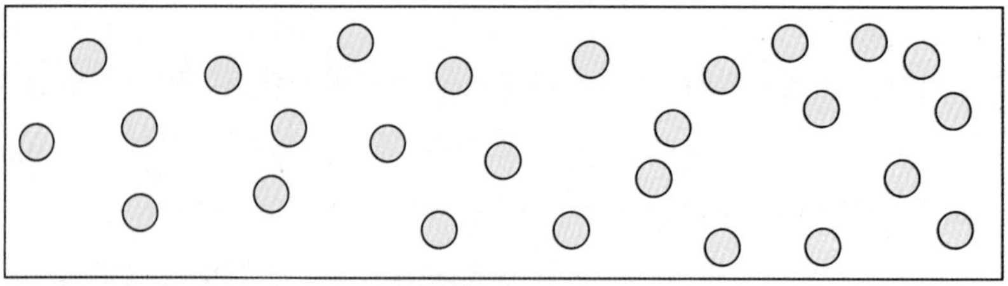

고객맞춤 마케팅전략

자료원: Solomon, M. R./Stuart, E. W.(2003), p. 233.

▌그림 5-6 표적시장 마케팅전략의 유형▐

• **비차별적 마케팅전략(undifferentiated marketing strategy)**

이것은 기업이 각 세분시장 간의 차이를 무시하고 이들 시장에서 동일한 마케팅 4P 믹스전략을 수행하는 것을 말한다.

• **차별적 마케팅전략(differentiated marketing strategy)**

이것은 기업이 차별화된 마케팅 4P 믹스전략을 수립하여 복수의 세분시장을 표적으로 선정한 후 마케팅활동을 수행하는 것을 의미한다.

• **집중적 마케팅전략(concentrated marketing strategy)**

이것은 기업이 마케팅 4P 믹스를 개발한 후, 단일의 세분시장에 초점을 맞추어 전략을 실행하는 것을 말한다.

• **고객맞춤 마케팅전략(customized marketing strategy)**

이것은 단일의 고객 또는 소비자를 대상으로 마케팅믹스를 구성하여 마케팅 활동을 수행하는 것을 말한다.

포지셔닝

신제품을 판매할 표적시장을 선정한 후 기업이 그다음으로 수행해야 할 과는 그 시장에서 제품 또는 서비스의 위치를 선정하는 것이다. 포지셔닝은 고객 또는 소비자의 의식 속에 제품 또는 서비스에 대한 확고한 브랜드 이미지(brand image)를 확립하는 것을 말한다.[33]

포지셔닝의 가장 중요한 목적은 효과적이고 효율적인 마케팅 믹스프로그램의 개발을 통하여 기업의 제품 또는 서비스에 대한 브랜드 이미지를 고객들에게 확고히 심어주는 것이다. 글로벌 기업의 관점에서 볼 때, 전 세계적으로 통일적인 브랜드 이미지가 형성될 수도 있고, 국가 및 지역에 따라 서로 다른 브

33 반병길/이인세(2008), p. 121.

랜드 이미지가 구축될 수도 있다. 기업이 신제품에 대한 성공적인 포지셔닝전략을 개발하기 위해서는 다음과 같은 측면들이 고려되어야 한다.

- 국가 및 지역별 사회문화적 환경의 차이
- 제품 또는 서비스의 사용용도의 차이
- 기업이 보유하고 있는 인적 및 물적 마케팅자원

포지셔닝전략은 다음과 같은 6단계의 절차를 거쳐 수립된다.[34]

- 경쟁제품 또는 브랜드와 관련된 상황을 확인한다. 경쟁의 근간은 무엇인가?
- 제품, 브랜드 및 경쟁에 대하여 소비자가 갖고 있는 현재의 인식을 파악한다.
- 가능한 포지셔닝주제들을 개발한다.
- 포지셔닝대안들을 심의하고, 가장 매력적인 대안을 선정한다.
- 선정된 포지셔닝전략을 수행하게 될 마케팅 믹스전략을 개발한다.
- 시간의 경과에 따라 포지셔닝전략의 효과를 검토한다. 만일 이 전략이 효과적이지 않다면, 실패의 원인이 잘못된 실행에 의한 것인지 또는 잘못 발상된 전략에 의한 것인지를 확인한다.

(4) 신제품 마케팅 믹스전략

신제품 마케팅 믹스전략(marketing mix strategy for new product)은 기업이 표적시장에서 신제품 마케팅 목표를 달성하기 위하여 그들이 보유하고 있는 통제 가능한 마케팅 자원을 결합하여 전략적 대안을 개발하는 것을 의미한다(제4장, 4.3 참고). 이러한 통제 가능한 마케팅 자원은 제품(product), 가격(price), 유통(place) 및 촉진(promotion) 등이며, 이것들을 총칭하여 4P라고 한다. 자동차 마

34 Kotabe, M./Helsen, K.(2011), p. 236.

케팅 믹스전략에 대하여 앞에서 이미 살펴보았기 때문에 여기에서는 자세한 설명은 생략하기로 한다(제4장, 4.3 참고).

신제품 마케팅 믹스전략은 표준화 또는 차별화를 통하여 수행된다. 신제품 믹스전략의 표준화(standardization)는 모든 신제품 시장에서 동일한 마케팅프로그램을 사용하여 고객 또는 소비자에게 접근하는 것을 말한다. 반면에, 신제품 마케팅 믹스전략의 차별화(differentiation)는 적응화(adaptation)라고도 하며, 이것은 서로 다른 신제품 시장(예를 들면, 국가 또는 지역)에 따라 마케팅프로그램을 다르게 적용하는 것을 의미한다.

5.4 자동차 브랜드 관리와 원산지 효과

5.4.1 브랜드의 의의[35]

브랜드(brand)는 제품 또는 서비스의 이미지를 전달하는 수단으로 사용되며, 경쟁자의 제품과 구별하기 위하여 사용되는 이름, 말, 상징 또는 이들의 결합을 말한다.[36] 고객들은 브랜드를 통하여 제조업자 또는 판매업자를 확인할 수 있다. 또한, 법적 규정에 근거하여 브랜드를 등록하는 경우에는 배타적인 법적 보호가 가능하다. 브랜드와 관련된 주요 개념들을 살펴보면 다음과 같다.[37]

- **브랜드 네임(brand name)**

이것은 단어, 숫자와 같이 말로 표현되는 부분을 의미한다. 예를 들면, 코카콜라(Coca-Cola), 벤츠(Benz), BMW, 아우디(Audi), 현대, 삼성, 777 등을 말한다.

- **브랜드 마크(brand mark)**

이것은 상징, 디자인, 특유의 색채, 독특한 문자 등과 같이 발음할 수 없는 부분을 말한다. 예를 들면, 벤츠의 '별' 모양의 마크, 나이키의 '부메랑' 모양의 마크 등이다.

- **트레이드마크(trademark)**

이것은 일정한 절차를 거쳐 등록된 법적으로 보호를 받는 브랜드를 뜻한다. 즉, 상표법에 근거하여 등록된 브랜드를 트레이드마크라고 한다. 예를 들면, 이것은 브랜드 네임 옆에 "Trademark" 또는 "TM," "®" 등을 붙여서 표시된다.

---

35 박주홍(2013), p. 227 이하 수정 재인용.

36 Czinkota, M. R./Ronkainen, I. A.(1995), p. 275.

37 전게서; 반병길/이인세(2008), p. 198.

여기에서 "®"은 "등록된 트레이드마크(registered trademark)"를 의미한다.

기업의 관점에서 브랜드의 중요성은 다음과 같이 요약될 수 있다.

- **촉진활동의 수단**

브랜드는 촉진활동의 수단이 되며, 브랜드 촉진활동을 통하여 브랜드의 인지도와 이미지가 향상될 수 있다.

- **브랜드 도용의 방지**

법적으로 보호를 받는 등록된 브랜드는 브랜드 도용(brand piracy)을 방지할 수 있다. 브랜드 도용이 확인된 경우에는 브랜드의 소유권을 갖고 있는 기업이 도용한 개인 또는 기업에 대하여 법적인 책임을 물을 수 있다.

- **브랜드 충성도 강화의 수단**

브랜드는 자사제품에 대한 고객의 브랜드 충성도(brand loyalty)를 강화하는 수단이 된다.

- **무형자산의 창출**

브랜드는 무형자산을 창출하며, 이를 통하여 기업의 가치가 상승될 수 있다. 예를 들면, <표 5-5>에 제시된 바와 같이, Hyundai의 2020년 브랜드 자산가치(brand equity)는 약 143억 달러에 달한다.

<표 5-5>는 인터브랜드(Interbrand) 선정 글로벌 15대 자동차 브랜드의 자산가치 순위(2020년)를 보여준다. 이 표에 나타나 있는 바와 같이 Hyundai의 브랜드 자산가치는 약 143억 달러로 5위를 차지하였으며, Kia는 약 58억 달러로 13위를 차지하였다.

표 5-5 인터브랜드(Interbrand) 선정 글로벌 15대 자동차 브랜드의 자산가치 순위(2020년)

순 위(기업명)	자산가치(단위: 백만 달러)
1. Toyota	51,595
2. Mercedes-Benz	49,268
3. BMW	39,756
4. Honda	21,694
5. Hyundai	14,295
6. Tesla	12,785
7. Ford	12,568
8. Audi	12,428
9. Volkswagen	12,267
10. Porsche	11,301
11. Nissan	10,553
12. Ferrari	6,379
13. Kia	5,830
14. Land Rover	5,077
15. Mini	4,965

자료원: http://www.interbrand.com.

5.4.2 자동차 브랜드 설정

(1) 자동차 브랜드의 설정

자동차 브랜드의 설정은 자동차 기업이 생산하여 판매하려는 다양한 제품 또는 제품라인의 상표화(branding)와 관련되어 있다. 이러한 상표화는 브랜드 네임, 브랜드 마크 등을 구축하는 의사결정에 속하며, 다음과 같은 네 가지 영역을 대상으로 한다.[38] <표 5-6>은 BMW 그룹의 브랜드 구축 사례를 제시한다.

38 Diez, W.(2015), p. 395.

- 전체 그룹(예, BMW 그룹)
- 제조업체(예, BMW, Mini, Rolls Royce 등)
- 시리즈(예, 3시리즈, 5시리즈 등)
- 개별 모델(예, 320i, 320d, 520i, 520d 등)

표 5-6 BMW 그룹의 브랜드 구축 사례

그룹명	BMW 그룹		
제조업체	BMW	Mini	Rolls Royce
서브 브랜드	BMW "M" BMW "i"	-	-
시리즈 브랜드	1/2/3/4/5/6/7 X1/X3/X4/X6 Z4	Mini, Cooper, Clubman, Clubvan, Countryman, Paceman	Phantom, Ghost, Wraight

- 서브 브랜드(sub-brand): 브랜드 확장을 위해 도입한 브랜드를 말함.
자료원: Diez, W.(2015), p. 395.

개별 제품(모델별)의 관점에서 볼 때, 자동차 브랜드는 기업이 추구하는 브랜드 전략에 따라 서로 다르게 설정될 수 있다. 개별 제품의 브랜드를 설정하는 경우, 다음과 같은 네 가지의 대안이 있다.[39]

- 명칭 방식(예, Golf, Astra, Focus)
- 숫자 방식(예, 3시리즈, 5시리즈, 7시리즈)
- 알파벳-숫자 혼합 방식(예, A6)
- 알파벳-명칭 혼합 방식(예, E-Class, S-Type)

39 전게서, p. 397.

(2) 글로벌 브랜드와 현지 브랜드

자동차 기업은 전 세계적으로 동일한 브랜드를 사용하는 글로벌 브랜드(global brand)를 선택할 것인지, 아니면 국가별로 서로 다른 브랜드를 사용하는 현지 브랜드(local brand)를 채택할 것인지를 결정하여야 한다. 예를 들면, 미국 시장에서 판매된 현대 그랜저(Grandeur)의 현지 브랜드 Azera, 기아 오피러스(Opirus)의 현지 브랜드 Amanti 등은 대표적인 현지 브랜드의 사례이다. 글로벌 브랜드는 표준화와 관련되어 있는 반면, 현지 브랜드는 차별화와 관련되어 있다. 글로벌 브랜드와 현지 브랜드의 장점을 각각 살펴보면 다음과 같다.[40]

- **글로벌 브랜드의 장점**
  - 전 세계적으로 규모의 경제(예를 들면, 마케팅 효율의 극대화 및 광고비용의 절감)를 달성할 수 있다.
  - 브랜드의 자산가치를 상승시킬 수 있다.
  - 전 세계적인 브랜드 인지도가 구축될 수 있다.

- **현지 브랜드의 장점**
  - 현지국의 사회문화적 특성(예를 들면, 현지국 언어의 의미와 발음)을 고려하여 브랜드를 도입하기 때문에 현지고객이 쉽게 인식할 수 있다.
  - 동일한 브랜드가 현지국에 등록되어 있거나 사용되고 있는 경우, 브랜드 사용과 관련된 법적 분쟁을 피할 수 있다.
  - 현지기업을 인수하는 경우, 현지국에서 구축된 브랜드의 이미지를 활용할 수 있다(예를 들면, Renault Samsung, GM Daewoo).

40 박주홍(2013), p. 233.

5.4.3 자동차 원산지 효과

소비자들은 제품을 구매할 때 제품의 모양 및 물리적 특성뿐만 아니라 제품이 생산된 국가를 고려하여 구매를 결정하는 경향이 있다. 이와 같이 자동차의 원산지가 소비자의 구매에 영향을 미치는 것을 원산지 효과(country-of-origin effect)라고 한다.[41] 우리나라에 수입되는 외국산 자동차 중에서 Benz와 BMW는 원산지가 독일이라는 효과를 가장 많이 보여주는 대표적인 브랜드에 속한다.

기업의 글로벌화는 어떤 제품의 원산지를 본국에만 국한시키지 않고 현지국으로 확대시키는 원동력이 되고 있다. 어떤 자동차가 해외 자회사에서 생산될 때, 그 자동차는 현지국과 본국의 원산지 효과를 동시에 발생시킬 수 있다. 이러한 효과를 양국 원산지 효과(binational origin effect)라고 한다. 예를 들면, 독일의 BMW 승용차가 미국의 공장에서 생산되고 있는데, 이 승용차는 출신국인 독일(Brand from Germany)과 생산국인 미국(Made in USA)의 원산지 효과를 이중으로 누릴 수 있다. 만일 BMW 승용차가 미국이 아닌 개발도상국 또는 후진국에서 생산된다면 양국 원산지 효과가 나타나지 않을 수도 있다.[42]

원산지 효과와 관련하여 자동차 기업은 다음과 같은 측면들을 추가적으로 중요하게 고려하여야 한다.

- **부품의 원산지**

최종 제품의 조립을 위해 필요한 부품이 어느 국가에서 수입되었는가에 따라 부품의 원산지 효과가 발생할 수 있다(예를 들면, 쌍용자동차 체어맨의 독일 Benz 엔진 및 트랜스미션의 장착).

41 Terpstra, V./Sarathy, R.(1994), p. 281 이하.

42 박주홍(2013), p. 234 재인용.

• **현지부품 사용률(local contents)**

이것은 어떤 기업이 현지국에서 생산할 때 준수하여야 하는 규정이며, 국가에 따라 그 기준은 다를 수 있다. 만일 현지 자회사가 이 규정을 지키지 않는다면, 현지국 정부로부터 높은 비율의 관세를 부과받을 수 있다. 특히, 자동차 기업이 현지국에서 생산하는 제품의 질을 높이고 양국 원산지 효과를 높이기 위해서 현지 자회사는 현지부품 사용률에 대한 규정을 지키면서 본사로부터 핵심부품을 조달하여야 한다.

<표 5-7>은 쌍용자동차의 차종별 부품의 국내 조달률과 해외 조달률(2003년 기준)을 제시한다. 고급 승용차인 체어맨과 고급 4륜구동차인 렉스턴의 해외 조달률은 각각 32%와 22%로 무쏘와 코란도의 8%보다 더 높게 나타나 있다. 고급 차종인 체어맨과 렉스턴의 해외 조달률이 높은 것은 엔진 및 주요 부품(예를 들면, 트랜스미션, 구동축 등) 등의 고가품을 수입하였기 때문이며, 반면에 무쏘와 코란도는 엔진을 제외한 주요 부품(예를 들면, 트랜스미션)을 수입하였기 때문이다. 이러한 고가 부품의 수입으로 인하여 체어맨과 렉스턴은 고가정책으로 시장에 진입할 수밖에 없었으며, 아울러 제품차별화를 통하여 소비자들에게 접근하였다. 특히, 체어맨은 이러한 제품차별화를 통하여 그 당시 국내외 최고급 승용차들과의 경쟁에서 강력한 경쟁력을 유지할 수 있었다.

표 5-7 쌍용자동차의 차종별 부품의 국내 조달률과 해외 조달률(2003년 기준)

차 종	국내 조달률(%)	해외 조달률(%)
체어맨	68	32
렉스턴	78	22
무 쏘	92	8
코란도	92	8

자료원: 박주홍(2004), p. 169.

5.5 자동차 제품보증과 제품판매 후 서비스

5.5.1 자동차 제품보증

자동차 제품보증(product warranty)을 보다 정확히 이해하기 위해서는 무엇보다도 먼저 소비자의 권리 및 제품의 윤리적 측면에 대한 이해가 필요하다. 아래에서는 이와 관련된 내용들을 구체적으로 살펴보기로 한다.

(1) 소비자의 권리에 대한 이해[43]

구매자는 기업과 관련된 그 어떠한 이해관계자보다 중요하다. 그 이유는 구매자가 기업이 생산한 제품 또는 서비스를 취득함으로써 비로소 이윤획득의 기회가 창출되기 때문이다. 아울러, 기업과 구매자 사이에는 마케팅의 주요 수단인 제품, 가격, 유통 및 촉진 등의 활동이 존재한다. 이러한 활동들은 무엇보다도 구매자의 욕구충족에 공헌하여야 할 뿐만 아니라, 구매자 중심적인 관점에서 실행되어야 한다. 우리나라의 '소비자기본법' 제4조는 소비자(구매자)의 권리(consumer's rights)를 아래와 같이 규정하고 있다. 이것은 소비자가 생산자에게 요구할 수 있는 기본적인 권리이며, 자동차 소비자와 생산자에게도 이와 같은 권리가 동일하게 적용된다. 이러한 권리는 국제소비자연맹이 선언한 소비자의 권리와 거의 유사하다. 그러므로 기업은 이와 같은 권리를 잘 고려하여 소비자의 욕구를 충족시켜야 한다.

- 안전할 권리(right to safety)

모든 물품(제품) 및 용역(서비스)으로 인한 생명, 신체 및 재산상의 위해로부

43 박주홍(2017b), p. 214 이하 수정 재인용.

터 보호받을 권리

• **정보를 제공받을 권리(right to be informed)**

물품 및 용역을 선택함에 있어서 필요한 지식 및 정보를 제공받을 권리

• **선택할 권리(right to choose)**

물품 및 용역을 사용 또는 이용함에 있어서 거래의 상대방, 구입장소, 가격, 거래조건 등을 자유로이 선택할 권리

• **의사를 반영시킬 권리(right to be heard)**

소비생활에 영향을 주는 국가나 지방자치단체의 정책과 사업자의 사업활동에 대하여 의견을 반영시킬 권리

• **보상을 받을 권리(right to redress)**

물품(용역)의 사용(이용)으로 인하여 입은 피해에 대하여 신속하고 공정한 절차에 의하여 적절한 보상을 받을 권리

• **교육을 받을 권리(right to consumer education)**

합리적인 소비생활을 영위하기 위하여 필요한 교육을 받을 권리

• **단체를 조직하고 활동할 권리(right to organize)**

소비자 스스로의 권익을 옹호하기 위하여 단체를 조직하고, 이를 통하여 활동할 수 있는 권리

• **안전하고 쾌적한 환경을 누릴 권리(right to a healthy environment)**

현세대뿐만 아니라 미래 세대의 욕구를 충족시키는 소비, 환경을 파괴하지

않고 환경의 능력을 약화시키지 않으며 소비할 권리

(2) 제품의 윤리적 이슈에 대한 이해

국내 기업뿐만 아니라 글로벌 기업에도 영향을 미칠 수 있는 제품과 관련된 주요 윤리적 이슈는 다음과 같다.[44] 이러한 윤리적 측면은 자동차 기업에 직접적으로 영향을 미칠 수 있다. 아래에서는 제품안전과 제조물 책임에 대하여 논의하기로 한다.

제품안전

제품안전(product safety)은 구매자가 구입하여 사용하는 제품이 사고 또는 건강상의 위험을 발생시키지 않아야 한다는 윤리적 당위성과 관련되어 있다. 일반적으로 제품안전에 대한 문제는 심각한 피해를 일으키기 때문에 법적 규제의 대상이 된다. 자동차와 관련된 제품안전의 문제는 제품자체의 결함 및 제품이 위험하게 제작된 경우와 관련되어 있다.

- **제품자체의 결함**

성능, 부품, 디자인 등에서의 결함과 유해물질의 함유로 인한 피해 발생(예, 자동차 엔진 결함, 불량 디자인, 유해물질 함유 자동차 내부 마감재)

- **제품이 위험하게 제작된 경우**

사용조건에 비해 높은 성능 또는 출력으로 인한 피해 발생(예, 제한속도 시속 100km 도로에 시속 250km 이상 달릴 수 있는 자동차)

---

44 윤대혁(2011), p. 258 이하; 김성수(2009), p. 298 이하; 이종영(2009), p. 489 이하; 이건희/최창명(2004), p. 225 이하; Shaw, W. H./Barry, V.(2010), p. 294 이하; Crane, A./Matten, D.(2007), p. 316 이하; 박주홍(2017b), p. 219 이하 수정 재인용.

제조물 책임

제조물 책임(product liability)은 제품의 결함 또는 안전성의 문제로 사용자가 인적, 물적 및 정신적 피해를 입는 경우, 그 제품을 제조한 제조업체, 판매업체 또는 수입하여 판매한 수입업체(유통업체) 등에게 손해배상의 책임을 부과하는 제도이다. 자동차도 이러한 제조물 책임을 피해갈 수 없다. 우리나라의 '제조물 책임법' 제2조는 제품의 결함에 대하여 다음과 같이 규정하고 있다.

- 결 함

해당 제조물에 제조상, 설계상 또는 표시상의 결함이 있거나 그 밖에 통상적으로 기대할 수 있는 안전성이 결여되어 있는 것을 말함.

- 제조상의 결함

제조업자가 제조물에 대하여 제조상, 가공상의 주의의무를 이행하였는지에 관계없이 제조물이 원래 의도한 설계와 다르게 제조, 가공됨으로써 안전하지 못하게 된 경우를 말함.

- 설계상의 결함

제조업자가 합리적인 대체설계를 채용하였더라면 피해나 위험을 줄이거나 피할 수 있었음에도 대체설계를 채용하지 아니하여 해당 제조물이 안전하지 못하게 된 경우를 말함.

- 표시상의 결함

제조업자가 합리적인 설명, 지시, 경고 또는 그 밖의 표시를 하였더라면 해당 제조물에 의하여 발생할 수 있는 피해나 위험을 줄이거나 피할 수 있었음에도 이를 하지 아니한 경우를 말함.

제조물 책임과 비교되는 개념으로 제품회수제도(product recall)가 있는데, 이것을 리콜(recall)이라고도 한다. 이것은 제품의 결함으로 인해 구매자(소비자)에게 피해를 줄 우려가 있는 제품에 대해 제조업자가 제품의 결함을 소비자에게 통지하고 관련 제품을 수리, 교환하는 등의 조치를 취하도록 하는 제도이다. <표 5-8>은 우리나라의 제조물 책임제도와 제품회수제도의 차이점을 제시한다.

표 5-8 우리나라의 제조물 책임제도와 제품회수제도의 차이점

구 분	제조물 책임제도	제품회수제도
성 격	민사적 책임	행정적 규제
기 능	사후적 손해배상 책임	사전적 제품회수
근거법률	제조물책임법	소비자보호법, 자동차관리법, 식품위생법, 대기환경보전법
요 건	• 제조물 결함존재 • 손해발생 존재 • 결함과 손해의 인과관계	• 제조물 결함으로 손해발생 • 손해발생의 위험존재

자료원: 이종영(2009), p. 492.

(3) 제품보증

제품보증은 소비자들이 구매한 제품의 품질, 성능 및 기능 등과 같은 제품 속성에 심각한 문제가 발생할 경우, 기업이 이에 대하여 책임지는 것을 말한다. 즉, 구매자가 제품을 사용하는 도중에 기업이 문서로 약속한 보증조건을 충족시키지 못하는 문제점 또는 하자를 발견한다면, 구매자는 환불 또는 교환을 받을 수 있다.[45] 제품보증을 통하여 기업은 다음과 같은 목적을 달성할 수 있다.

45 최석신 외 역, Keegan, W. J./Green, M. C. 저(2011), p. 408.

- 시장에서의 시장점유율 증대
- 좋은 브랜드 이미지의 구축
- 제품보증조건의 충족을 위한 효율적 품질관리시스템의 구축

기업이 글로벌 시장에서 소비자를 대상으로 마케팅활동을 하는 경우, 글로벌 제품보증(global product warranty)이 중요한 이슈로 떠오를 수 있다. 글로벌 제품보증은 다음과 같은 형태로 이루어진다.

- 지역 또는 국가별 제품보증의 표준화
- 지역 또는 국가별 제품보증의 차별화
- 본사와 자회사(현지 생산 자회사 또는 판매 자회사)의 제품보증의 표준화
- 본사와 자회사(현지 생산 자회사 또는 판매 자회사)의 제품보증의 차별화

자동차 기업이 국내외 구매자들에게 자동차를 판매한 이후 발생하게 되는 제품보증과 관련된 법적인 문제는 앞서 논의한 제품안전 및 제조물 책임의 관점에서 해결하여야 한다. 자동차 기업은 판매촉진과 서비스 증진의 목적으로 자체적인 제품보증(품질보증)의 조건을 소비자들에게 제공할 수 있다. 또한, 자동차 기업은 제품보증을 연장하는 보증기간 연장상품(warranty plus)을 개발하여 추가적으로 판매하기도 한다(예를 들면, Benz와 BMW 보증기간 연장상품). 자체적인 제품보증은 다음과 같은 요소들을 포함할 수 있으며, 자동차 기업의 상황과 전략에 따라 무상 제품보증의 대상과 범위는 서로 다르게 제공될 수 있다.

- 무상점검 및 소모성 부품(예, 5년/5만km)
- 차체 및 일반부품(예, 3년/8만km)
- 엔진 및 동력전달 주요부품(예, 5년/10만km)
- 배출가스 관련 주요부품(예, 5년/8만km)

• 하이브리드 시스템 관련부품(예, 5년/8만km)
• 배터리 컨트롤 모듈 및 하이브리드 제어 모듈(예, 7년/12만km)

5.5.2 자동차 제품판매 후 서비스[46]

자동차 제품판매 후 서비스(after-sales service)는 국내외 시장에서 판매된 제품(자동차)에 대하여 제조업체 또는 판매업체가 무상 또는 유상으로 수리나 점검 등을 해 주는 것을 의미한다. 아래에서 논의되는 내용은 자동차 기업의 제품판매 후 서비스에 그대로 적용될 수 있다.

만일 어떤 국가의 소비자가 구매한 제품에 대한 제품판매 후 서비스가 제대로 이루어지지 않는다면, 소비자들이 불만을 가질 수 있고, 이로 인하여 그 제품에 대한 재구매가 지속될 수 없을 것이다. 글로벌 자동차 기업의 관점에서 볼 때, 제품판매 후 서비스를 하기 위해서는 서비스 조직의 구축과 관련된 막대한 자금이 요구될 수 있기 때문에 서비스 조직의 운영여부는 매우 중요한 의사결정에 속한다. 또한, 소비자의 관점에서 볼 때, 제품판매 후 서비스의 제공여부는 구매한 제품의 사용기간과 소비자의 만족도에 큰 영향을 미칠 수 있다.

EPRG 모델[47]의 관점에서 볼 때, 글로벌 자동차 기업은 제품판매 후 서비스를 위하여 다음과 같은 형태의 서비스 조직을 구축할 수 있다.

• 본사 중심적인 서비스 조직
• 현지 자회사 중심적인 서비스 조직
• 지역본부 중심적인 서비스 조직
• 글로벌 중심적인 서비스 조직

46 박주홍(2013), p. 243 이하 수정 재인용.

47 *펄뮤터*(Perlmutter)가 제시한 EPRG는 Ethnocentric(본사 중심적), Polycentric(현지 중심적), Regiocentric(지역 중심적) 및 Geocentric(글로벌 중심적)의 영문 앞글자를 따서 만든 용어이다.

또한, 글로벌 자동차 기업은 효율적인 서비스 조직의 운영을 위하여 다음과 같은 방법으로 서비스 인력을 배치시킬 수 있다. 이러한 서비스 인력의 배치는 글로벌 자동차 기업의 규모, 제품특성, 현지국의 상황 등에 따라 달라질 수 있다.

- 본사 서비스 인력을 통한 전 세계 서비스 조직 운영
- 본사 서비스 인력을 현지국에 파견하여 현지국 서비스 조직 운영
- 본사 서비스 인력이 현지국 서비스 인력을 교육시킨 후 배치
- 현지국 인력을 채용하여 현지국 서비스 조직 운영
- 지역본부 차원에서의 서비스 인력 교육 후 지역 또는 현지국 배치

PART 01 자동차 시장에 대한 기본적 이해

CHAPTER 01 자동차 시장의 현황과 특징

CHAPTER 02 자동차 시장에 대한 조사와 세분화

CHAPTER 03 자동차 시장에서의 소비자 행동

↓

PART 02 자동차 마케팅전략에 대한 통합적 접근

CHAPTER 04 자동차 마케팅전략의 개념적 기초

CHAPTER 05 자동차 마케팅 제품전략

CHAPTER 06 자동차 마케팅 가격전략

CHAPTER 07 자동차 마케팅 유통전략

CHAPTER 08 자동차 마케팅 촉진전략

↓

PART 03 자동차 마케팅의 도전과 전망

CHAPTER 09 자동차 마케팅과 글로벌 경쟁력

CHAPTER 10 자동차 마케팅과 친환경 및 자율주행 자동차

Chapter 06

자동차 마케팅 가격전략

CHAPTER 06

자동차 마케팅 가격전략

6.1 가격결정의 의의와 영향요인[1]

6.1.1 가격결정의 의의

가격(price)은 제품 또는 서비스가 지니고 있는 가치를 화폐로 표시한 수치를 의미한다. 기업의 관점에서 볼 때 가격은 기업이 제품 또는 서비스를 생산 또는 창출하기 위하여 투입한 모든 비용(예를 들면, 인건비, 연구개발비, 생산비, 마케팅 비용 등)을 회수하고, 기업의 성장에 필요한 이익을 확보하기 위한 마케팅수단이다. 반면에, 소비자의 관점에서 볼 때 가격은 소비자가 욕구충족을 위하여 제품 또는 서비스를 구매하고 이에 대한 대가를 기업에게 지불한 금액을 말한다.

가격결정(pricing)은 기업이 판매하려는 제품 또는 서비스의 가치를 통화(currency)로 표시하는 의사결정을 말한다. 만일 어떤 기업이 해외시장에 제품을 판매한다면, 특정 제품 또는 서비스의 가치는 현지국 또는 특정국의 통화로

1 박주홍(2013), p. 248 이하 수정 재인용.

표시되어야 한다. 이러한 의사결정은 글로벌 가격결정(global pricing)이라고 한다. 이러한 가격결정은 서로 다른 해외시장을 대상으로 이루어지기 때문에 다양한 환경적 요인들이 검토되어야 한다. 일반적으로 글로벌 가격결정은 다음과 같은 세 가지의 관점에서 이루어지며, 이러한 관점은 자동차 가격결정에도 그대로 적용될 수 있다.[2]

• 최초 가격책정

이것은 특정 제품을 해외시장에서 판매할 때 최초가격을 결정하는 것을 말한다. 특히, 수출가격, 해외 자회사에서 생산된 제품의 가격책정, 본사와 자회사 간의 이전가격의 결정 등은 최초 가격책정에 해당된다.

• 가격조정

이것은 제품의 판매시점, 주문량, 고객, 국가 또는 지역 등에 따라 가격을 차별화하는 것을 의미한다. 즉, 가격조정은 국가 또는 지역별 가격차별화뿐만 아니라 할인(수량할인, 계절할인, 현금할인 등) 및 공제(소비자 대상의 보상판매, 유통 중간상 대상의 촉진공제 등) 등도 포함하고 있다.

• 가격변경

이것은 환율변동과 인플레이션, 원가변동, 경쟁자의 가격변경 및 수요의 변화 등의 사유로 인하여 기존의 가격을 다르게 책정하는 것을 말한다.

---

2 반병길/이인세(2008), p. 246 이하; 이장로(2003), p. 296 이하; Czinkota, M. R./Ronkainen, I. A.(1995), p. 290 이하.

6.1.2 글로벌 가격결정의 영향요인

자동차 가격결정에 대한 의사결정은 국내뿐만 아니라 다양한 지역 또는 국가들을 대상으로 수행되기 때문에 글로벌 가격결정은 매우 중요한 이슈가 될 수 있다. 글로벌 가격결정은 기업내부요인, 시장요인 및 환경요인 등에 의해 영향을 받는다. 이러한 영향요인들은 가격을 결정할 때 구체적으로 분석되고 검토되어야 하는 대상이다.[3] <표 6-1>은 글로벌 가격결정의 영향요인을 제시한다.

표 6-1 글로벌 가격결정의 영향요인

영향요인	주요 변수
기업내부요인	기업의 목표 및 가격전략, 원가, 추가적 비용(유통비용, 운송비, 관세, 세금 등)
시장요인	수요(소득수준, 구매력 등), 경쟁, 회색시장
환경요인	환율 및 인플레이션율, 정부의 규제(가격통제, 덤핑규제 등)

자료원: Gillespie, K./Jeannet, J.-P./Hennessey, H. D.(2004), p. 320 이하; 저자에 의해 일부 수정됨.

(1) 기업내부요인

기업내부요인(company internal factors)은 글로벌 가격결정에 있어서 기업이 통제 또는 예측할 수 있는 변수로 구성되어 있다. 이것은 다음과 같은 세 가지로 구분될 수 있다.

• **기업의 목표 및 가격전략**

기업의 목표는 모든 부문(기능영역)에 있어서 가치창출활동의 방향을 제시하는 기준이 된다. 특히, 글로벌 가격결정은 기업의 목표 중에서도 글로벌 마케팅

3 Gillespie, K./Jeannet, J.-P./Hennessey, H. D.(2004), p. 320 이하.

목표의 달성과 밀접하게 관련되어 있다. 글로벌 시장에서 판매되는 제품의 가격에 따라 기업의 수익성, 시장점유율, 성장률 등이 영향을 받게 된다. 그리고 기업의 목표를 달성하기 위하여 글로벌 기업은 기업의 내부적 및 외부적 환경을 고려하여 가격전략을 수립한다. 즉, 침투가격전략(저가전략) 및 초기고가전략 등과 같은 전략적 선택을 통하여 글로벌 기업은 환경상황에 적합한 가격을 책정하게 된다.

• 원 가

원가는 특정 제품의 생산을 위해 소요되는 여러 가지 비용을 일정한 기준에 의해 합한 금액을 말하며, 가격의 하한선을 결정하는 근거가 된다. 이것은 고정비(fixed cost)와 변동비(variable cost)로 구성되어 있다. 고정비와 변동비를 모두 합한 총비용(total cost)을 기준으로 가격이 결정될 수도 있고, 고정비와 변동비를 분리한 후 변동비의 폭을 조정하여 가격이 결정될 수도 있다. 원가는 가격결정뿐만 아니라 손익분기점을 분석을 위한 기초적인 자료로도 활용되기 때문에 정확하게 측정할 필요가 있다.

• 추가적 비용

이것은 유통비용, 운송비, 관세 및 세금 등으로 구성되어 있으며, 가격결정에 직접적으로 영향을 미친다. 특히, 글로벌 유통비용과 운송비는 글로벌 기업의 수출활동을 위해 소요되는 비용으로써 기업의 노력 여하에 따라 절감될 수 있지만, 관세 및 세금은 현지국의 법적인 규정에 의해 금액이 정해져 부과되기 때문에 절감할 수 없는 비용이다.

(2) 시장요인

시장요인(market factors)은 글로벌 기업이 활동하고 있는 다수의 현지국 시장에서 나타나는 수요 및 경쟁 등과 같은 통제 불가능한 변수들을 포함한다.

시장요인을 확인하고 평가하기 위해서 글로벌 마케팅 조사가 수행되어야 한다.

• 수 요

글로벌 가격결정은 현지국 소비자의 소득수준과 구매력을 고려하여 이루어져야 한다. 현지국의 경제발전수준, GNP, 1인당 국민소득 및 가처분소득 등은 현지국 시장의 수요예측을 위한 중요한 자료이다.

• 경 쟁

글로벌 기업이 활동하고 있는 지역 또는 국가에서의 경쟁상황은 제품에 대한 가격결정에 영향을 미친다. 경쟁상황이 독점 또는 과점, 그리고 완전경쟁인가에 따라 책정되는 가격수준이 달라질 가능성이 높다. 현지국 시장에서 독점 또는 과점이 나타날 경우에는 비교적 높은 가격이 책정될 수 있으며, 반면에 완전경쟁이 이루어지고 있다면 비교적 낮은 가격이 책정될 수 있다. 또한, 경쟁기업이 판매하고 있는 특정 제품의 가격은 가격결정에 있어서 중요한 기준이 될 수 있다.

• 회색시장

회색시장(gray market)은 비공식적인 유통을 통해 정식 제품이 글로벌 시장에서 거래되는 시장을 의미한다.[4] 일반적으로 회색시장은 병행수입(parallel import)에 의해 형성되며 특정국 시장에서의 가격왜곡을 심화시키는 경향이 있다. 글로벌 마케팅 관점에서 볼 때, 이러한 회색시장은 글로벌 기업의 가격전략의 실행에 혼란을 가중시킬 수 있을 뿐만 아니라, 공식적인 유통경로의 신뢰성을 떨어뜨릴 수도 있다.

4 최석신 외 역, Keegan, W. J./Green, M. C. 저(2011), p. 455 이하.

(3) 환경요인

환경요인(environmental factors)은 시장요인과 마찬가지로 글로벌 기업이 통제할 수 없는 환율 및 인플레이션율, 그리고 정부의 규제 등과 같은 변수들로 구성되어 있다.

• 환율 및 인플레이션율

환율 및 인플레이션율은 글로벌 가격결정에 직접적으로 영향을 미치는 변수이다. 환율의 상승 및 하락 여부, 그리고 인플레이션율에 따라 현지국에서 판매되는 제품의 가격이 주기적으로 변경되어야만 경제적 손실이 방지될 수 있다.

• 정부의 규제

가격통제 및 덤핑규제 등과 같은 정부의 규제는 글로벌 가격결정에 직접적으로 영향을 미치기 때문에 글로벌 기업이 불이익을 당하지 않기 위해서는 이러한 규제를 반드시 준수하여야 한다. 가격통제(price control)는 정부에 의한 최저가격과 최고가격의 설정을 통하여 이루어진다. 덤핑(dumping)은 정상가치(normal value)보다 낮은 가격으로 제품을 수출하는 것을 말한다. 일반적으로 이것은 국내가격, 제3국 가격 또는 생산원가보다 낮은 가격으로 수출을 하는 것을 의미한다.[5] 덤핑에 의해 왜곡된 가격책정으로 인하여 자국의 산업 또는 기업이 받게 되는 손실을 방지하기 위하여 대부분의 국가는 덤핑을 규제의 대상으로 보고 있다. 이러한 규제를 반덤핑규제(anti-dumping regulations)라고 하며, 수입국의 정부는 덤핑업체 또는 덤핑국가의 수출제품에 대하여 고율의 관세를 부과함으로써 해당 제품의 수입을 규제하게 된다. 그리고 덤핑을 방지하기 위하여 덤핑상품에 부과하는 징벌적인 고율의 관세를 반덤핑관세(anti-dumping duty)라고 한다.[6]

---

5 Cavusgil, S. T. et al.(2008), p. 195; Ball, D. A. et al.(2004), p. 119.

6 박주홍(2009), p. 245.

6.2 자동차 가격결정의 방법

6.2.1 가격결정의 방법

자동차 가격결정을 위해 자동차 기업은 다음과 같은 방법을 사용할 수 있다. 아래에 논의하는 가격결정의 방법은 자동차뿐만 아니라 다른 제품의 가격결정에도 활용될 수 있다.[7]

(1) 원가가산법

원가가산법(cost-plus pricing)은 제조원가에 마케팅 비용, 연구개발비용, 운송비, 보험료 및 세금(수출가격은 관세 포함) 등을 모두 합산한 후 일정 비율의 이윤(마진)을 더해 가격을 책정하는 방법이다. 특히, 운송비, 보험료 및 관세는 수출가격의 결정에 큰 영향을 미치는 요인이다. 이 방법의 장단점을 살펴보면 다음과 같다.

- **장 점**
  - 가격책정이 쉽다.
  - 일정 비율의 이윤이 보장된다.

- **단 점**
  - 수요와 경쟁을 고려하지 않았기 때문에 이윤극대화에 모순이 나타날 수 있다.
  - 총 원가에서 고정비와 변동비를 분리하지 않았기 때문에 탄력적인 가격책정이 어렵다.

---

7 박주홍(2013), p. 256 이하 수정 재인용.

(2) 이윤공헌 가격결정법

이윤공헌 가격결정법(profit contribution pricing)은 수요함수를 고려하여 가격을 책정하는 방법이다. 여기에서 이윤공헌은 판매차익으로 볼 수 있다. 이 방법에서는 서로 다른 가격에 있어서 특정 제품에 대한 수요가 얼마나 높은가를 확인한 후 판매차익이 극대화되는 가격을 찾는다.[8]

<표 6-2>는 이윤공헌 가격결정법의 사례를 제시한다. 이 사례에서 판매비용은 1대당 1천 달러로 가정하였다. 이 표에 의하면, 특정 제품(자동차)의 가격이 3만 달러일 때 판매차익이 20만 3천 달러로 가장 높기 때문에 이 가격이 책정된다.

표 6-2 이윤공헌 가격결정법의 사례

가 격(A)	판매량(B)	총 매출액(C=AxB)	판매비용(D)	판매차익(C-D)
$60,000	0대	$0	$0	$0
$50,000	2대	$100,000	$2,000	$98,000
$40,000	5대	$200,000	$5,000	$195,000
$30,000	7개	$210,000	$7,000	$203,000
$20,000	9대	$180,000	$9,000	$171,000
$10,000	10대	$100,000	$10,000	$90,000

자료원: Perlitz, M.(2004), p. 282; 저자에 의해 일부 수정됨.

이 방법의 장단점은 다음과 같이 제시될 수 있다.

- 장 점
  - 수요함수가 고려된다.
  - 판매차익 극대화가 되는 가격책정이 가능하다.

---

8 Perlitz, M.(2004), p. 282.

• **단 점**

- 판매의 경험이 부족한 경우, 수요함수의 파악이 어렵다.
- 경쟁기업의 가격이 고려될 수 없다.

(3) 경험곡선 가격결정법

경험곡선 가격결정법(experience curve pricing)은 특정 제품(자동차)에 대한 경험곡선을 바탕으로 가격을 책정하는 것을 말한다. 경험곡선효과는 누적적 생산량이 많을수록 특정 제품의 단위당 원가가 감소하는 것을 의미하며, 이러한 효과는 단위당 원가보다 낮은 가격책정을 가능하게 한다. 즉, 경험곡선효과에 근거하여 미래 어느 시점에서 특정 제품의 단위당 원가가 현재의 가격보다 낮아질 것으로 예측된다면, 이 제품의 가격을 경쟁기업의 제품가격보다 낮게 책정함으로써 시장점유율이 상대적으로 확대될 수 있다. <그림 6-1>은 경험곡선 가격결정법을 보여준다.

이 방법의 장단점을 요약하면 다음과 같다.

• **장 점**

- 제품생산의 초기 단계에 경쟁기업의 제품보다 낮은 가격을 책정함으로써 시장점유율이 증대될 수 있다.
- 경쟁기업의 가격이 고려될 수 있다.

• **단 점**

- 특정 제품의 경험곡선이 정확하게 파악되지 않을 경우, 단위당 원가보다 낮은 가격책정으로 손실이 초래될 수 있다.
- 경험곡선은 사전적 분석보다는 사후적 분석에 적합하다.

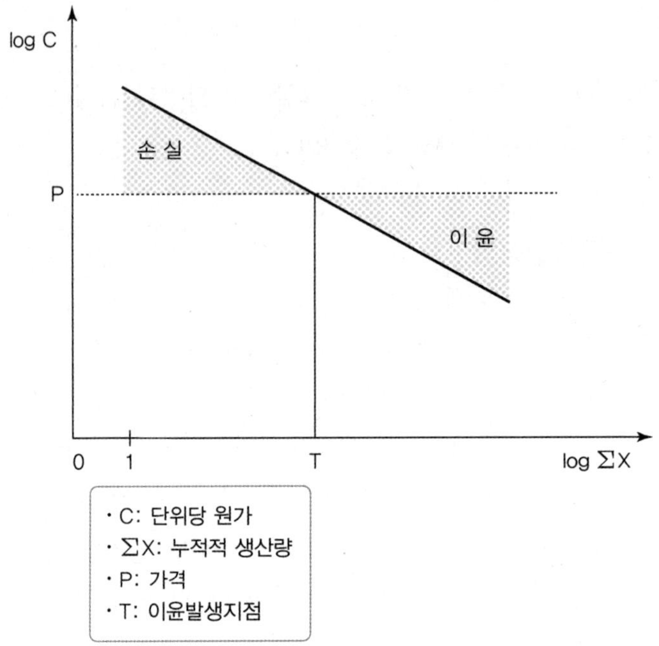

▌그림 6-1 경험곡선 가격결정법▐

(4) 목표중심적 가격결정법

목표중심적 가격결정법(goal-oriented pricing)은 자동차 기업이 특정 세분시장에서 추구하려는 목표에 따라 가격을 책정하는 방법이며, 이에 대한 대표적인 방법은 침투가격전략과 초기고가전략이다.[9]

침투가격전략(penetration pricing)은 경쟁기업에 비해 낮은 가격을 책정하는 것을 말하며, 저가전략이라고도 한다. 즉, 이 전략은 낮은 가격을 책정함으로써 단기간에 걸쳐 시장점유율을 신속하게 확대할 수 있다. 이 전략을 사용하면 단기적으로 손실이 발생할 수 있지만, 장기적으로 더 많은 수익이 창출될 수 있다. 그러나 특정 세분시장에서 이 전략을 사용하는 경쟁기업이 있고, 그 기업이

9 반병길/이인세(2008), p. 235 이하.

이미 높은 시장점유율을 확보했다면, 이 전략은 실패할 가능성이 높다. 이 전략의 장단점은 다음과 같다.

• **장 점**

- 단기간에 걸쳐 특정 세분시장에서 높은 시장점유율이 달성될 수 있다.
- 대량생산을 통한 규모의 경제효과 및 경험곡선효과를 달성한 기업은 이 전략을 성공적으로 실행할 수 있다.
- 수요의 가격탄력성이 높은 제품(예를 들면, 소비재)에 적합한 전략이다.

• **단 점**

- 특정 세분시장에서 경쟁기업이 저가로 제품을 판매하고 있는 경우에는 이 전략의 성공가능성이 낮아질 수 있다.
- 규모의 경제효과 및 경험곡선효과를 달성하지 못한 기업은 이 전략을 추구하기 어려울 수 있다.

초기고가전략(skimming pricing)은 특정 세분시장의 고소득층을 대상으로 뚜렷한 차별화 이점을 갖고 있는 제품(예를 들면, 브랜드 명성이 탁월한 럭셔리 자동차)을 도입 초기에 높은 가격을 책정하여 판매하는 것을 말한다. 일반적으로 이 전략을 추구하는 기업은 비교적 규모가 작은 세분시장을 표적으로 삼는 경향이 있다. 그러나 시장의 규모가 점차 커지고 경쟁기업이 출현하게 되면, 이 전략을 채택한 기업은 더 이상 고가전략을 유지하기 어려워지므로 가격을 낮추게 된다. 이 전략의 장단점을 제시하면 다음과 같다.

• **장 점**

- 신제품의 개발 및 시장도입을 위해 투입한 비용이 단기간에 회수될 수 있다.
- 독점적 우위를 갖는 제품에 유리한 전략이다.

– 수요의 가격탄력성이 낮은 제품(예를 들면, 사치품)에 적합한 전략이다.

• 단 점

– 특정 세분시장에서 경쟁기업의 신제품도입이 빨리 이루어지는 경우에는 이 전략의 성공가능성이 낮아질 수 있다.
– 높은 가격에 상응하는 품질 및 서비스가 제공되지 않는다면, 이 전략은 실패할 가능성이 높다.

(5) 목표가격법

목표가격법(target pricing)에서는 목표원가법(target costing)을 활용하여 가격이 결정된다.[10] 특정 자동차 모델의 목표가격은 무엇보다도 제조원가에 의해 큰 영향을 받을 수밖에 없으므로 비용(원가)의 절감이 매우 중요하다. <표 6-3>은 목표원가와 목표가격에 대한 예를 보여준다. 단순한 설명을 위해 이 표에서는 세금, 마진, 기타 비용 등이 예시적 표시되었다.

목표원가 25,000달러 중에서 20,000달러가 자동차 생산과 조립과 관련되어 있고, 5,000달러가 기업의 다른 기능영역(예를 들면, 연구개발, 마케팅 등)과 관련되어 있다고 가정한다면, 제조부문과 관련된 20,000달러를 각종 조립그룹(예를 들면, 차체, 외장, 내장, 전기전자, 엔진, 트랜스미션 등)에 따라 어떻게 배분할 것인가를 결정하는 것이 중요하다.

자동차 기업들은 비용(원가)을 절감시키기 위한 방법으로 그 효율성이 입증된 목표원가법에 많은 관심을 두고 있다. 특히, 이 방법은 1965년 토요타(Toyota)사에 의해 개발되었고 1970년대 이후부터 지금까지 많은 일본기업들이 원가절감을 위해 사용하고 있는 방법이다.[11]

---

10 박주홍(2016), p. 128 이하 수정 재인용.

11 Horváth, P./Niemand, S./Wolbold, M.(1993), p. 3.

표 6-3 목표원가와 목표가격(예시)

구 분	금 액
목표원가 + 세 금 + 마 진 + 기타 비용	**$25,000** + $ 2,500 + $ 2,500 + $ 300
딜러(중간상) 납품가격 + 세 금 + 마 진 + 기타 비용	**$30,300** + $ 3,030 + $ 2,000 + $ 200
목표가격	**$35,530**

사쿠라이(Sakurai)는 목표원가법을 "어떤 제품의 총 원가를 제품수명주기 전체에 걸쳐 생산, 조립, 연구개발, 마케팅 및 컨트롤링 등의 기능영역에 관련시킴으로써 원가절감을 하려는 원가관리의 도구"로 정의하였다.[12] 목표원가법의 주요 목표를 살펴보면 다음과 같다.[13]

- 기업 전체 및 원가관리의 시장지향
- 시장 및 목표 지향적인 연구개발을 통한 전략지향
- 초기 개발단계에서의 원가관리의 도입
- 원가목표의 지속적인 시장관련성의 검토를 통한 원가관리의 역동화
- 동기부여의 강화(행동의 조정이 추상적인 기업목표를 통하여 이루어지는 것이 아니라 구체적인 시장요구를 통하여 이루어짐)

일반적으로 목표원가법은 다음과 같은 절차로 구성되어 있다.[14]

12 Sakurai, M.(1989), p. 41.

13 Horváth, P./Niemand, S./Wolbold, M.(1993), p. 4.

14 Kotler, P./Bliemel, F.(1992), p. 759.

- 먼저 시장요구가 확인되어야 한다. 특히, 어떤 신제품에 대하여 요구되는 기능들이 정의되어야 한다.
- 미래에 생산되어야 하는 어떤 신제품의 가격을 확정한 후 목표원가를 확인하기 위해 요구되는 이윤의 폭(마진)을 뺀다(목표원가 = 신제품의 가격 - 이윤의 폭).
- 모든 원가그룹(예를 들면, 디자인, 개발, 조립 및 판매 등)은 각 요소의 분할을 통하여 원가절감의 잠재성을 찾는다.
- 마지막으로 목표원가를 통하여 주어진 범위 내에서 계획원가(plan cost)가 제시된다.

목표원가법의 성공적인 실행을 통하여 기업은 더욱 저렴한 비용(원가)으로 생산할 수 있으며, 경쟁자에 대항하여 시장에서 가격경쟁우위를 확보할 수 있는 가능성을 갖게 된다. 원가절감은 기업 전체에 걸친 과제이기 때문에 원가절감을 위해서 기업의 모든 기능영역들이 협력하여야 한다.

이 방법의 장단점은 다음과 같이 제시될 수 있다.

- **장 점**
  - 기업의 모든 기능영역에 걸쳐 원가가 절감될 수 있다.
  - 제품의 초기개발 단계부터 원가가 고려될 수 있다.
  - 저렴하고 합리적인 가격으로 소비자에게 제품을 공급할 수 있다.

- **단 점**
  - 제품생산과 관련된 모든 원가그룹의 각 요소를 정확하게 분할하기 어렵다.
  - 최종 생산에 필요한 각종 부품의 조달가격 협상에서 공급업체가 우위를 갖고 있다면, 최종 조립업체는 원하는 목표원가를 달성하기 어려울 수 있다.

6.2.2 수출가격의 결정

수출가격(export price)은 본사에서 만든 제품(자동차)을 해외시장에 수출할 때, 그리고 현지 자회사가 생산한 제품(자동차)을 본국 또는 제3국으로 수출할 때 책정하는 가격을 의미한다. 수출가격은 국내 판매가격에 비하여 더 높게 책정되는데, 그 이유는 국내 생산원가에 유통비용, 운송비, 보험료, 관세 및 중간상 수수료 등이 추가적으로 포함되기 때문이다. 이러한 현상을 가리켜 가격누증(price escalation)이라고 한다.

가격누증에 대하여 제품(자동차) 수출업체는 다음과 같은 두 가지 문제점에 직면하게 된다.

- 해외고객이 상승된 가격을 지불하려고 하는가?
- 이 가격이 제품경쟁력을 약화시키는가?

만일 해외고객이 상승된 가격을 지불하려는 의향이 없거나 제품경쟁력이 떨어질 것으로 예상한다면, 자동차 기업은 이 문제를 해결할 방안을 찾아야 한다. 수출가격을 낮추는 것과 제품을 프리미엄 브랜드로 포지셔닝하는 것은 구체적인 해결방안이 될 수 있다. 수출가격을 낮추기 위해서는 다음과 같은 대안들이 제시될 수 있다.[15]

- **유통경로의 재조정**

  유통경로의 단축과 유통마진의 절감을 위한 유통경로의 재조정

---

15 Cavusgil, S. T.(1988), p. 56; Kotabe, M./Helsen, K.(2011), p. 404 재인용.

- **값비싼 제품속성의 제거(옵션으로 제시)**

  기본 모델과 옵션으로 분리한 제품의 개발 및 판매

- **제품의 소형화**

  제품의 소형화를 통한 가격인하

- **현지국에서의 조립 또는 생산**

  운송비, 보험료 및 관세 등이 절감될 수 있는 현지생산의 채택

- **관세 및 세금부과를 회피하기 위한 제품적응**

  제품별로 부과되는 세금의 종류와 비율을 분석하여 제품 적응적인 회피수단을 강구(예를 들면, 제품가격의 인하를 통한 고율의 관세 또는 세금 회피)

6.2.3 글로벌 이전가격의 결정

글로벌 이전가격(global transfer price)은 본사와 자회사(예를 들면, 생산 및 판매 자회사), 자회사와 자회사 간의 제품(원자재, 부품, 반제품, 완제품 등) 또는 서비스의 내부거래를 위해 책정하는 가격이다. 특히, 본사, 자회사, 현지국 정부, 본국 정부 및 합작투자 파트너기업 등과 같은 다양한 이해관계자가 이전가격의 결정에 영향을 미친다. 글로벌 기업이 이전가격을 결정할 때 고려하여야 할 요인을 살펴보면 다음과 같다.[16] 자동차 기업(예를 들면, 본사)이 해외에 있는 판매 자회사에게 자동차를 수출할 때, 아래의 요인들이 이전가격의 결정에 많은 영향을 미칠 수 있다.

---

16 Kotabe, M./Helsen, K.(2011), p. 410.

• 조세제도

기업의 이익에 부과되는 세율은 국가별로 다르므로 글로벌 관점에서 절세를 고려하여 이전가격이 책정되어야 한다. 그러므로 절세를 위하여 기업은 세율이 낮은 국가에서 이익을 늘리고, 세율이 높은 국가에서 이익을 줄이려고 할 것이다. 이와 같이 이익을 조정하기 위하여 세율이 높은 국가에 있는 자회사(판매자회사)로의 이전가격은 높게 책정하고, 세율이 낮은 국가에 있는 자회사(판매자회사)로의 이전가격은 낮게 책정한다.

• 현지의 시장상황

자회사의 시장점유율, 시장성장률 및 경쟁의 성격 등은 현지시장과 관련된 요인들이다. 자회사가 새로운 시장에서 시장점유율을 증대시키고자 한다면, 본사에서 자회사로의 이전가격은 낮게 책정된다.

• 시장의 불완전성

가격동결 및 이윤송금 규제 등과 같은 현지국의 시장의 불완전성은 글로벌 기업의 소득을 현지국 밖으로 이동시키는 것을 방해한다. 이러한 장애물은 이전가격을 통하여 극복될 수 있다. <표 6-4>는 본사와 해외에 소재한 판매자회사 간의 내부거래의 효과를 사례로 제시하고 있다. 이 표에 제시된 바와 같이, 현지국에 이윤송금 규제가 있는 경우에는 본사에서 자회사로의 이전가격($55,000)을 현지국 시장가격($50,000)보다 높여서 내부거래(1,000대)를 한다면, 자회사가 본사에 송금한 효과($5,000,000)가 나타난다.

• 합작투자 파트너기업

글로벌 기업이 현지국의 기업과 합작투자 기업을 설립한 경우(예를 들면, 합작 판매법인)에는 파트너 기업의 이해관계를 고려하여 이전가격을 책정하여야 한다. 특히, 이전가격의 결정에 있어서 글로벌 기업의 본사와 합작투자 파트너

기업 간의 갈등과 분쟁을 줄이기 위해서는 이전되는 제품(자동차)의 가격, 수량 및 판매조건 등에 대한 사전합의가 요구된다.

• **현지 경영자의 사기**

이전가격의 결정에 있어서 현지 경영자의 사기가 고려되어야 한다. 현지 경영자에 대한 성과평가가 현지의 이익에 기초(예를 들면, 독립채산제)하여 이루어지는 경우, 현지 자회사의 이익을 인위적으로 축소하는 이전가격의 결정은 현지 경영자의 사기를 저하시킬 수 있다.

표 6-4 본사와 해외에 소재한 판매 자회사 간의 내부거래의 효과(사례)

본사에서 자회사로의 이전가격	판매 수량	총 거래금액	현지국의 시장가격대비 본사와 자회사의 손익규모	본사와 자회사 간의 내부거래의 효과
$55,000	1,000대	$55,000,000	$5,000,000 본사 이익	자회사의 송금 효과
$45,000	1,000대	$45,000,000	$5,000,000 자회사 이익	본사의 송금 효과

- 현지국의 제품단위당 시장가격: $50,000, 판매수량: 1,000대, 총 거래금액: $50,000,000인 경우를 가정함.

글로벌 이전가격의 결정방법은 시장기준에 의한 이전가격결정과 비시장기준에 의한 이전가격결정 등과 같은 두 가지로 분류될 수 있다.[17]

(1) 시장기준에 의한 이전가격결정

시장기준에 의한 이전가격결정(market-based transfer pricing)에서는 제3자 거래가격(arm's length price), 즉 시장가격에 기초하여 이전가격이 책정된다. 이 방법은 객관적으로 인정되는 시장가격을 기준으로 이전가격을 책정하기 때문에

17 Kotabe, M./Helsen, K.(2011), p. 410 이하; 반병길/이인세(2008), p. 244 이하; 문병준 외(2007), p. 291 이하.

본사와 현지 자회사(예를 들면, 판매 자회사)의 영업성과가 적정하게 평가될 수 있을 뿐만 아니라, 현지국 과세당국과의 조세분쟁도 최소화될 수 있는 장점을 갖고 있다. 그러나 현지국에 특정 제품에 대한 시장가격이 존재하지 않는 경우에는 이전가격결정이 어려울 수 있다.

(2) 비시장기준에 의한 이전가격결정

비시장기준에 의한 이전가격결정(nonmarket-based transfer pricing)은 직접원가 이전가격, 원가가산 이전가격 및 협상 이전가격 등으로 구분될 수 있다.

• **직접원가 이전가격(direct cost transfer price)**

이 방법은 직접원가를 이전가격으로 책정하는 것을 말하며, 이를 통하여 제품을 납품받는 본사 또는 현지 자회사의 이익이 증가한다. 그러나 이전가격이 낮게 책정되기 때문에 수입국가로부터 덤핑판정을 받을 가능성이 있다.

• **원가가산 이전가격(cost-plus transfer price)**

이 방법은 직접원가와 간접원가를 모두 포함시켜 이전가격을 책정하는 것을 의미한다. 즉, 총 원가를 기준으로 이전가격이 책정되며 마진은 붙지 않는다.

• **협상 이전가격(negotiated transfer price)**

이 방법에서는 본사와 자회사, 자회사와 자회사 간의 협상을 통하여 이전가격이 책정된다. 일반적으로 국가 간의 세율의 차이, 현지 자회사의 이익배당 및 본국으로의 송금 규제, 수입관세 등과 같은 현지국 환경요인의 영향을 감소시키기 위하여 글로벌 기업은 협상 이전가격을 선호하는 경향이 있다.

6.2.4 가격조정과 가격변경

(1) 가격조정

가격조정은 기업이 고객 또는 상황에 따라 책정된 제품의 기본가격을 조정하는 것을 말한다. 자동차 마케팅과 관련된 주요 가격조정의 방법은 다음과 같다.[18]

- **할인과 공제**
  - 현금할인: 구입대금을 빨리 지급하는 구매자 또는 딜러에게 일정 비율의 할인 혜택을 제공함.
  - 수량할인: 일정량 이상 구매하는 구매자(예를 들면, 리스, 렌터카, 운송회사) 또는 딜러에게 할인 혜택을 제공함.
  - 기능할인: 중간상(딜러)이 판매, 거래기록 등의 기능을 수행한 대가로 할인 혜택을 받음.
  - 계절할인: 비수기 또는 성수기에 따라 구매자에게 할인 혜택을 제공함.
  - 중고품 공제: 중고차를 돌려주고 신차를 구입한 구매자에게 할인 혜택을 제공함.
  - 촉진공제: 광고 또는 판매활성화 프로그램에 자체적으로 참여한 중간상(딜러)에게 할인 혜택을 제공함.

- **국가별 또는 지역별 가격조정**

구매자의 소득수준, 구매력에 따라 국가별 및 지역별 할인 혜택을 제공함. 가격차별화의 관점에서 가격조정이 이루어지며, 제품차별화(예를 들면, 기본옵션의 차이)가 동시에 수행될 수 있음.

---

18 주우진/박철/김현식(2020), p. 307 이하; 윤훈현 외(2018), p. 292 이하.

• 촉진 가격조정

단기적 매출증대를 목적으로 일시적 할인 혜택을 제공함.

(2) 가격변경

제품을 둘러싼 국내외 시장환경은 끊임없이 변화하기 때문에 기업은 책정된 제품의 가격을 상황에 따라 인하 또는 인상하여야 한다. 자동차 마케팅과 관련된 가격변경의 주요 원인은 아래와 같다.

• 환율변동

환율변동은 자동차의 수출입 가격에 직접적으로 영향을 미치는 요인이며, 자동차 무역 당사국의 환율변동에 따라 가격이 인하 또는 인상되어야 함.

• 인플레이션

인플레이션은 물가수준이 전반적으로 상승하는 현상을 말함. 물가가 오르면 자동차의 가격도 인상하여야 하는 상황이 발생함.

• 원가변동

원가변동은 자동차 조립에 필요한 원재료 및 부품의 가격변동을 의미함. 원재료 및 부품 가격이 상승한다면, 이것은 자동차 가격의 인상요인으로 작용함.

• 경쟁기업의 가격변경

경쟁기업의 자동차 가격 인하 또는 인상에 따라 가격변경을 수행함.

• 수요의 변화

수요공급의 법칙에 따라 자동차의 수요가 늘면 가격을 인상하고, 수요가 줄면 가격을 인하함.

특히, 경쟁기업의 가격변경은 다른 경쟁기업의 자동차 마케팅의 성과에 결정적인 영향을 미칠 수 있으므로 면밀하게 주시할 필요가 있다. 아울러 자동차 기업은 가격변경에 대한 효과적인 의사결정을 하기 위하여 아래에서 설명되는 Better－Cheaper 매트릭스(Better－Cheaper matrix)를 활용하여 경쟁기업과 비교한 자사의 특정 제품에 대한 품질수준과 가격을 분석하여야 한다.[19]

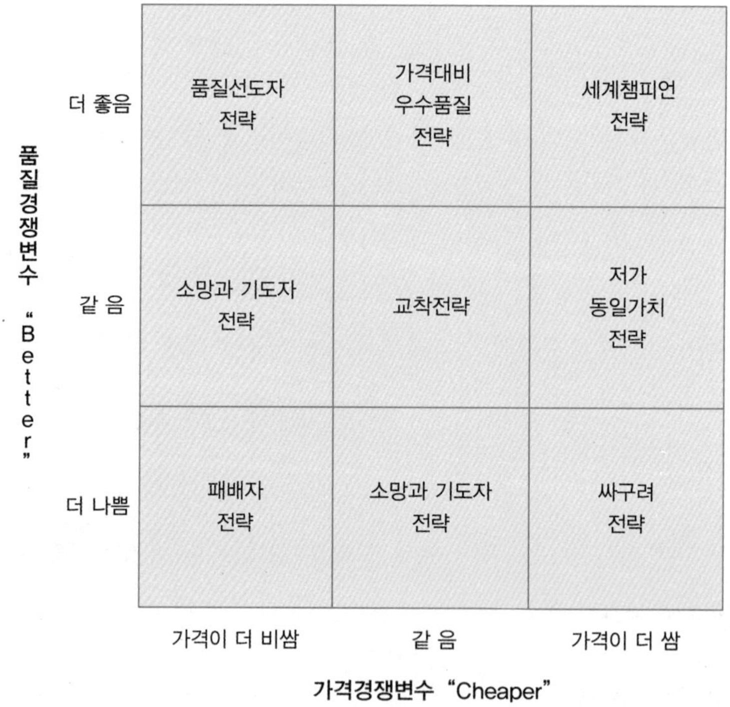
더 좋음
품질선도자 전략
가격대비 우수품질 전략
세계챔피언 전략
같 음
소망과 기도자 전략
교착전략
저가 동일가치 전략
더 나쁨
패배자 전략
소망과 기도자 전략
싸구려 전략
품질경쟁변수 "Better"
가격이 더 비쌈
같 음
가격이 더 쌈
가격경쟁변수 "Cheaper"

자료원: Perlitz Strategy Group(2009b), p. 17.

❙그림 6-2 Better-Cheaper 매트릭스❙

19 박주홍(2020a), p. 178 이하 수정 재인용.

Better－Cheaper 매트릭스는 어떤 기업의 특정 제품의 품질수준(better quality, Y축)과 가격(cheaper price, X축)을 경쟁자의 그것들과 비교하여 전략수립의 방향을 제시하는 방법이다. 아래에서는 이러한 두 가지 축을 바탕으로 8개의 전략적 대안들을 제시하기로 한다.[20] <그림 6－2>는 Better－Cheaper 매트릭스를 제시한다.

- **품질선도자전략**(quality leader strategy)

  고가/고품질

- **가격대비 우수품질전략**(best price/outcome ratio strategy)

  동일가격/고품질

- **세계챔피언전략**(world champion strategy)

  저가/고품질

- **소망과 기도자전략**(hope and prayer strategy)

  고가/동일품질 또는 동일가격/저품질

- **교착전략**(stalemate strategy)

  동일가격/동일품질

- **저가 동일가치전략**(same value for less money strategy)

  저가/동일품질

20 Perlitz Strategy Group(2009b), p. 17.

- **패배자전략(loser strategy)**

  고가/저품질

- **싸구려전략(bargain-basement strategy)**

  저가/저품질

<그림 6-3>은 Better-Cheaper 매트릭스의 활용사례를 보여준다. 이 그림에 나타나 있는 X축은 경쟁자와 비교한 가격(%)이며, Y축은 품질수준(점수척도가 높을수록 품질이 우수함)이다. 이 매트릭스에는 A기업과 경쟁업체인 B기업의 위치가 각각 표시되어 있으며, 원의 크기는 매출액의 규모를 의미한다. 이 활용사례에 의하면, A기업의 가격, 품질수준 및 매출액은 경쟁업체인 B기업보다 상대적으로 불리하다. 그러므로 A기업은 특정 제품의 가격을 인하하거나 품질수준을 향상시키는 방향으로 전략적 접근을 할 필요가 있다.

Better-Cheaper 매트릭스는 어떤 특정 제품의 품질 및 가격을 경쟁자의 그것들과 비교함으로써 다양한 전략적 대안을 도출할 수 있는 장점을 갖고 있다. 또한, 이 매트릭스에서는 경쟁력을 파악할 수 있는 가장 중요한 척도인 매출액을 동시에 고려할 수 있는 장점이 있다. 그러나 이 매트릭스는 품질, 가격 및 매출액의 관점에서 단순히 현재의 경쟁상황을 보여줄 뿐이며, 미래의 전략수립에 대한 구체적 방안을 제시할 수 없는 한계점을 갖고 있다.

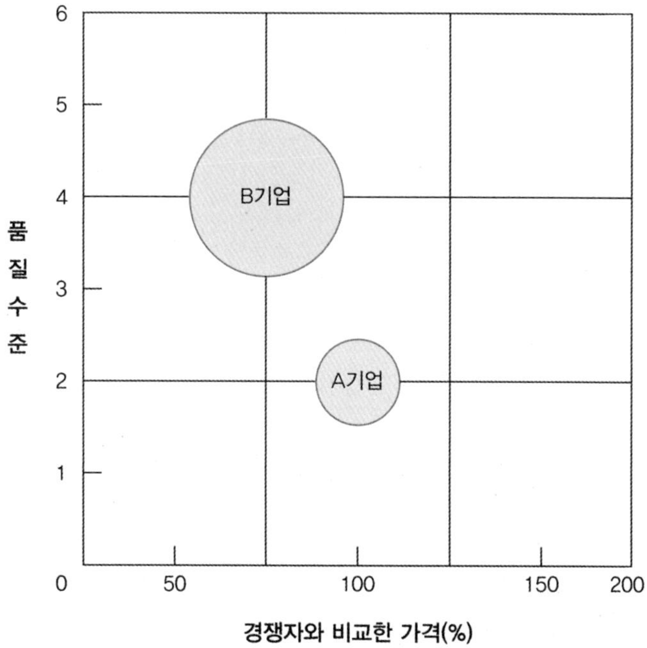

자료원: Perlitz Strategy Group(2009a), Data Analysis by *StrategyPilot*, Demo Version.

| 그림 6-3 Better-Cheaper 매트릭스의 활용사례 |

6.3 구매업체와의 가격협상[21]

6.3.1 가격협상의 의의

가격협상(price negotiation)은 마케팅과 관련된 협상 중에서 가장 중요한 협상 중의 하나이며, 가격흥정(price bargaining)이라고도 한다. 제품(자동차)을 판매하는 제조업체(자동차 기업)의 관점에서 볼 때, 가격협상의 결과에 따라 그들의 손익이 결정될 수 있으므로 협상 담당자의 역할이 무엇보다도 중요하다. 자동차 판매와 관련된 협상 상대방(가격협상의 상대방)은 개별 고객(소비자), 구매업체(대리점, 중간상, 수출대행업체 및 현지 수입업체) 등과 같이 다양하다.

일반적으로 가격협상은 개별 고객(소비자)보다는 기업 고객(구매업체 또는 유통업체)을 대상으로 이루어진다. 제조업체의 관점에서 볼 때, 소액 또는 소량의 제품을 구매하는 개별 고객과의 가격협상은 큰 의미가 없는 것으로 볼 수 있다. 기업 고객과의 가격협상을 위해 협상 담당자는 다음과 같은 상황을 이해할 필요가 있다.

- **협상력**

기업 고객(구매업체 또는 유통업체)의 협상력이 강하면, 가격협상에서 제조업체(자동차 기업)의 협상력이 약화될 수 있다. 반면에, 기업 고객의 협상력이 약하면, 가격협상에서 제조업체의 협상력이 강화될 수 있다.

- **구매량**

기업 고객의 구매량이 대량이라면, 가격협상에서 제조업체의 협상력이 약화될 수 있다. 반면에, 기업 고객의 구매량이 소량이라면, 가격협상에서 제조업체

21 박주홍(2019), p. 136 수정 재인용.

의 협상력이 강화될 수 있다.

6.3.2 가격협상의 방법

기업 고객(구매업체 또는 유통업체)과 가격협상을 해야 하는 제조업체(자동차 기업)의 협상 담당자는 다음과 같은 측면들을 고려하여 협상을 준비하는 것이 바람직하다.[22]

- **최초 가격의 제시**

가격협상에 있어서 협상 당사자들은 그들에게 유리한 최초 가격을 제시한다. 구매업체는 낮은 가격으로 구매하기를 원하고, 제조업체는 높은 가격으로 판매하기를 원한다. 그러므로 제조업체의 협상 담당자는 가격협상에서 너무 낮은 최초 가격을 제시하지 않는 것이 좋다. 왜냐하면, 구매업체는 언제나 최초 가격을 기준으로 가격을 깎으려고 하기 때문이다.

- **가격제시의 범위**

가격에 대한 협상 당사자들의 견해차이 때문에 가격협상이 이루어진다. 예를 들면, 제조업체와 구매업체 간의 어떤 자동차 모델에 대한 가격협상에 있어서 제조업체는 한 대당 최소 5,000만 원을 받기를 원하고, 구매업체는 최대 5,200만 원을 지불하려고 하는 경우, 이들 협상 당사자들 간에는 200만 원이라는 가격흥정의 융통성이 존재한다. 이러한 200만 원의 가격차이를 ZOPA(Zone of Possible Agreement)라고 한다. 이 사례에서는 200만 원이라는 ZOPA가 존재하기 때문에 가격협상이 원활히 진행될 가능성이 높다. 하지만 현실적으로 볼

22 김기홍(2012), p. 179 이하; 유지연 역, Babitsky, S. and Mangraviti, Jr., J. J. 저(2011), p. 182 이하; 현대경제연구원 역, 하버드 경영대학원 저(2010), p. 127 이하; 카이저(2009), p. 115 이하.

때, 협상 당사자들 간에 협상력 또는 힘의 차이가 있기 때문에 ZOPA가 성립되지 않을 수도 있다. 만일 제조업체의 협상력 또는 힘이 구매업체보다 강하다면, 제조업체의 협상 담당자는 먼저 높은 가격을 제시한 후, 가격협상 진행과정에서 약간씩 가격을 깎아주는 방법을 선택할 수 있다.

- 가격과 품질의 문제

가격협상에 있어서 협상의 대상이 가격이지만, 어떤 제품의 가격은 그 제품의 품질수준이 좌우할 수 있다. 그러므로 제조업체의 협상 담당자는 다음과 같은 내용을 협상 상대방에게 적극적으로 알릴 필요가 있다.

– 암묵적이든 노골적이든, 우리 제품의 품질이 좋다는 것을 받아들이게 한다.
– '고품질과 최저가 둘 다를 원한다는 건 말도 안 된다'라는 사고방식을 은근히 심어준다.
– 협상 상대방이 '품질이 매우 중요하지'라는 생각이 들도록 만든다.
– 품질이 좋으면 당연히 가격이 높아진다는 것을 인식시킨다.

- 선택사양의 제시

제조업체의 협상 담당자가 가격협상에 있어서 가격 이외의 선택사양(option)을 제시한다면, 협상 상대방은 이러한 선택사양에 현혹되어 보다 높은 가격을 지불할 가능성이 있다. 예를 들면, 이러한 선택사양은 다음과 같다.

– 신속한 배송, 납기일 준수
– 판매제품에 대한 탁월한 제품보증 및 리콜 조건의 제시
– 좋은 조건의 결제방식(예를 들면, 외상 또는 할부판매)
– 대량구매를 할 경우, 추가적 가격할인의 제시 또는 추가적 수량 제공
– 제조업체에 의한 판매촉진 활동의 지원

- 경쟁업체의 가격

제조업체의 협상 담당자는 경쟁업체가 판매하는 동일 또는 유사제품에 대한

가격 및 품질 등에 대한 정보를 파악하여 가격협상에 임할 필요가 있다. 만일 경쟁업체에 비해 제조업체가 판매하려는 제품의 가격이 더 낮고, 품질이 더 우수하다면, 가격협상을 원활하게 수행할 수 있다. 이와는 반대로 경쟁업체에 비해 제조업체가 판매하려는 제품의 가격이 더 높고, 품질이 더 열악하다면, 구매업체의 협상 담당자는 이에 대한 대응논리를 잘 개발하여 가격협상을 수행하여야 한다.

PART 01 자동차 시장에 대한 기본적 이해

CHAPTER 01 자동차 시장의 현황과 특징

CHAPTER 02 자동차 시장에 대한 조사와 세분화

CHAPTER 03 자동차 시장에서의 소비자 행동

↓

PART 02 자동차 마케팅전략에 대한 통합적 접근

CHAPTER 04 자동차 마케팅전략의 개념적 기초

CHAPTER 05 자동차 마케팅 제품전략

CHAPTER 06 자동차 마케팅 가격전략

CHAPTER 07 자동차 마케팅 유통전략

CHAPTER 08 자동차 마케팅 촉진전략

↓

PART 03 자동차 마케팅의 도전과 전망

CHAPTER 09 자동차 마케팅과 글로벌 경쟁력

CHAPTER 10 자동차 마케팅과 친환경 및 자율주행 자동차

Chapter 07

자동차 마케팅 유통전략

CHAPTER 07 자동차 마케팅 유통전략

7.1 유통경로의 의의와 유통경로결정의 영향요인[1]

7.1.1 유통경로의 의의

이론적인 관점에서 볼 때, 유통경로(distribution channel)는 제품 또는 서비스가 생산자로부터 최종 소비자에게 이전되는 과정에 참여하는 개인, 관련 조직 및 기업의 집합을 의미한다. 일반적으로 유통활동은 제품 또는 서비스를 생산한 기업(직접유통경로)이나 전문적인 유통업체(간접유통경로)를 통하여 이루어진다. 유통경로는 한번 구축되면 변경하기 어려우므로 장기적인 관점에서 경로를 설계할 필요가 있다.

자동차가 본국에서 생산되어 현지국으로 수출되는 경우 또는 현지국에서 생산되어 현지국에서 판매되거나 제3국으로 수출되는 경우, 글로벌 유통경로에 대한 의사결정이 매우 중요하다. 글로벌 유통경로(global distribution channel)는 제품 또는 서비스가 생산자로부터 국경초월적인 유통을 통하여 해외고객에게

1 박주홍(2013), p. 276 이하 수정 재인용.

전달되는 과정에 참여하는 개인, 관련 조직 및 기업 등을 포괄한다. 특히, 글로벌 유통경로는 국내 유통경로와는 달리 서로 다른 국가에서 그 기능을 발휘하여야 한다. 글로벌 유통경로와 국내 유통경로의 주요 차이점은 다음과 같이 요약될 수 있다.[2]

- 글로벌 유통경로는 국내 유통경로보다 변수의 복잡성이 높다.
- 서로 다른 국가는 서로 다른 유통을 요구한다.
- 어떤 성공적인 국내 유통활동이 항상 해외로 이전가능한 것은 아니다.

7.1.2 유통경로의 기능

유통경로는 특정 기업이 생산한 제품 또는 서비스를 고객에게 전달하는 거래기능을 포함하여 다음과 같은 다양한 기능을 수행한다.[3]

- 거래기능

제품 또는 서비스의 판매기능 및 구매기능, 거래의 경제성 기능(중간상이 개입할 경우 제조업체와 고객 간의 거래가 대폭적으로 줄게 됨) 및 협상기능(거래조건에 대한 협상)을 담당함.

- 촉진기능

제조업체 또는 중간상이 최종 소비자를 대상으로 제품 또는 서비스의 판매를 위한 촉진활동을 수행함.

---

2 Bradley, F.(2002), p. 322.

3 반병길/이인세(2008), p. 319 이하; Doole, I./Lowe, R.(2004), p. 334.

• **물적 유통기능**

창고보관, 재고관리 및 유지, 운송 등의 기능을 담당함.

• **시장정보 수집기능**

중간상이 수집한 고객, 시장 및 경쟁 등에 대한 정보를 제조업체에게 제공함.

• **판매 후 서비스 기능**

중간상이 제조업체의 위임을 받아 교환, 수리 및 반품 등과 같은 판매 후 서비스 기능을 담당하기도 함.

7.1.3 유통경로결정의 영향요인

유통경로결정에 있어서 중요한 과제는 유통경로의 길이와 폭, 그리고 통제수준 등을 설계하는 것이다. 유통경로의 길이(channel length)는 경로 구성원의 단계의 수(예를 들면, 제조업체, 도매업체, 소매업체, 소비자 등으로 구성된 경우는 4단계임)를 의미한다. 반면에, 유통경로의 폭(channel width)은 같은 단계를 구성하는 유통기관의 수(예를 들면, 제조업체와 거래관계를 유지하는 도매업체의 수, 도매업체와 거래관계를 유지하는 소매업체의 수)를 의미한다. 그리고 통제수준은 제조업체가 유통경로 구성원들에게 미치는 영향력의 정도를 말한다. 예를 들면, 유통경로가 길어질수록 제조업체가 특정 제품에 대한 가격, 판매수량 및 촉진활동 등에 미치는 영향력은 줄어들 수 있다.

특히, 글로벌 유통경로는 다양한 요인들을 고려하여 결정되어야 한다. 이러한 요인들은 기업 내부적 요인과 기업 외부적 요인으로 구분될 수 있다.

<표 7-1>은 글로벌 유통경로결정의 영향요인을 제시한다.

표 7-1 글로벌 유통경로결정의 영향요인

구 분	요 인	주요 관련 변수
기업 내부적 요인	기업특성	기업전략, 인적 및 물적 자원, 해외활동의 중요성
	제품특성	제품복잡성의 정도, 사용빈도, 보관가능성, 수송가능성
기업 외부적 요인	시장과 고객	시장규모, 시장성장률, 고객의 수, 지리적 분포, 구매습관
	경 쟁	경쟁업체의 유통경로, 경쟁의 심화 정도, 경쟁제품의 특성
	정부규제	시장진입규제, 유통에 대한 법적 규제
	경로환경	중간상의 이용가능성, 중간상의 입지, 유통비용

자료원: 박주홍(2013), p. 279.

(1) 기업 내부적 요인

기업특성

유통경로는 기업전략, 보유하고 있는 인적 및 물적 자원, 해외활동의 중요성 등에 의해 많은 영향을 받는다. 유통경로의 결정에 영향을 미치는 기업전략은 일반적으로 마케팅전략을 의미한다. 즉, 기업이 달성하려는 시장점유율 및 수익성 등의 목표는 마케팅전략에 기초하고 있다. 또한, 인적 및 물적 자원은 유통경로의 개발과 유지를 위해 필요하다.

제품특성

제품특성(예를 들면, 제품복잡성의 정도, 사용빈도, 보관가능성 및 수송가능성 등)에 따라 유통경로가 다르게 설계되어야 한다. 자동차, 컴퓨터, 가전제품 등과 같이 기술적으로 복잡한 제품, 부패하기 쉬운 식품, 대량운송이 필요한 제품의 경우에는 직접유통경로가 선호될 수 있다.[4] 그리고 소비재의 유통경로는 산업재의

4 이장로(2003), p. 362.

유통경로보다 더 길고 복잡하게 설계되는 경향이 있다.

(2) 기업 외부적 요인

시장과 고객

유통경로결정에 가장 큰 영향을 미치는 요인은 시장과 고객이다. 시장규모와 시장성장률은 유통경로의 길이와 폭을 결정하는 데 있어서 중요한 변수로 작용한다. 그리고 고객의 수, 지리적 분포 및 구매습관 등과 같은 고객특성은 인구통계적 및 행동적 특성을 반영하고 있으며, 이러한 특성은 유통경로의 설계를 위한 자료로 활용된다.

경 쟁

경쟁업체의 유통경로, 경쟁의 심화 정도 및 경쟁제품의 특성 등과 같은 변수들은 유통경로를 결정할 때 비교를 위한 자료로 사용될 수 있다. 특히, 경쟁업체의 유통경로를 분석함으로써 자사의 강점 및 약점이 파악될 수 있으며, 이러한 강점과 약점을 고려하여 기업은 더욱 경쟁력 있는 유통경로를 설계할 수 있다.

정부규제

특정 제품에 대한 시장진입규제(예를 들면, 수입규제 및 수량규제)가 있는 국가에서는 이 제품에 대한 유통이 불가능하거나 유통에서의 제약이 따를 수 있다. 또한, 특정 제품의 유통에 대한 법적 규제는 유통방법을 구체적으로 명시(예를 들면, 스웨덴, 핀란드 및 미국 일부 주에서의 정부직영 판매점을 통한 주류 판매)하고 있으며, 피해자가 발생할 우려가 있는 유통(예를 들면, 방문판매 또는 다단계판매에 대한 규제)을 제한하고 있다.[5]

5 박재기(2005), p. 356.

경로환경

경로환경은 중간상의 선택과 관련되어 있으며, 이것은 중간상의 이용가능성, 중간상의 입지 및 유통비용 등과 같은 변수들로 구성되어 있다. 특히, 글로벌 기업이 진출하고자 하는 현지국에 기업이 요구하는 자격을 갖춘 중간상이 없다면, 직접유통경로를 구축하여야 한다. 또한, 현지국의 어떤 지역 또는 도시에서의 중간상 유무에 따라 특정 제품에 대한 유통성과가 달라질 수 있다. 유통수수료, 운송비 및 보관비 등과 같은 유통비용은 제품가격에 직접적으로 영향을 미칠 수 있으므로 유통경로를 결정할 때 중요하게 고려되어야 한다.

7.2 자동차 유통경로의 구축과 관리

7.2.1 유통경로의 구조와 유통 네트워크의 구축

(1) 자동차 유통경로의 구조

일반적으로 유통경로는 시장에 판매되는 제품의 종류(예를 들면, 소비재 또는 산업재)에 따라 서로 다르게 설계된다. 소비재의 유통경로는 산업재의 유통경로보다 더 길고 복잡한 경향이 있다. 자동차는 내구 소비재(durable goods)에 속하므로 일반 소비재의 유통경로와 거의 유사한 유통경로를 거쳐서 판매된다. 자동차 기업은 국가별 유통상황에 따라 동일 제품에 대해 단일 유통경로(single distribution channel)를 사용할 수도 있고, 복수 유통경로(multiple distribution channel)를 사용할 수도 있다. 또한, 국가별 유통경로는 각 국가의 서로 다른 역사적 배경과 유통관행 때문에 서로 다르게 설계될 수 있다.[6]

자동차 유통경로(automobile distribution channel)는 도매(wholesale), 소매(retail) 및 고객(customer)의 영역, 그리고 직접판매를 담당하는 직접유통경로(direct distribution channel), 간접판매를 수행하는 간접유통경로(indirect distribution channel) 및 혼합형태로 구분될 수 있다. <그림 7-1>은 자동차 유통경로의 기본구조를 보여준다. 이러한 기본구조의 의미를 구체적으로 살펴보면 다음과 같다.[7]

---

6 박주홍(2013), p. 283.

7 Brockmeier, B.(2000), p. 15 이하; Diez, W.(2015), p. 212 이하 재인용.

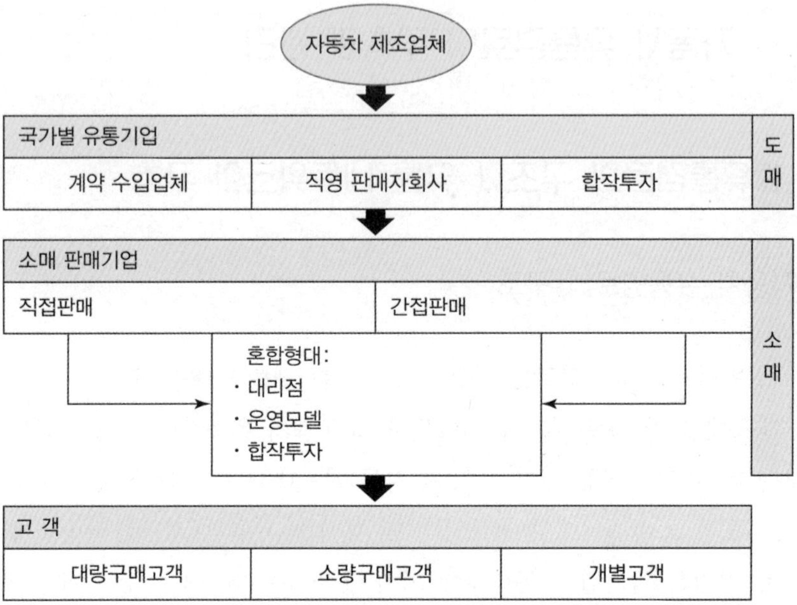

자료원: Diez, W.(2015), p. 213.

▌그림 7-1 자동차 유통경로의 기본구조▐

• 도매의 영역

이것은 국가별 유통기업이 담당하며, 이러한 유통기업은 계약 수입업체, 직영 판매자회사 및 합작투자로 구분될 수 있음. 자동차의 도매가격과 마진율이 주요 협상이슈가 될 수 있음.

- 계약 수입업체: 현지국에서 운영되는 계약 수입업체에게 판매될 자동차를 공급함.
- 직영 판매자회사: 현지국에 직영 판매자회사를 설립하여 판매될 자동차를 공급함.
- 합작투자: 자동차 제조업체가 현지국에서 합작파트너와 공동으로 판매자회사를 설립하여 판매될 자동차를 공급함.

- 소매의 영역

이것은 직접판매, 간접판매 및 혼합형태로 분류될 수 있음. 자동차의 소매가격과 마진율이 주요 협상이슈가 될 수 있음.

- 직접판매: 대리점(직영)
- 간접판매: 대리점(집중적 또는 선택적 유통)
- 혼합형태: 대리점(자동차 제조업체와 공동운영), 운영모델(자동차 제조업체가 대리점 운영에 일부 관여함), 합작투자(자동차 제조업체와 합작파트너가 대리점 공동운영)

- 고객의 영역

고객의 구매량과 성격에 따라 고객은 다음과 같이 분류됨.

- 대량구매고객: 대량으로 구매하는 리스, 렌트카, 운송회사, 기업 등 법인
- 소량구매고객: 소량으로 구매하는 자영업자 또는 개인사업자
- 개별고객: 개인적으로 구매하는 일반 고객

<그림 7-2>는 유통경로의 체계(소매)를 보여준다. 이 그림에 제시된 유통경로의 체계는 자동차뿐만 아니라 다른 제품의 소매 유통에도 적용될 수 있다. 소매는 직접판매와 간접판매로 구분될 수 있으며, 구체적인 내용은 다음과 같다.

- 직접판매

자동차 제조업체가 직영하는 대리점, 영업소 또는 영업지점 등을 통한 직접유통

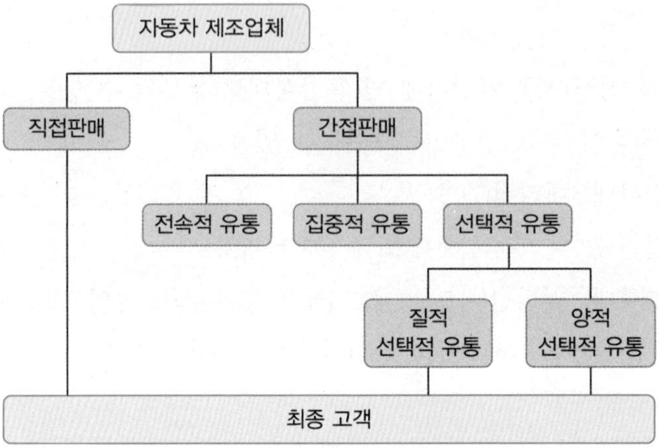

자료원: Diez, W.(2015), p. 214; 저자에 의해 일부 수정됨.

▎그림 7-2 유통경로의 체계(소매)▎

- **간접판매**

대리점(집중적 또는 선택적 유통)을 통한 간접유통

- 전속적 유통(exclusive distribution): 특정 국가 또는 지역을 담당하는 단독의 대리점에 자동차를 독점적으로 공급함.
- 집중적 유통(intensive distribution): 자동차 판매를 위해 활용 가능한 모든 외부 대리점에 자동차를 공급함.
- 선택적 유통(selective distribution): 특정 지역에서 소수의 대리점으로 한정하여 자동차를 유통함(질적 측면과 양적 측면을 고려하여 선택적 유통을 할 수 있음).

(2) 자동차 유통 네트워크의 구축

자동차 유통 네트워크(automobile distribution network)를 논의하기에 앞서 네트워크의 의미에 대하여 살펴보기로 한다. 네트워크는 정보통신 분야에서 널리 사용되는 용어이지만, 경영학에서 네트워크(network)는 기업의 다양한 경영활동과 관련된 당사자, 기관 및 조직의 연결망을 의미한다. 일반적으로 네트워크는 다음과 같은 네 가지 특성을 갖고 있다.[8]

- 연결적 특성

  네트워크는 고립과 단절을 뛰어넘는 연결성을 보유하고 있다.

- 개방적 특성

  네트워크는 폐쇄되지 않고 관련된 모든 당사자, 기관 및 조직에게 열려 있다.

- 사회적 특성

  네트워크는 관련된 당사자, 기관 및 조직의 사회적 관계를 촉진한다.

- 유기적 특성

  네트워크는 관련된 당사자, 기관 및 조직의 상호작용을 통하여 진화한다.

네트워크를 효율적으로 작동시키기 위해서는 다음과 같은 전제조건이 충족되어야 한다.[9]

- 모든 네트워크 파트너(network partner)는 다른 모든 파트너를 알고 있다.
- 네트워크는 공통의 목표를 갖고 있다.
- 모든 네트워크 파트너는 협력의 목표에 대한 포괄적 지식을 보유하고 있다.
- 네트워크를 구성하는 협력은 장기적 특성을 갖는다.
- 네트워크는 시스템을 위한 '네트워크 정체성(network identity)'을 보유하고 있다.

---

8 박주홍(2016), p. 274.

9 Strebel, H./Hasler, A.(2003), p. 347 이하.

자동차 유통 네트워크는 앞서 설명한 네트워크의 관점에서 정의될 수 있다. 즉, 자동차 유통 네트워크는 자동차 기업의 유통활동과 관련된 기업의 내부적 및 외부적 당사자, 기관 및 조직의 연결망을 의미한다. 자동차 유통 네트워크의 구축에 영향을 미치는 요인은 다음과 같다.[10]

- 자동차 브랜드 포지셔닝(브랜드 포지셔닝의 강약에 따른 차별적 유통경로 구축)
- 자동차 모델 프로그램(자동차 모델의 수에 따른 매출 증대의 잠재성)
- 자동차 판매량(예상 판매량의 고저에 따른 차별적 유통경로의 구축)
- 고객의 요구사항(대리점 근접성, 구매상담 및 시승 가능성 등)
- 경쟁업체의 상황(경쟁업체의 유통상황)
- 유통 네트워크의 지속적 경제성의 확보(유통경로의 비용 경제적 측면)

자동차 기업이 유통 네트워크를 구축하기 위해서는 다음과 같은 네 가지 과정을 거칠 필요가 있다.[11]

- **이상적 유통 네트워크의 정의**

자동차 기업의 상황 및 외부환경을 고려하여 적합한 이상적 유통경로를 계획함.

- **경제적 판매거점의 확인**

자동차 기업의 유통과 관련된 판매거점(국가, 도시, 지역별 등)의 경제성을 확인함.

---

10 Diez, W.(2015), p. 227 이하.

11 전게서, p. 229 이하.

• **유통 네트워크 구축의 대안 검토**

경제성이 확인된 판매거점들을 결합하는 유통 네트워크 구축을 위한 대안을 최종적으로 검토함.

• **현지 유통입지의 확정**

현지 판매거점(국가, 도시, 지역별 등)을 최종적으로 확정함. 대리점을 최종적으로 선정하는 평가와 관련된 주요 사항들은 아래와 같음.

- 대리점 주변의 교통량
- 눈에 잘 띄는 장소 여부
- 집적 효과(경쟁업체의 대리점 밀집 정도)
- 교통 연결망(접근 편리성)
- 대리점으로 이용 가능한 건축 면적
- 대리점 용지가격(토지가격)
- 건축법적인 규제 여부

7.2.2 온라인 유통경로의 활용

온라인 유통경로(on-line distribution channel)는 인터넷 기반의 유통활동을 의미한다. 전통적인 관점에서 볼 때, 자동차 기업이 생산한 제품으로서의 자동차는 앞서 설명한 유통경로를 통하여 거래가 이루어진다(7.2.1 참고). 자동차 기업은 홈페이지를 통하여 잠재적 또는 실제적 자동차 고객들에게 자사가 판매하는 자동차에 대한 다양한 정보를 제공(예를 들면, 모델별 가격견적 제공)할 뿐만 아니라, 실제적인 거래와 연결될 수 있도록 지원하고 있다. 또한, 자동차 유통에 참여하는 인터넷 기반의 유통업체 또는 유통정보업체(예를 들면, 신차 견적비교 서비스, 자동차 시세, 프로모션 정보 등을 제공하는 겟차)를 통한 자동차 거래 또는 판매중개가 수행되기도 한다.

<표 7-2>는 자동차 구매과정에서의 디지털화 가능성을 제시한다. 이 표에 나타나 있는 바와 같이, 자동차 기업은 자동차 구매과정에서 다양한 정보를 잠재적 또는 실제적 고객에게 전달할 수 있을 뿐만 아니라, 거래를 성공적으로 마무리할 수도 있다.

표 7-2 자동차 구매과정에서의 디지털화 가능성

구매과정	디지털화 가능성
정보제공	**부분적으로 가능**, 홈페이지 또는 인터넷을 통한 기업과 고객 간 상호작용 가능한 정보제공, 물리적 정보제공 불가능(예를 들면, 시승을 통한 자동차 성능 또는 실물 확인 등)
상 담	**가능**, 홈페이지 또는 인터넷, 이메일 등을 통한 상담 가능
할인 인수(중고차)	**부분적으로 가능**, 중고차 할인정보가 구체적으로 제시된 경우 할인금액 평가 가능
가격흥정	**가능**(예를 들면, 홈페이지 또는 인터넷, 이메일, 통화, 문자서비스 등을 통한 비대면 가격흥정 가능)
매매계약 (파이낸싱 포함)	**가능**(비대면 매매계약 가능, 할부, 월부 등과 관련된 파이낸싱 서비스 이용 가능)
입 금	**가능**(인터넷, 모바일 뱅킹, 신용카드 등을 통한 구매차량 대금 입금)
차량인도	**불가능**(구매차량 인도는 대면으로 실행)
고객관리	**가능**(홈페이지 또는 인터넷, 이메일 등을 통한 구매고객별 구매 후 요구사항 비대면 관리 가능)

자료원: Diez, W.(2015), p. 237; 저자에 의해 일부 수정됨.

<표 7-3>은 일부 자동차 업체의 인터넷 유통현황을 보여준다. 이 표에 제시된 바와 같이, 최근 들어 자동차 업체들은 온라인 판매와 온라인 결제를 통하여 고객들에게 접근하는 경향을 보이고 있다. 이는 전통적인 유통보다 인터넷을 통한 자동차 유통이 유통비용의 절감과 신속한 주문처리 등과 같은 장점을 갖고

있기 때문이다. 그러나 이러한 장점에도 불구하고 유통 또는 판매망 관련 노동조합의 반발이 거세지고 있다.[12]

표 7-3 일부 자동차 업체의 인터넷 유통현황

자동차 업체명	인터넷 유통현황
Tesla	온라인으로만 차량 판매, 결제 가능
Mercedes-Benz	2025년까지 온라인 판매비중 25%까지 확대
BMW	한정판 차량 등 온라인 채널로 판매
Volvo	전기차는 온라인 채널로만 판매계획
Hyundai/Kia	해외에서만 온라인 판매망 구축

자료원: https://news.joins.com/article/24016539.

7.2.3 물적 유통의 관리[13]

(1) 물적 유통의 의의

물적 유통(physical distribution)은 제조업체가 생산한 특정 제품(예를 들면, 자동차)이 고객에게 이동되는 과정에서 요구되는 운송, 보관 및 재고관리 등과 같은 활동을 포괄한다. 이러한 활동이 해외고객과 관련되어 있다면, 글로벌 물적 유통(global physical distribution)이라고 한다. 물적 유통의 주요 목표로는 유통비용의 절감, 운송시간의 단축, 납기의 준수 및 안전한 보관 등을 들 수 있다.

자동차는 다른 산업의 제품들에 비해 해외판매의 비중이 높은 제품에 속한다. 그러므로 자동차 판매에 있어서 글로벌 물적 유통은 매우 중요한 마케팅

12 https://news.joins.com/article/24016539.

13 박주홍(2013), p. 290 이하 수정 재인용.

의사결정에 속한다고 볼 수 있다. 넓은 의미에서 볼 때, 글로벌 물적 유통은 글로벌 로지스틱스의 한 부분이다. 즉, 글로벌 로지스틱스(global logistics)는 생산에 필요한 원재료, 부품 조달 등과 같은 원재료 관리(material management) 및 운송, 보관 및 재고관리 등과 같은 물적 유통(physical distribution)과 같은 두 가지 활동으로 구성되어 있다.[14] 아래에서는 이와 같은 두 가지 활동 중에서 운송관리, 보관 및 재고관리 등과 같은 글로벌 물적 유통의 주요 활동에 대해서만 살펴보기로 한다.

(2) 글로벌 물적 유통의 주요 활동

운송관리

운송(transportation)은 운송수단을 활용하여 해외고객에게 특정 제품을 전달하는 활동을 말하며, 이것은 물리적 이동과 관련되어 있다. 운송수단은 비용, 시간, 안전성, 운송물품의 중량과 가치, 운송수량 및 운송수단의 이용가능성 등을 고려하여 선택되어야 한다. 일반적으로 기업의 상황과 운송되는 물품의 종류에 따라 운송수단은 서로 다르게 결합될 수 있다. 대표적인 운송방법을 살펴보면 다음과 같다.[15] 자동차의 운송은 아래의 운송방법 중에서 육로, 수로 및 해로를 주로 활용한다.

• 육 로

철도, 트럭, 자동차 등을 통한 운송

• 수 로

강과 운하에서의 선박 운송(예를 들면, 유럽의 강과 운하)

---

14 Kotabe, M./Helsen, K.(2011), p. 500.

15 Keegan, W. J.(2002), p. 346 이하.

• **해 로**

바다에서의 선박 운송

• **항공로**

항공기 운송

• **파이프라인**

파이프라인을 통한 석유 및 천연가스 운송

운송수단의 결합에 따라 다음과 같은 방식들이 제시될 수 있다. 트럭과 철도를 결합하여 육로로 운송하는 방식은 피기백(piggy-back)이라고 하며, 육로와 항공로를 결합하여 운송하는 방식은 버디백(birdy-back)이라고 한다. 또한, 육로와 수로, 해로 등을 결합한 운송방식은 피시백(fish-back)이라고 한다.[16] 운송수단의 결합 관점에서 볼 때, 자동차의 운송은 피기백과 피시백을 주로 활용한다.

보관 및 재고관리

이론적인 관점에서 볼 때, 보관(storage)은 중간상 또는 보관업체가 특정 제품을 해외고객에게 판매하기 전까지 창고(예를 들면, 일반 창고 또는 냉동 창고) 또는 특수 보관시설(예를 들면, 유류, 가스 및 화학물질 보관 탱크) 등에서 일정 기간 물품을 맡아서 관리하는 활동을 의미하며, 이것은 창고보관(warehousing)과 동의어로 사용되기도 한다. 해외로 수출되는 자동차는 현지국의 항구 근처의 하역 주차장, 지역별 또는 도시별 보관 주차장 등에서 보관되는 경향이 있다. 일반적으로 볼 때, 보관의 주요 목표를 살펴보면 다음과 같다.

---

16 반병길/이인세(2008), p. 351 이하.

- 재고비용의 최소화
- 창고보관을 통한 손실, 파손, 도난 및 부패방지(예를 들면, 냉동 보관이 요구되는 식품)
- 납품시간의 최소화
- 납품준비의 극대화
- 기회비용 발생가능성의 최소화
- 재포장 및 재선적 등과 같은 재가공을 위한 장소제공

재고관리(inventory management)는 기업 또는 중간상이 고객(해외고객 포함)에게 특정 제품을 판매하기 전까지 제품의 적절한 보유량을 계획하고 통제하는 일을 말한다. 재고관리의 목적은 대고객 납품서비스를 방해하지 않는 범위 내에서 특정 제품의 보유량을 가능한 한 적게 유지하는 데 있다. 재고비용은 다음과 같이 구성되어 있다.[17]

- **재고유지비**

  일정 기간 상품의 재고를 유지하는 데 필요한 비용

- **주문비**

  재고량을 확보하기 위해 요구되는 주문처리비, 발송비 및 화물취급비 등과 관련된 비용

- **재고부족비**

  주문량에 비해 재고량이 적은 경우에 발생하는 기회비용

17 전게서, p. 352.

7.2.4 유통경로의 구성원 관리[18]

(1) 유통경로 구성원의 유형

제조업체가 생산한 특정 제품이 고객(해외고객 포함)에게 전달되는 과정에는 다양한 형태의 중간상이 개입한다. 자동차 유통을 위하여 자동차 기업은 다음과 같은 유통경로 구성원의 유형 중에서 기업의 상황에 맞는 특정 구성원을 선택할 수 있다. 국내외 유통경로의 주요 구성원을 살펴보면 다음과 같다.[19]

- 상인중간상(merchant middleman)

상품의 소유권을 취득하며, 상품에 대한 모든 위험(예를 들면, 환위험, 신용위험, 손실 또는 파손위험 등)을 부담함.

- 대리중간상(agent middleman)

상품의 소유권을 취득하지 않으며, 제조업체를 대리하여 상품을 판매하기 때문에 거래에 대한 모든 위험은 제조업체가 부담함.

- 완전기능 중간상(full-function middleman)

거래, 물적 유통, 촉진기능 등 거의 모든 기능을 수행하며, 해외시장에 대한 경험과 지식이 풍부함.

- 한정기능 중간상(limited-function middleman)

유통서비스의 일부를 담당함(예를 들면, 인터넷판매, 통신판매 등).

---

18 박주홍(2013), p. 287 이하 수정 재인용.

19 반병길/이인세(2008), p. 323 이하; 문준연(2006), p. 323 이하; 이장로(2003), p. 343 이하.

- **일반중간상(general merchandiser)**

  폭넓고 다양한 제품라인을 취급함.

- **전문상(special merchandiser)**

  소수의 특화된 제품라인만을 취급함.

- **본국소재 중간상(middleman in home country)**

  제조업체의 본국에서 유통서비스를 제공함(예를 들면, 수출중개상, 브로커, 수출상사, 무역상사 등과 같은 본국의 수출대행업체 또는 유통업체).

- **해외소재 중간상(middleman in host country)**

  현지국에서 유통서비스를 제공함(예를 들면, 특약대리점, 판매대리인, 현지국 브로커, 딜러, 수입상 등과 같은 현지국의 수입업체 또는 유통업체).

(2) 글로벌 유통경로 구성원의 선택

유통목표를 효과적으로 달성하기 위하여 자동차 기업은 유통경로 구성원(중간상)을 신중하게 선택하여야 한다. 일반적으로 현지국 중간상의 선택은 다음과 같은 4단계로 진행된다.[20]

- 제품정보와 유통조건을 담은 서신을 현지어로 작성하여 잠재적 중간상에게 발송한다.
- 성실하게 응답한 중간상을 대상으로 취급제품라인, 시장커버범위, 기업규모, 판매원의 수 및 기타 배경정보 등에 대한 추가적 회신을 요구한다.
- 잠재적 중간상의 거래업체 및 거래고객 등을 통해 신용상태를 조회한다.

---

20 Cateora, P. R.(1993), p. 462.

• 가능하다면, 가장 유망한 유통업체(중간상)들을 개별적으로 확인한다.

현지국 중간상의 선택과 관련된 평가기준은 제조업체의 요구사항과 현지국의 유통환경에 따라 다를 수 있다. 일반적으로 제조업체는 다음과 같은 평가기준에 기초하여 현지국 중간상을 선택할 수 있다.

• **시장커버범위**

지역적 커버범위가 넓을수록 유리함.

• **경영능력**

경영능력이 뛰어날수록 좋음.

• **판매능력**

연간 총 매출액의 규모가 클수록 유리함.

• **재무상태**

부채비율이 낮을수록 안정적임.

• **평판 또는 이미지**

부정적 평가보다 긍정적 평가가 많을수록 좋음.

(3) 글로벌 유통경로의 구성원에 대한 동기부여

글로벌 유통경로의 구성원에 대한 동기부여의 궁극적 목적은 자사제품의 판매증대에 있다. 국내 유통경로와 글로벌 유통경로에 모두 적용될 수 있는 유통경로의 구성원에 대한 동기부여는 다음과 같은 세 가지 단계로 구성되어

있다.[21]

• **중간상의 요구사항과 문제점 파악**

현지국의 경제수준, 중간상의 규모 등에 따라 요구사항과 문제점이 다를 수 있음.

• **요구사항과 문제점에 부합하는 지원 제공**

적절한 이윤 보장, 배타적 판매지역의 보장, 광고지원, 재무적 지원 등을 제공함.

• **지속적 관계구축**

정기적 접촉 및 커뮤니케이션 등을 통하여 중간상의 관심을 유발하고, 판매증대를 유도함.

글로벌 유통경로의 구성원에 대한 동기부여 수단은 재무적 보상과 비재무적 보상 등으로 구분될 수 있다.

• **재무적 보상**

유통수수료 인상, 자금지원(예를 들면, 저리융자), 판매성과에 따른 포상금 지급, 납품가격 인하 등

• **비재무적 보상**

광고 및 촉진활동 지원, 유통업체의 판매원에 대한 교육, 시장정보의 제공, 본사 방문 프로그램의 운영(예를 들면, 본사 초청 여행, 공장견학 등), 뉴스레터 또는 정기간행물 발송 등

---

21 Doole, I./Lowe, R.(2004), p. 342 이하.

7.3 자동차 유통경로 갈등관리[22]

7.3.1 갈등의 의의와 원인

(1) 갈등의 의의

자동차 유통경로에서의 갈등(conflict)은 경로구성원들 사이에서 나타날 수 있다. 경로상의 갈등은 수평적 갈등과 수직적 갈등을 구분할 수 있다.[23] 수평적 갈등(horizontal conflict)은 유통경로의 동일 단계에 있는 구성원들 사이의 갈등(예를 들면, 대리점 대 대리점)을 말한다. 수직적 갈등(vertical conflict)은 유통경로에서 서로 다른 단계에 있는 구성원들 사이에서 발생하는 갈등(예를 들면, 자동차 기업 대 대리점)을 의미한다. 그리고 갈등은 기업 내부적 조직 또는 내부 구성원들 사이에서 나타날 수도 있고, 기업 내부와 기업 외부와의 관계에서도 발생할 수도 있다. 또한, 갈등은 자동차 기업과 유통경로 구성원(예를 들면, 대리점) 간의 유통경로와 관련된 협상(자동차 납품가격의 책정, 마진율 책정, 대리점의 시장커버범위의 결정 등)에서도 나타나기도 한다. 아래에서는 자동차 유통경로 구성원들 간 협상의 관점에서 갈등을 구체적으로 살펴보기로 한다.

협상에 있어서 갈등은 협상 당사자들(예를 들면, 자동차 기업과 대리점) 간의 의견, 목적 또는 태도 등의 차이에 의해 발생하는 모순, 대립, 충돌 또는 불일치를 의미한다. 일반적으로 갈등은 분배하여야 할 자원이 한정적이고, 이를 두고 협상 당사자들 간의 이해관계가 충돌할 때 나타난다. 비즈니스협상뿐만 아니라 정치, 무역, 외교 등과 같은 다양한 분야의 협상에 있어서 협상 당사자들 간에 나타나는 갈등은 다음과 같은 5단계를 거치면서 표출된다.[24]

---

22 박주홍(2019), p. 86 수정 재인용.

23 유필화/김용준/한상만(2012), p. 313.

24 슈미트/탄넨바움(2009), p. 28 이하.

- **예상 단계**

협상 당사자들이 서로의 이해관계가 충돌하리라는 것을 예상한다. 즉, 협상 당사자들은 그들 사이에 의견차이가 생기리라는 것을 인지하고 있다.

- **의식하지만 표출되지 않는 단계**

협상 당사자들 간에 논쟁이 일어날 것 같은 분위기가 감돌며 긴장이 쌓이기 시작한다.

- **토의 단계**

협상 당사자들이 각각 그들의 의견을 제시한다. 즉, 협상과정에서의 질문과 대답 등을 통하여 각자의 의견이 드러나기 시작한다.

- **노골적인 논쟁 단계**

협상 당사자들 간에 간접적이고 불확실하게 표출되던 의견차이가 보다 구체적으로 표면화된다.

- **공공연한 갈등 단계**

협상 당사자들 간의 쟁점 사안에 대해서 각각 서로의 입장을 고수하면서 그들 사이의 분쟁이 명확하게 규정된다. 이 단계에서 협상 당사자들은 각각 그들의 주장이 타당하다는 입장을 고수하기 때문에 이해관계가 정면으로 충돌하게 된다.

(2) 갈등의 원인

갈등이론의 측면에서 볼 때, 갈등이 발생하는 원인은 매우 다양하지만 다음과 같은 몇 가지 관점에서 설명이 가능하다.[25]

• **개인적 관점**

개인(예를 들면, 자동차 기업의 개별 협상자로서의 유통경로 담당자)이 갖고 있는 다음과 같은 특성에 근거하여 갈등이 발생할 수 있다.

- 가치관의 차이: 이것은 서로 다른 개인의 성장과정, 문화적 및 종교적 배경 등에 의해 나타난다.
- 인식의 차이: 이것은 사물 또는 사건을 바라보고 해석하는 시각이 다를 경우에 나타나며, 가치관, 성격, 태도 등의 차이에 의해 발생하는 경향이 있다.
- 성격의 차이: 이것은 각 개인이 지닌 특유한 성질이나 품성의 차이를 말한다.
- 태도의 차이: 이것은 어떤 상황에 직면했을 때 개인이 입장이나 자세에 의해 유발된다.
- 신뢰 부족: 다른 사람에게 신뢰를 주지 못하는 경우, 이것은 갈등의 원인으로 작용할 수 있다.

• **조직구조적 관점**

조직구조적 관점에서의 갈등(예를 들면, 자동차 기업의 내부 조직적 측면)은 다음과 같은 상황에서 나타날 수 있다.

- 업무의 분화와 상호의존성: 조직 내의 다양한 업무들이 직접 또는 간접적으로 연결되어 있을 뿐만 아니라 상호의존적 경향을 띠기 때문에 이와 관련된 갈등이 유발될 수 있다.
- 제로섬(zero-sum) 상황: 어떤 조직구성원들이 필요로 하는 자원은 다른 조

---

25 백종섭(2015), p. 23 이하; 장동운(2009), p. 29 이하.

직구성원들도 관심을 갖기 때문에 제로섬 상황(여러 사람이 서로 영향을 받는 상황에서 모든 이득의 총합이 항상 제로인 상태)이 발생할 수 있다.

- 권한과 책임의 불분명: 이 경우에 있어서 조직구성원들은 각각 권한을 더 많이 보유하고 책임을 적게 지려는 갈등 상황에 노출될 수 있다.
- 평가기준과 보상체계에서의 상이성: 공정한 평가와 보상이 제대로 이루어지지 않는 조직에서는 갈등이 유발될 가능성이 높다.

• **의사소통의 관점**

협상 당사자들 또는 조직구성원들 간에 의사소통이 잘되지 않는 경우, 갈등이 발생할 수 있다. 특히, 자동차 유통경로와 관련된 국제협상에 있어서 서로 다른 사회문화적 환경요인(언어, 문화의 차이 등) 때문에 협상 당사자들 간에 갈등이 유발되기도 한다.

• **사회적 관점**

사회적 관점에서 접근할 수 있는 갈등의 원인은 다음과 같은 세 가지 관계에 의해 설명이 가능하다.

- 개인 간 갈등: 조직 내 개인 간 갈등, 개별 협상자 간 갈등
- 집단 간 갈등: 조직구성원이 속한 집단 간 갈등, 서로 다른 협상상팀 간의 갈등
- 조직 간 갈등: 서로 다른 조직 간의 갈등, 협상을 수행하는 서로 다른 기업과 기업 간의 갈등

7.3.2 갈등의 과정

자동차 유통경로와 관련된 협상의 진행과정에서 나타나게 되는 갈등은 대체로 다음과 같은 4단계의 과정을 거친다.[26] 이러한 과정은 다른 종류의 협상에

26 강영문(2010), p. 42 이하; 장동운(2009), p. 56 이하; 이선우(2004); Pruitt, D. G./Rubin, J. Z.(1986).

도 그대로 적용될 수 있다. 갈등의 과정을 간략히 요약하면 다음과 같다.

갈등의 시작(의견 불일치 단계)

본협상이 시작되면 협상 당사자들 간의 의견 불일치로 인한 갈등이 표출되기 시작한다. 본협상의 초기 단계에서는 서로 협상 상대방을 잘 모르는 상태이기 때문에 잠재적 갈등이 실제적으로 갈등의 형태로 나타나기 시작한다. 무엇보다도 이 단계에서는 협상 상대방에 대한 이해가 부족하기 때문에 협상 당사자들은 협상과정에서 서로에게 유리한 요구조건을 제시하며 협상의 주도권을 잡으려고 한다. 이 단계는 갈등이 시작되는 단계이기 때문에 갈등의 정도는 대체로 낮다.

갈등의 증폭(대결 및 격화 단계)

갈등의 시작 단계에서 확인된 협상 당사자들 간의 의견 불일치가 해소되지 않은 상태에서 협상이 계속 진행되면서 협상 당사자들은 본격적인 대결 단계로 접어들게 된다. 이 단계에서는 갈등이 증폭(escalation)되면서 갈등의 정도가 대폭적으로 높아진다. 또한 갈등이 대결 단계를 넘어 격화 단계로 접어들면서 협상 당사자들 간의 갈등은 더욱 심화된다. 이 단계에서는 협상 당사자들이 지속적으로 자신에게 유리한 방향으로 갈등을 해결하려고 하기 때문에 협상 당사자 간의 갈등이 최고조에 달하게 된다.

갈등의 교착(진정 단계)

이 단계에서 협상 당사자들은 갈등을 해결하기 위한 더 이상의 협상기술 또는 카드가 없기 때문에 갈등은 교착(stalemate)의 국면에 접어든다. 갈등의 교착 단계에서는 갈등의 정도가 높은 수준을 유지하며 지속되지만, 갈등이 진정 단계로 접어들었다고 볼 수 있다. 협상 당사자들 간의 지속적인 긴장과 갈등이 협상의 타결을 위해 더 이상 도움이 되지 않는다는 현실을 인식하게 되면 본격적인 갈등의 해소 단계로 이행하게 된다.

갈등의 점진적 축소(해소 단계)

이 단계에서는 갈등의 정도가 점진적으로 축소(de-escalation)되기 시작한다. 즉, 협상 당사자들 간의 갈등이 더 이상 협상의 타결 또는 문제해결에 도움이 되지 않는다는 것을 그들이 인식하기 때문이다. 협상 당사자들 간의 갈등은 다양한 해결방법(7.3.3 참고)을 통하여 해소될 수 있다.

표 7-4 갈등의 과정과 원인

과 정	원 인
갈등의 시작 (의견 불일치 단계)	• 협상 상대방에 대한 정보수집 및 분석을 통하여 의견의 차이가 확인됨 • 협상이 시작된 이후 협상 상대방에 대한 이해가 부족함 • 협상과정에서의 각각 유리한 요구조건을 제시하며, 의견충돌이 시작됨
갈등의 증폭 (대결 및 격화 단계)	• 흑백 논리가 뚜렷해지고 협상 상대방을 이길 수 있다는 자신감이 생김 • 협상 상대방을 이길 수 있는 보다 확실한 증거를 발견함 • 협상 상대방에 대한 정보가 왜곡되어 유리한 것만 확보됨 • 협상 당사자에게 유리한 정보만 선택함 • 협상에 너무 몰입하여 자기 논리에 갇혀 있음
갈등의 교착 (진정 단계)	• 협상 당사자들이 더 이상 사용할 협상기술 또는 카드가 없음 • 사회 또는 주위의 지지를 받지 못함
갈등의 점진적 축소 (해소 단계)	• 협상 상대방이 계속 무반응을 보임 • 협상 상대방으로부터 얻을 것이 없거나, 협상 상대방이 너무 완강함

자료원: 강영문(2010), p. 42 이하; 장동운(2009), p. 56 이하; 이선우(2004); Pruitt, D. G./Rubin, J. Z.(1986); 저자에 의해 일부 수정됨.

<표 7-4>는 갈등의 과정과 원인을 보여준다. 단계별로 제시된 원인을 제대로 이해한 후 협상에 임한다면, 협상 상대방과의 갈등이 잘 해결될 수 있을 것이다.

<그림 7-3>은 갈등의 과정을 제시하고 있다. 이 그림에 나타나 있는 바와 같이 갈등은 시작, 증폭, 교착 및 점진적 축소의 단계를 거쳐 해소(해결)에 이르게 된다.

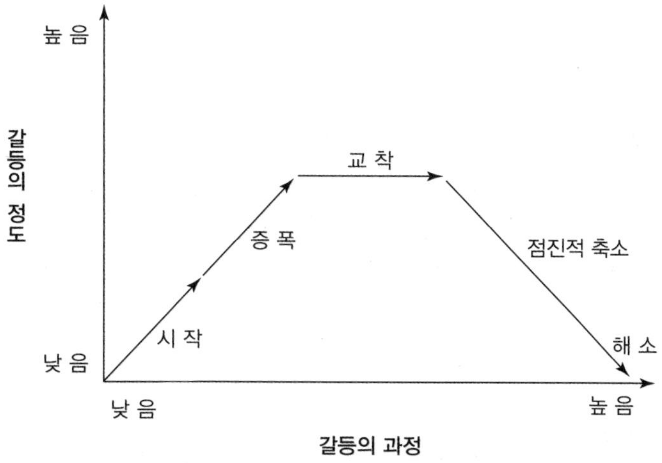

자료원: 강영문(2010), p. 42 재인용; Pruitt, D. G./Rubin, J. Z.(1986); 저자에 의해 일부 수정됨.

▌그림 7-3 갈등의 과정▐

7.3.3 갈등의 해결방법

자동차 유통경로 구성원들 간의 협상 등과 같은 비즈니스협상뿐만 아니라 다양한 분야의 협상에서 나타날 수밖에 없는 갈등은 다음과 같은 세 가지 방법을 통하여 해결될 수 있다.[27]

이해관계 중심적 해결방법(interests-oriented resolution)

이 방법은 협상 당사자들이 상호 호혜적인 관점에서 이해관계를 조정하여 갈등을 해결하는 것이다. 협상 당사자들 간의 이해관계는 쉽게 조정될 수 없는 것이기 때문에, 협상을 통하여 서로가 주고받을 것들이 결정된다. 이 방법은 비용이 적게 들고, 협상결과에 대한 협상 당사자들의 만족도가 높고, 협상 당사자들의 관계에 긍정적인 영향을 미치는 장점을 갖고 있다. 그러나 협상 당사자들의 이해관계가 상황에 따라 변화될 경우, 갈등이 재발될 가능성이 높은 단점을 갖고 있다.

권리 중심적 해결방법(rights-oriented resolution)

이 방법은 어느 협상 당사자의 권리(예를 들면, 사용자의 권리 또는 노동자의 권리)가 더 정당한가를 판단하여 갈등을 해결한다. 즉, 이 방법은 인지된 합법성(legitimacy) 또는 공정성(fairness)을 갖는 독립적 표준에 기초하여 누가 더 정당한가를 판단한다. 이러한 권리는 법 또는 계약에 의해 공식화되거나 사회적으로 수용되는 규범 또는 행동에 의해 부여된다. 이해관계 중심적 해결방법과 권력(힘) 중심적 해결방법의 효율과 비교해 볼 때, 이 방법은 중간 정도의 효율을 보여준다.

---

27 윤홍근/박상현(2010), p. 22 이하; Ury, W. L./Brett, J. M./Goldberg, S. B.(2007), p. 1 이하.

권력(힘) 중심적 해결방법(power-oriented resolution)

이 방법은 강력한 권력(힘)을 갖고 있는 협상 당사자(예를 들면, 강력한 글로벌 경쟁력을 보유한 자동차 기업)가 그 권력에 기초하여 주도적으로 갈등을 해결하는 것을 말한다. 이 방법은 협상자에게 부여된 권력을 통하여 갈등이 신속하게 해결될 수 있기 때문에 갈등이 재발할 가능성이 매우 낮고, 권력을 보유한 협상자가 느끼는 만족도가 매우 높은 장점을 지니고 있다. 그러나 이 방법은 비용이 많이 들고, 상대방이 느끼는 결과에 대한 만족도가 낮으며, 협상 당사자들의 관계에 부정적인 영향을 미치는 단점을 갖고 있다.

갈등을 해결하는 중요한 기준이 되는 권력은 다음과 같은 다섯 가지로 구분될 수 있다.[28] 협상 당사자들이 각각 갖고 있는 다양한 종류의 권력은 협상의 결과에 직접 또는 간접적으로 영향을 미칠 수 있다.

- **보상적 권력**(reward power)

보상을 해 줄 수 있는 자원과 능력에 기초하여 상대방에게 이익(예를 들면, 자동차 기업에 의한 대리점 납품 승인)을 줄 수 있는 권한

- **강압적 권력**(coercive power)

강압적인 힘을 행사(예를 들면, 위협, 처벌, 정신적 압박 등)하여 상대방을 강제적으로 통제하는 권력

- **합법적 권력**(legitimate power)

합법적으로 부여(예를 들면, 협상팀 대표 또는 유통관리자에게 위임된 의사결정권)된 정당한 권력

28 French, Jr., J. R. P./Raven, B.(1959), p. 150 이하.

• 준거적 권력(referent power)

개인의 힘 또는 능력(예를 들면, 협상팀 대표의 카리스마 또는 대인관계 능력)이 상대방에게 영향을 주고 본받게 하는 기준이 될 수 있는 권력

• 전문적 권력(expert power)

기술 또는 전문지식(예를 들면, 유통경로 관련 협상에 참가한 유통전문가의 탁월한 전문지식)에 기초한 권력

<표 7-5>는 갈등의 해결방법과 효율적 해결방안의 판단기준을 제시한다. 협상 당사자들은 이 표에 나타나 있는 세 가지 해결방법의 장점 및 단점을 고려한 후, 그들에게 적합한 해결방법을 선택하여 갈등을 해결하는 것이 바람직하다.

표 7-5 갈등의 해결방법과 효율적 해결방안의 판단기준

해결방법	비 용	결과에 대한 만족도	향후 관계에 미치는 영향	재발 가능성
이해관계 중심적	낮 음	높 음	긍정적	높 음
권리 중심적	중 간	중 간	중 간	중 간
권력(힘) 중심적	높 음	높음(권력보유자) 낮음(상대방)	부정적	낮 음

자료원: 윤홍근/박상현(2010), p. 25; Ury, W. L./Brett, J. M./Goldberg, S. B.(2007), p. 6 이하.

PART 01 자동차 시장에 대한 기본적 이해

CHAPTER 01 자동차 시장의 현황과 특징

CHAPTER 02 자동차 시장에 대한 조사와 세분화

CHAPTER 03 자동차 시장에서의 소비자 행동

↓

PART 02 자동차 마케팅전략에 대한 통합적 접근

CHAPTER 04 자동차 마케팅전략의 개념적 기초

CHAPTER 05 자동차 마케팅 제품전략

CHAPTER 06 자동차 마케팅 가격전략

CHAPTER 07 자동차 마케팅 유통전략

CHAPTER 08 자동차 마케팅 촉진전략

↓

PART 03 자동차 마케팅의 도전과 전망

CHAPTER 09 자동차 마케팅과 글로벌 경쟁력

CHAPTER 10 자동차 마케팅과 친환경 및 자율주행 자동차

Chapter 08

자동차 마케팅 촉진전략

8.1 촉진의 의의와 글로벌 촉진의 고려사항
8.2 자동차 촉진의 수행방법
8.3 자동차 촉진예산의 수립과 촉진효과의 평가

CHAPTER 08 자동차 마케팅 촉진전략

8.1 촉진의 의의와 글로벌 촉진의 고려사항[1]

8.1.1 촉진의 의의

촉진(promotion)은 기업이 생산한 제품 또는 서비스를 국내외 고객들이 구매하도록 유도하기 위하여 자사의 제품 또는 서비스에 대한 정보를 제공하고, 잠재적 또는 실제적 소비자를 설득하여 그들의 생각, 태도 및 행동 등에 영향을 미치려는 목적으로 수행되는 마케팅활동을 말하며, 커뮤니케이션(communication)이라고도 한다. 구체적인 촉진의 수행방법으로는 국내외 고객 또는 청중을 대상으로 하는 광고, 홍보, 인적 판매 및 기타 촉진수단(예를 들면, 판매촉진, 직접 마케팅 및 스폰서십 등)을 들 수 있다(자세한 내용은 8.2 참고).

촉진은 <그림 8-1>에 제시되어 있는 커뮤니케이션의 과정을 거치게 된다. 이러한 커뮤니케이션 과정의 구성요소를 살펴보면 다음과 같다.[2]

---

1 박주홍(2013), p. 296 이하 수정 재인용.

2 반병길/이인세(2008), p. 258 이하; 김주헌(2004), p. 359; Solomon, M. R./Stuart, E.(2003), p. 402 이하.

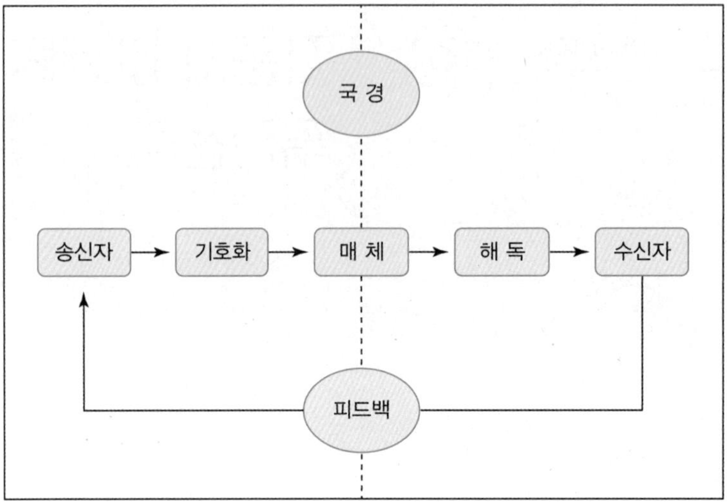

자료원: 박주홍(2013), p. 297; 그림에서 국경으로 표시된 부분은 해외고객에게만 해당됨.

| 그림 8-1 커뮤니케이션의 과정 |

- **송신자(sender)**

메시지를 수신자(국내외 고객)에게 보내는 기업을 의미하며, 커뮤니케이션 과정의 출발점이 된다.

- **기호화(encoding)**

송신자가 전달하고자 하는 메시지를 시각적, 청각적, 언어적 및 비언어적 기호 또는 상징으로 변환하는 것을 말한다(예를 들면, 특정 제품에 대한 광고제작).

- **매 체(media)**

송신자가 전달하려는 기호화된 메시지는 TV, 라디오 등과 같은 전파매체, 신문, 잡지 등과 같은 인쇄매체, 그리고 옥외 광고판, 직접 우송, 구전 등을 통하여 수신자에게 전달된다.

• 해 독(decoding)

송신자가 전달한 기호화된 메시지를 수신자가 해석하는 것을 말한다.

• 수신자(receiver)

기업이 보내는 메시지를 받는 국내외 고객 또는 청중을 의미하며, 이들은 메시지에 반응한다. 이러한 반응은 구매의 형태로 나타나거나 태도의 변화로 나타나기도 한다.

• 피드백(feedback)

수신자의 반응이 송신자에게 전달되는 것을 말한다. 송신자의 메시지가 수신자에 의해 잘못 인지되거나 해석된 경우에는 송신자는 전달한 메시지를 수정 또는 보완하는 피드백을 거쳐 재송신하여야 한다.

8.1.2 글로벌 촉진의 고려사항

글로벌 촉진은 통제가 어렵거나 불가능한 현지국의 환경 속에서 이루어지기 때문에 국내 촉진과는 다른 관점에서 수행되어야 한다. 현지국의 환경요인은 글로벌 촉진의 장벽으로 작용할 수 있으므로 이를 고려하여 촉진전략을 수립할 필요가 있다. 글로벌 촉진전략을 수립할 때 고려하여야 할 요인들을 살펴보면 다음과 같다.[3]

• 언 어

언어는 문화의 차이를 명확하게 확인시켜 주는 가장 대표적인 사회문화적 요인이다. 광고, 홍보 및 인적 판매 등과 같은 촉진활동은 현지국의 음성언어

3 Cundiff, E. W./Hilger, M. T.(1988), p. 405; Perlitz, M.(2004), p. 300 재인용.

또는 비음성언어(예를 들면, 제스처, 표정 및 몸짓 등)에 기초하여 이루어진다.

- 정부의 규제

촉진활동에 대한 정부의 규제는 메시지의 전달을 제한하거나 금지하는 요인으로 작용한다. 특히, 현지국 정부에 의한 광고규제는 매체사용의 규제, 메시지 내용의 규제, 비교광고의 금지, 어린이 대상 광고 및 어린이 모델 광고의 규제 등과 형태로 나타날 수 있다.

- 매체의 이용가능성

국가별 경제발전수준에 따라 매체의 이용가능성은 크게 차이가 날 수 있다. 즉, TV, 라디오, 신문 및 인터넷 등과 같은 국가별 매체의 기술수준 및 보급률에 따라 매체의 이용가능성이 달라질 수 있다.

- 경제적 차이

국가별 경제적 차이는 국민총생산, 1인당 국민소득, 경제성장률 등과 같은 변수를 활용하여 파악될 수 있다. 선진국의 경우 국민총생산 대비 광고비 지출수준은 매우 높으며, 반면에 후진국의 광고비 지출수준은 매우 낮다.

- 현지국의 상업구조

현지국의 상업구조는 상관습, 유통구조 및 시장의 특징 등을 모두 포괄한다. 국가별 상업구조의 차이는 국가별로 서로 다른 촉진을 유발시킬 수 있다.

- 고객의 취향과 행동방식

고객의 취향과 행동방식의 차이는 촉진메시지에 대한 인식의 차이를 발생시킬 수 있다. 즉, 이러한 차이 때문에 같은 내용의 광고메시지가 국가별로 다르게 해석될 수 있다.

• 광고대행사의 이용가능성

이것은 광고제작을 대행해 줄 수 있는 유능한 기관이 현지국에 존재하는가에 대한 문제와 관련되어 있다. 국가별 경제발전수준에 따라 광고대행사의 이용가능성이 달라질 수 있다. 선진국에는 능력과 경쟁력을 갖춘 광고대행사들이 많은 반면, 후진국과 개발도상국에서는 유능한 광고대행사가 거의 발견되지 않을 수도 있다.

8.2 자동차 촉진의 수행방법

8.2.1 광 고

자동차 광고(automobile advertising)는 자동차 기업이 비용을 지불하고 비인적 매체(nonpersonal media)를 통하여 자사의 제품을 국내외 고객에게 널리 알릴 뿐만 아니라, 아울러 그들을 설득하여 구매를 유도하기 위하여 수행하는 마케팅활동이다. 자동차 광고는 다음과 같은 매체광고, 온라인 커뮤니케이션 및 모바일 마케팅 등으로 구분될 수 있다.[4]

(1) 매체광고

자동차 기업은 국내외 고객 또는 표적청중에게 전달할 광고매체(advertising media)를 선정하여야 한다. 이러한 광고매체를 통하여 수행되는 광고를 매체광고(media advertising)라고 한다. 자동차 기업은 제품을 광고하기 위하여 다음과 같은 국내외 매체를 활용할 수 있다.[5]

• **전파매체**

TV(국가별 국영 및 민영 방송사, 위성 TV, 케이블 TV, DMB 등)와 라디오

• **인쇄매체**

신문(국가별 주요 중앙지, 국제적인 신문)과 잡지(경제관련 잡지)

---

4 Diez, W.(2015), p. 300 이하.

5 박주홍(2013), p. 310.

• **전시매체**

포스터, 광고게시판, 광고탑 등

• **인터넷매체**

홈페이지, 배너(banner) 광고, 인터넷 TV 등

• **차량 광고**

버스, 지하철, 택시 등

• **스포츠 광고**

경기장, 경기용 차량, 경기복, 모자 등

• **기타 광고**

극장 광고(예를 들면, 개발도상국), 직접우송광고(카탈로그, 안내서 우송), 진열, 박람회 또는 전시회 등

광고매체의 선정과 관련된 주요 의사결정영역은 매체 간의 선정(예를 들면, 서로 다른 매체 간의 선정), 매체 내의 선정(예를 들면, 같은 종류의 매체 내에서의 선정), 매체믹스(예를 들면, 여러 종류의 매체사용 및 매체별 가중치 부여) 등으로 구분될 수 있다. 자동차 기업은 자사의 광고에 적합한 국내외 광고매체를 선정하기 위해서 다음과 같은 측면들을 고려하여야 한다.[6]

• **매체의 이용가능성**

선진국과 개발도상국 간의 매체의 이용가능성의 차이(예를 들면, 위성 TV, 케이블 TV 보급률의 차이)

---

6 Perlitz, M.(2004), p. 311.

- **매체활용 습관**

국가별 고객의 매체활용 습관의 차이(예를 들면, 신문구독률, TV 시청시간의 차이)

- **매체비용**

TV, 신문, 잡지 등의 광고료 및 광고료에 부과되는 세금의 국가 간 차이를 고려한 매체비용

- **매체규제**

매체사용에 대한 법적인 규제(예를 들면, 특정 국가에서의 국영방송의 상업적 광고금지)

- **매체의 질**

TV 또는 라디오 수신 상태(예를 들면 전파도달 범위), 신문 또는 잡지 등에 사용되는 종이의 질(예를 들면, 컬러 인쇄의 질)

<표 8-1>은 2013년 독일시장에서 활동하는 주요 자동차 기업의 광고비 지출현황을 보여준다. 이 표에 제시된 바와 같이, 자동차 기업의 매체별 광고비 지출규모와 그 비중이 서로 다름을 알 수 있다. Volkswagen은 2013년 총 2억 4,580만 유로를 광고비로 지출하였으며, 이 금액은 다른 경쟁기업이 지출한 2013년 광고비의 거의 1.7~2배 수준에 이른다. 그리고 Mercedes-Benz는 다른 자동차 기업에 비해 신문과 잡지에 상대적으로 더 많은 광고비를 투입한 반면, 다른 경쟁기업들은 TV 광고에 상대적으로 더 많은 광고비를 지출하였다. 최근 들어 이 표에 제시된 바와 같은 광고비 지출규모와 비중은 급격한 변화를 보이고 있으며, 자동차 기업의 매체별 광고비 중에서 인터넷이 차지하는 비중은 대폭적으로 증가하는 추세에 있다.[7]

---

7 https://de.statista.com/statistik/daten/studie/74992/umfrage/werbeausgaben-der-automobilhersteller-in-deutschland/.

● 표 8-1 2013년 독일시장에서 활동하는 주요 자동차 기업의 광고비 지출현황

구 분 (단위: 백만 유로)	Volkswagen	Mercedes-Benz	Renault	Audi	Ford
T V	74.2	27.1	44.9	49.7	49.2
신 문	66.3	37.4	34.4	27.3	24.8
잡 지 (전문잡지 포함)	26.8	35.0	7.0	25.1	17.1
라디오/극장	18.6	21.5	14.6	13.6	14.1
인터넷	37.0	23.3	15.5	22.5	18.8
옥외광고	22.8	1.2	4.4	4.4	5.6
합 계	**245.8**	**145.5**	**120.9**	**142.7**	**129.7**

- 1유로는 약 1,400원(2013년 기준)임.

자료원: Krix, P.(2014), p. 2; Diez, W.(2015), p. 304 재인용.

(2) 온라인 커뮤니케이션

자동차 촉진활동을 위해 국경을 초월하는 인터넷 네트워크를 통한 온라인 커뮤니케이션(on-line communication)이 광범위하게 활용되고 있다. 자동차 기업은 다음과 같은 다양한 온라인 커뮤니케이션의 수단을 통해 고객들에게 접근할 수 있다.

• 홈페이지(homepage)

자동차 기업은 자사의 홈페이지(웹사이트)를 통해 다양한 정보를 고객들에게 제공한다. 특히, 자동차 기업들은 촉진활동을 위하여 그들의 홈페이지에 특정 제품(모델)에 대한 제원, 가격, 옵션 등에 대한 구체적인 정보뿐만 아니라 구매 가능한 장소(예를 들면, 고객과 가까운 대리점) 등을 제시함으로써 고객의 구매와 직결되도록 노력하고 있다.

• 이메일 마케팅(e-mail marketing)

자동차 기업은 잠재적 또는 실제적 고객에게 특정 제품에 대한 정보를 이메일로 발송할 수 있다. 그러나 일방적인 이메일(예를 들면, 스팸메일) 발송은 법적인 문제를 발생시킬 수 있으므로 주의를 기울일 필요가 있다. 이러한 문제를 해결하기 위하여 자동차 기업은 이메일 수신에 동의한 고객들에게만 이메일을 발송하여야 한다.

• 검색엔진 마케팅(search engine marketing)

구글, 네이버, 다음 등과 같은 포털 사이트 검색엔진을 통한 촉진활동은 자동차뿐만 아니라 다른 산업 분야에서도 널리 수행되고 있다. 잠재적 또는 실제적 고객들은 특정 자동차 모델에 대한 정보를 수집하기 위하여 검색엔진에 키워드를 입력한 후 검색결과(예를 들면, 웹사이트, 웹문서, 뉴스, 이미지, 동영상 등)를 확인한다. 검색엔진 마케팅은 포털 사이트에 비용을 지불하여 이러한 검색결과에서 자사의 정보가 빠른 순위로 검색되거나 노출되도록 유도하여 효과적으로 정보를 제공하는 마케팅 기법이다.

• 배너광고(banner)와 틈새광고(interstitials)

– 배너광고: 이것은 홈페이지를 열면 특정 위치에 사각형의 띠 모양으로 보이는 광고를 말한다. 잠재적 또는 실제적 자동차 고객이 이를 클릭하면 해당 자동차 기업이 지정한 사이트로 바로 연결되며, 광고료는 일반적으로 해당 사이트 방문자의 수, 클릭 수 등을 기준으로 결정된다.
– 틈새광고: 이것은 인터넷 사용자가 링크를 클릭한 후에 나타나는 페이지나 광고박스의 형태로 제공되며, 클릭할 수 없게 되어 있다. 이것은 해당 링크의 콘텐츠가 로딩되는 동안 사용자에게 마치 TV의 광고처럼 노출되며, 자동차 광고에도 많이 활용되고 있다.

• **제휴마케팅(affiliate marketing)**

이것은 두 개 이상의 기업이 공동으로 수행하는 촉진활동이다. 이것은 자동차 기업이 자사의 자동차 판매 또는 웹사이트 홍보를 원하는 경우 광고주가 되어 제휴사의 웹사이트에 광고를 노출시켜 광고주 웹사이트 방문자 증가 및 구매유도를 목적으로 수행하는 촉진활동이다. 이를 통하여 자동차 기업은 자사의 제품과 웹사이트를 알릴 수 있으며, 제휴사는 자사의 웹사이트에 자동차 기업의 광고를 노출함으로써 수익(광고료)을 창출할 수 있다.

• **소셜 미디어(social media)**

이것은 온라인상에서 개인들이 자신의 생각과 의견, 경험, 정보 등을 서로 공유하고 상호관계를 형성하거나 이를 확장시킬 수 있는 개방적인 플랫폼을 말한다. 최근에는 소셜 미디어에서 기업들이 활발히 활동하고 있다. 자동차 기업은 소셜 미디어에서 텍스트, 이미지, 동영상 등과 형태로 자동차에 대한 정보를 제공할 수 있다. 대표적인 소셜 미디어는 Facebook, Twitter, YouTube, Instagram, 카카오톡, 각종 포털 사이트의 블로그 등이다.

(3) 모바일 마케팅

모바일 마케팅(mobile marketing)은 모바일 기기(예를 들면, 스마트폰, 태블릿)를 통해 실제적 또는 잠재적 고객을 대상으로 촉진활동뿐만 아니라 다양한 마케팅활동을 수행하는 것이다. 이것은 앞서 설명한 다양한 형태의 온라인 커뮤니케이션과 거의 유사한 기능을 발휘할 수 있다. 자동차 기업은 모바일 마케팅을 위하여 모바일 환경에 적합한 홈페이지를 구축하거나 애플리케이션(application)을 개발하여 고객들의 접근을 지원하고 있다.

<표 8-2>는 2017~2019년 국산차와 수입차의 디지털 광고비를 보여준다. 이 표에 제시된 디지털 광고비는 동영상 광고와 배너광고를 위해 지출한 광고비를 말한다. 이 표에 나타나 있는 바와 같이, 국산차의 디지털 광고비는

정체된 양상을 보이는 반면, 수입차의 디지털 광고비는 높은 성장세를 보이고 있다. 자동차 업종 전체의 관점에서 볼 때, 배너광고에 대한 집행비중이 높으나, 동영상 광고가 점차 증가하는 추세를 보이고 있다.

표 8-2 2017~2019년 국산차와 수입차의 디지털 광고비

연 도	국산차 디지털 광고비		수입차 디지털 광고비	
	금 액	동영상 광고 대 배너광고 비율(%)	금 액	동영상 광고 대 배너광고 비율(%)
2017	278억 원	26:74	316억 원	22:78
2018	291억 원	37:63	419억 원	29:71
2019	293억 원	43:57	581억 원	35:65

자료원: 리서치애드(2020); http://www.mezzomedia.co.kr/data/insight_m_file/ insight_m_file_1281.pdf.

<표 8-3>은 자동차 관련 정보 획득경로를 제시한다. 이 표에 제시된 바와 같이, 응답자 중에서 온라인을 통한 자동차 관련 정보획득이 73%로 나타났으며, 그중에서 25%는 포털 사이트를 통해 정보를 획득하는 것으로 밝혀졌다.

표 8-3 자동차 관련 정보 획득경로

정보 획득경로	비 율(%)	정보 획득경로	비 율(%)
포털 사이트	25	SNS	6
T V	15	주변지인	5
자동차 커뮤니티	13	모터쇼/박람회	3
동영상(YouTube)	11	자동차 앱	2
블로그/카페	8	옥외/대중교통 광고	2
제조사/브랜드 공식 사이트	8	신문/잡지	1

조사대상: 서울, 5대 광역시 거주 만 25~49세 남성 303명 온라인 조사.
조사기간: 2020.02.19.~2020.02.23.
자료원: http://www.mezzomedia.co.kr/data/insight_m_file/insight_m_file_1281.pdf.

8.2.2 홍 보[8]

자동차 홍보(automobile public relations)는 자동차 기업이 활동하고 있는 특정 국가에서 공중집단(예를 들면, 언론매체, 공공기관, 압력단체, 지역사회 등)과 우호적인 관계를 형성함으로써 기업에 대한 관심, 호의 및 신뢰를 갖도록 하는 촉진활동이다. 홍보의 가장 중요한 목표는 자동차 기업이 활동하는 본국과 현지국에서 기업과 공중집단 간의 잠재적 또는 실제적 갈등을 최소화시키고, 기업의 이미지를 향상시키는 것이다. 자동차 기업의 주요 홍보내용을 살펴보면 다음과 같다.

- 기업 및 제품(예를 들면, 신제품 출시)을 소개함.
- 기업의 사회적 책임과 환경보호를 강조함.
- 본국 및 현지국의 경제발전에 공헌함.
- 현지국의 문화를 존중함.
- 기업에 대한 나쁜 이미지(예를 들면, 자동차 불량으로 인한 대규모 리콜) 또는 비방 등에 적극적으로 대처함.

위와 같은 자동차 기업의 홍보내용은 다음과 같은 다양한 홍보활동을 통하여 국내외 고객 및 공중집단에 전달된다.[9]

- **회사 간행물 발행 및 배포**

기업보고서, 사보, 브로슈어, 뉴스레터, 웹진 등

8 박주홍(2013), p. 318 이하 수정 재인용.

9 반병길/이인세(2008), p. 306 이하; Doole, I./Lowe, R.(2004), p. 319.

- 회사 홈페이지 활용

홈페이지를 통한 제품 및 기업소개, 고객관리 등

- 언론매체의 활용

기업 또는 제품(예를 들면, 신차 발표회)과 관련된 뉴스 또는 기사 제공, 기자 회견 등

- 현장방문 초청

공장 또는 시설물 현장방문 초청(기자, 일반대중 또는 공무원 등)

- 로비활동

정치인, 공무원, 언론인 등을 대상으로 한 로비활동

- 사회적 기여 활동

종교시설, 도서관 또는 탁아소 등의 건립, 환경보호 운동, 성금기탁 등

- 인플루언서(influencer)

인플루언서는 소셜 네트워크에서 팔로워와 구독자를 가진 사용자, 그리고 포털 사이트에서 영향력이 큰 블로그를 운영하는 파워블로거 등을 말한다. 잠재적 또는 실제적 자동차 고객들은 인플루언서가 작성한 자동차 시승기, 사용 후기 등을 검색한 후 자동차를 구매하는 경향을 보이고 있으므로 인플루언서를 통한 직접 또는 간접적 자동차 홍보의 중요성이 나날이 증대되고 있다.

- 학술대회 참가

특허 및 연구결과 등의 발표

8.2.3 인적 판매

자동차 인적 판매(automobile personal selling)는 판매인력이 국내외 고객을 직접 대면하여 자동차를 구매하도록 설득하거나 유도하는 촉진활동이다. 자동차 판매인력은 세일즈맨, 영업사원, 판매원 또는 딜러 등과 같은 동의어로 표현되기도 한다. 일반적으로 인적 판매는 고가의 산업재 및 설명이 요구되는 제품 또는 서비스(예를 들면, 보험관련 상품) 등을 판매하기 위한 촉진수단으로 사용된다.[10]

이 방법의 가장 큰 장점은 고객과 판매인력 간의 원활한 커뮤니케이션이 가능하기 때문에 고객이 필요로 하는 정보를 충분히 제공할 수 있다는 것이다. 반면에, 이 방법은 고객을 개별적으로 상대하여야 하기 때문에 커뮤니케이션 비용이 많이 드는 단점을 갖고 있다.

자동차 인적 판매가 성공적으로 이루어지기 위해서는 유능한 판매인력을 선발하고, 교육시키는 것이 무엇보다도 중요하다. 특히, 유능한 판매인력을 선발하기 위해서 자동차 기업 또는 자동차 유통기업은 다음과 같은 기준들을 고려하여야 한다.[11]

- **동기부여**

  자동차 판매증대를 위한 높은 수준의 동기부여

- **가족배경**

  성장환경(예를 들면, 대가족 또는 핵가족)이 사회성 형성에 미치는 영향

- **교육 및 추진력**

  학력, 교육경험 및 업무추진력

---

10 박주홍(2013), p. 313 이하 수정 재인용.

11 Cundiff, E. W./Hilger, M. T.(1988), p. 428 이하; Perlitz, M.(2004), p. 313 수정 재인용.

- **적응력**

  국내외 문화 및 환경에 대한 적응력

- **커리어 계획**

  판매인력 당사자의 능력 향상 및 승진 기회의 증대

- **재정적 측면**

  금전적 동기부여의 정도

자동차의 판매단계는 어프로치, 상담촉진, 클로징 및 고객관리의 단계로 구성되어 있다. 자동차 인적 판매와 관련하여 판매단계별로 요구되는 판매인력의 상담지식은 <표 8-4>에 요약되어 있다.

자동차 판매인력에 대한 동기부여(motivation)는 기업에 채용된 판매인력들의 목표 지향적 행위(예를 들면, 매출액, 판매대수 증대를 위한 판매활동)에 영향을 미치는 심리적 과정을 적절히 이해하고 관리하는 것이다. 자동차 판매인력에 대한 동기부여의 방법은 금전적 또는 비금전적 방법으로 구분할 수 있다.

- **금전적 동기부여**
  - 임금(고정급) 인상
  - 부가급(변동급) 또는 수당의 지급

- **비금전적 동기부여**
  - 승 진
  - 인 정
  - 칭 찬
  - 의사결정 권한의 부여
  - 본사 또는 공장 연수초청, 해외연수 및 휴가제공 등

표 8-4 판매단계별로 요구되는 자동차 판매인력의 상담지식

판매단계	요구되는 상담지식
어프로치 단계	• 시장상황(생산, 판매, 점유율 등) • 사용자 분석(직업, 연간수입, 연령, 구매동기) • 회사 전반 현황과 판매 차종의 역사 • 업계동향(자동차 업계, 고객의 업계)
상담촉진 단계	• 셀링 포인트(성능, 안전성, 경제성, 디자인 등) • 유지비(연료비, 세금, 보험, 수리비 등) • 경쟁차종과 비교우위 포인트 • 경쟁차종의 판매조건과 가격
클로징 단계	• 판매조건(할부조건, 수수료) • 옵션 사양, 튜닝, 개조, 중고차 취급 • 견적서 작성기술 등 • 계약서 약관, 계약서 작성법, 금융상품 • 할부 거래법, 방문 판매법 • 차량보험, 차량등록, 제세공과
고객관리 단계	• 품질보증 규정, 애프터서비스 내용, 사고 또는 고장 시 긴급지원 • 차량취급 요령, 간단한 수리 • 고객 클레임 및 불만처리

자료원: 안병하(2007), p. 323.

8.2.4 기타 촉진수단

(1) 판매촉진

자동차 판매촉진(automobile sales promotion)은 국내외 소비자 또는 중간상을 대상으로 자동차의 신속판매 또는 대량판매를 유도하기 위하여 수행되는 단기적인 인센티브(incentive)를 의미한다. 이것은 최종 소비자를 대상으로 하는 소비자 판매촉진과 중간상을 대상으로 하는 유통업자 판매촉진, 특수한 형태의 판매촉진 등으로 구분된다.[12]

소비자 판매촉진

소비자 판매촉진(consumer sales promotion)은 고객의 구매에 직접적인 영향을 미칠 목적으로 수행된다. 이 방법은 광고에 비해 비용이 저렴하고, 표적 소비자를 직접 선정할 수 있는 장점을 갖고 있다. 그러나 특정 국가의 정부가 이러한 판촉활동을 규제하거나 금지하는 경우도 있으므로 이에 대한 사전 정보수집이 요구된다. 자동차 고객을 대상으로 하는 주요 판촉활동을 살펴보면 다음과 같다.

- **할 인**

  특정 자동차 모델을 구매할 때 특정 비율만큼 가격을 할인해 줌.

- **경품권**

  자동차를 구매할 경우 경품추첨을 통해 상품 또는 상금을 지급함.

12 Kotabe, M./Helsen, K.(2011), p. 449; 이장로(2003), p. 412 이하.

• **판촉물**

자동차를 구매할 경우 무료 또는 저렴한 가격으로 판촉물(예를 들면, 골프백, 보스턴백 등)을 제공함.

• **세 일**

일정기간 동안 특정 자동차 모델에 대하여 특정 비율만큼 가격을 할인해 줌.

• **재구매 할인 및 중고차 보상**

재구매인 경우 특정 비율만큼 가격을 할인해 주며, 고객에게 유리한 중고차 보상을 함.

• **추가적 애프트서비스**

기본적으로 제공하는 제품 또는 품질보증 이외의 추가적 애프트서비스(예를 들면, 엔진오일, 와이퍼, 에어컨 필터 무상교환 등)를 제공함.

• **시승 차량의 제공**

시승을 통하여 고객이 관심을 둔 차량을 체험하도록 지원함.

유통업자 판매촉진

유통업자 판매촉진(dealer sales promotion)은 국내외의 독립적인 중간상 또는 유통업자를 대상으로 실시하는 촉진활동이다. 유통업자는 소비자와는 달리 대량으로 자동차를 구매하기 때문에, 유통업자를 대상으로 하는 판매촉진은 자동차 기업의 매출증대에 큰 영향을 미칠 수 있다. 자동차 유통업자 판매촉진을 위한 주요 수단은 다음과 같다.

• 수량할인

유통업자가 대량으로 구매할 경우 자동차 공급가격을 할인해 줌.

• 판촉물

제조업체명 또는 브랜드명이 부착된 판촉물을 무료로 제공함.

• 판매원 파견

유통업자의 매장에 제조업체의 직원을 파견하여 판매활동을 지원함.

• 협동광고

유통업자가 자동차를 광고해 주는 대가로 자동차 회사가 구매대금 일부를 공제해 줌.

특수한 형태의 판매촉진

자동차 기업은 앞서 살펴본 판매촉진 이외에 국제전시회(international exhibition) 또는 박람회(exposition) 등과 같은 특수한 형태의 판매촉진수단을 사용할 수 있다. 자동차 기업들이 참여하는 대표적인 국제전시회는 프랑크푸르트, 제네바, 디트로이트, 로스엔젤레스, 서울, 베이징, 상하이, 토쿄 등지에서 개최된다.

국제전시회의 장단점은 다음과 같이 요약될 수 있다.

• 국제전시회의 장점

– 잠재적 또는 실제적 고객과 직접적인 접촉과 상담을 할 수 있다.
– 단기간에 걸쳐 신차 소개와 기업 홍보를 할 수 있다.
– 신차와 콘셉트카의 개발동향 및 경쟁기업의 동향을 파악할 수 있다.

- 국제전시회의 단점
  - 참가비용이 많이 든다.
  - 전시회 준비가 미흡할 경우 성과를 기대하기 어렵다.
  - 전 세계적으로 여러 도시에서 개최되는 자동차 전시회가 있지만, 비용문제로 모두 참가하기 어려울 수 있다.

(2) 직접마케팅

직접마케팅(direct marketing)은 자동차 기업이 고객과 직접 접촉하고 1대 1의 관계를 구축하는 다양한 형태의 상호작용 마케팅(interactive marketing)을 포괄한다.[13] 이러한 형태의 촉진활동은 인터넷의 보급, 신용카드의 사용, 무료 전화 및 라이프스타일의 변화 등으로 인하여 급속도로 증대되고 있다. 대표적인 직접마케팅의 방법을 제시하면 다음과 같다.

- 다이렉트 메일(direct mail)

고객에게 우편(예를 들면, 전단지, 카탈로그 등), 이메일, 문자메시지 등을 발송하여 자동차를 소개한 후 구매를 유도함.

- 텔레마케팅(telemarketing)

전화(예를 들면, 콜센터)를 이용하여 고객에게 자동차를 소개하거나 주문을 받아 판매함.

- 인터넷 판매

인터넷 판매 사이트 통하여 고객에게 자동차를 판매함.

---

13 Kotabe, M./Helsen, K.(2011), p. 451; Keegan, W. J.(2002), p. 435 이하.

(3) 스폰서십[14]

스폰서십(sponsorship)은 기업이 이벤트(예를 들면, 스포츠 경기, 모터스포츠 경기, 음악회), 활동(예를 들면, 구호 또는 봉사활동) 및 개인(예를 들면, 스포츠 선수, 탐험가 또는 등산가) 등을 위하여 자금, 자원 또는 기타 지원을 제공하는 것이다.[15] 올림픽과 월드컵 등과 같은 국제 스포츠 경기, 그리고 포뮬러 원, 세계 랠리 선수권 대회, 르망 24시간 레이스 등과 같은 국제 모터스포츠 경기는 선수, 관중, 매체, 시청자 및 스폰서 기업 등이 결합되어 높은 촉진효과를 발생시킬 수 있으므로 이에 대한 자동차 기업의 관심과 투자가 증대되고 있다.

스폰서 기업은 국제 스포츠 경기 후원의 대가로 전 세계의 수많은 잠재적 또는 실제적 고객에게 자사의 브랜드, 로고 또는 광고메시지 등을 노출시켜 기업, 제품 또는 브랜드 이미지를 향상시킬 수 있다. 스폰서십은 다음과 같은 두 가지 기능을 통하여 기업, 제품 또는 브랜드 이미지를 향상시킬 수 있다.

- 매체 기능

각종 행사의 후원을 통하여 표적청중에게 접근함.

- 메시지전달 기능

다양한 형태의 스폰서십에 따른 각각의 스폰서 활동이 지니고 있는 메시지가 기업, 제품 및 브랜드 등의 이미지로 연결됨.

자동차 기업이 콘서트, 공연예술 및 스포츠 행사 등과 같은 스폰서십을 통하여 얻을 수 있는 효과를 살펴보면 다음과 같다.[16]

---

14 박주홍(2013), p. 320 이하 수정 재인용.

15 Doole, I./Lowe, R.(2004), p. 317.

16 전게서.

- 브랜드 노출과 홍보
- 고객 및 종업원을 위한 엔터테인먼트 제공
- 브랜드 포지셔닝을 강화할 수 있는 브랜드와 이벤트의 결합(예를 들면, BMW의 클래식 콘서트 후원 등)
- 지역사회 관련 프로젝트의 지원을 통한 지역사회와의 관계 개선
- 브랜드 촉진 기회의 창출(예를 들면, 브랜드 로고가 새겨진 티셔츠, 컵 등과 같은 기념품을 제공함)

(4) 간접광고

자동차 간접광고(automobile product placement, PPL이라고 함)는 특정 자동차 모델을 영화, 드라마 및 방송의 주요 장면에 배치하여 관객 또는 시청자들에게 그 제품의 이미지를 자연스럽게 노출시키고, 그에 대한 대가로 광고주(자동차 기업)가 제작사(영화사, 방송사 등)에게 약정된 대금을 지불하는 상호 호혜적인 광고를 의미한다. 국가에 따라 간접광고를 규제하거나 금지하는 경우도 있으므로 이에 대한 사전 정보수집이 요구된다. 자동차 간접광고의 효과를 높이기 위하여 다음과 같은 측면들이 중요하게 고려되어야 한다.

- 영화, 드라마 및 방송의 장면에 자동차를 자연스럽게 노출시켜 관객 또는 시청자의 거부감을 줄이는 것이 중요하다. 과도한 제품 노출이 관객 또는 시청자들의 거부감을 유발할 수 있으므로 주의할 필요가 있다.
- 등장인물의 캐릭터와 특정 자동차 모델의 이미지가 잘 연결되어야 한다.
- 간접광고는 긍정적인 브랜드 이미지를 구축하여야 한다. 예를 들면, 범죄 또는 폭력적인 장면에 특정 자동차가 노출되는 경우 역효과가 발생할 수 있다.
- 주요 목표청중(관객 또는 시청자)의 성향을 파악하여 간접광고를 하는 경우, 광고효과가 증대될 수 있다. 예를 들면, 청년층이 주로 시청하는 드라마인 경우, 대형 자동차보다 중소형 자동차를 노출시키는 것이 바람직할 수 있다.

8.3 자동차 촉진예산의 수립과 촉진효과의 평가

8.3.1 촉진예산의 수립

자동차 촉진예산(promotion budget)은 자동차 기업이 수행하려는 다양한 커뮤니케이션 수단의 활용과 관련된 예산을 의미하며, 커뮤니케이션 예산(communication budget)이라고도 한다. 기업 전체의 관점에서 볼 때, 촉진예산은 마케팅예산의 일부를 구성하며, 마케팅예산은 기업 전체 예산의 일부를 포함한다. 자동차 촉진예산은 앞서 논의한 광고, 홍보, 인적 판매 및 기타 촉진수단에 투입하는 예산으로 구분될 수 있다. 특히, 자동차 촉진예산 중에서 광고예산이 차지하는 비율이 높은 편에 속하기 때문에 아래에서는 광고예산에 대하여 보다 구체적으로 살펴보기로 한다.

자동차 기업은 광고목표를 설정한 후 광고할 제품에 대한 광고예산(advertising budget)을 결정하여야 한다. 자동차 마케팅관리자는 광고비 지출규모, 광고예산의 결정방법 및 국가별 광고예산의 배분방법 등을 고려하여 광고예산을 결정하는 것이 바람직하다. 대표적인 광고예산의 결정방법을 살펴보면 다음과 같다.[17]

(1) 가용자원법

가용자원법(affordable method)은 자동차 기업의 재무적 상황에 따라 광고에 할당될 수 있는 금액만큼 광고예산을 책정하는 방법이다. 이 방법은 광고비 지출시점의 재무적 상황만을 고려하기 때문에 광고예산이 지나치게 적거나 또는 지나치게 많게 책정될 수 있다. 그러므로 이 방법은 시장상황과 경쟁기업을 고

---

17 Kotabe, M./Helsen, K.(2011), p. 431 이하; 반병길/이인세(2008), p. 285 이하; 이장로(2003), p. 408 이하; Terpstra, V./Sarathy, R.(1994), p. 479 이하; 박주홍(2013), p. 303 재인용.

려하지 않고 광고예산을 책정하기 때문에 장기적으로 볼 때 광고의 효율성이 떨어질 수 있다.

(2) 매출액비율법

자동차 기업의 전년도의 매출액 또는 당해연도의 예상 매출액의 일정비율을 광고예산으로 책정하는 것을 매출액비율법(percentage of sales method)이라고 한다. 이 방법의 장점으로는 광고예산이 매우 간편하게 책정될 수 있고, 재정적 부담이 일정하거나 적다는 것을 들 수 있다. 그러나 이 방법은 경쟁업체의 광고예산을 전혀 고려하지 않기 때문에 광고활동에서의 전략적 유동성을 확보하기 어려울 뿐만 아니라, 매출액의 일정비율에 따라 시장별로 광고예산이 책정되기 때문에 지역별 또는 국가별로 광고비를 차별적으로 지출하기 어려운 단점을 갖고 있다.

(3) 경쟁자기준법

경쟁자기준법(competitive parity method)은 경쟁업체의 자동차 광고비 지출수준에 맞추어 광고예산을 책정하는 것을 말한다. 이 방법은 비교적 쉽게 광고예산을 책정할 수 있고, 자동차 업계의 평균적인 광고비 지출수준을 유지함으로써 소모적인 광고경쟁을 방지할 수 있는 장점을 갖고 있다. 그러나 이 방법은 경쟁업체의 자동차 광고예산이 반드시 자사에 적절하다고 판단할 수 있는 근거가 될 수 없을 뿐만 아니라, 해외시장별로 서로 다른 광고 여건을 고려하여 광고예산을 투입할 수 없는 단점을 갖고 있다.

(4) 목표과업법

자동차 기업이 광고의 목표에 따라 구체적인 과업을 설정한 후 각 과업의 달성에 필요한 광고비용을 모두 합산하여 광고예산을 책정하는 것을 목표과업법(objective-and-task method)이라고 한다. 이 방법은 가장 널리 사용될 뿐만 아니라, 논리적 타당성도 매우 높다. 그러나 현지 시장환경에 대한 지식이 부족한 경우에는 과업이 구체적으로 설정되지 않을 수도 있다.

8.3.2 촉진효과의 평가

촉진효과(promotion effect)는 다양한 촉진수단의 실행을 위해 투입된 인적 및 물적 자원이 효과적이고 효율적으로 사용되었는가에 대한 문제를 다루며, 이것은 커뮤니케이션 효과(communication effect)라고도 한다. 아래에서는 촉진효과 중에서 가장 대표적인 것으로 간주할 수 있는 광고효과에 대하여 간략히 살펴보기로 한다. 아래에서 논의하려는 광고효과는 자동차 기업뿐만 아니라 다른 산업 분야에도 적용될 수 있다.

광고효과(advertising effect)는 광고메시지가 국내외 고객에게 전달되어 어떤 반응이 나타났는가에 대한 것이며, 이것을 평가하기 위해서는 커뮤니케이션 효과와 판매효과가 측정되어야 한다.

(1) 커뮤니케이션 효과

커뮤니케이션 효과는 고객에게 광고메시지가 효과적으로 전달되었는가를 다루며, 이러한 효과를 측정하는 것을 문안테스트(copy test)라고 한다. 이것을 측정하기 위해서는 사전테스트와 사후테스트가 사용된다.[18]

18 반병길/이인세(2008), p. 287 이하; Solomon, M. R./Stuart, E.(2003), p. 443; 박주홍(2013), p. 310 이하 수정 재인용.

• 사전테스트(pretest)

이것은 광고를 시작하기 전에 여러 가지 광고대안 중에서 효과적인 것을 선정하는 것을 말하며, 미래의 실수를 사전에 방지하기 위한 목적으로 수행된다.

- 직접평가(direct rating): 소비자 패널에게 광고를 노출시켜 평가함.
- 포트폴리오테스트(portfolio test): 소비자들에게 여러 가지의 광고에 노출시킨 후 기억에 남는 광고를 선택하게 함.
- 실험법(laboratory test): 광고에 대한 심리적 반응(예를 들면, 혈압, 맥박의 수, 안구의 움직임, 긴장도 등)을 실험을 통하여 측정함.

• 사후테스트(posttest)

이것은 광고를 시행한 후 그 효과를 측정하는 것을 의미하며, 광고의 피드백을 통한 광고개선을 목적으로 수행된다.

- 상기테스트(recall test): 특정 광고에 노출된 소비자가 그 광고를 기억하고 있는 정도를 측정함.
- 의견조사법(opinion test): 몇 개의 광고를 광고매체를 통하여 소비자에게 노출시킨 후 특정 평가기준에 따라 순위를 매기게 함(예를 들면, 재미있는 광고, 믿을 만한 광고 등).
- 매체 과잉효과(media overspill effect): 위성 TV, 국제적인 잡지 및 신문 등을 광고매체로 활용한 경우에 국경초월적인 광고효과가 나타남.
- 광고의 이월효과(carryover effect): 과거 또는 현재에 이루어진 광고가 누적되어 현재 또는 미래의 매출액에 영향을 미치는 효과를 의미함.

(2) 판매효과

판매효과의 측정은 사후테스트의 일환으로 이루어진다. 이것은 광고로 인한 매출액의 증대효과를 측정하는 것을 말한다. 일반적으로 매출액은 다른 마케팅

요인의 영향을 많이 받기 때문에 광고에만 근거하여 판매효과를 측정하는 것은 매우 어렵다. 판매효과는 광고비-매출액 비교법(광고비 투입 전후의 매출액 비교)과 시장실험법(몇 개의 실험 지역들을 대상으로 광고비와 매출액의 상관관계 분석) 등을 통하여 어느 정도 측정될 수 있다.

PART

03

자동차 마케팅의 도전과 전망

제3부에서는 자동차 마케팅의 도전과 전망에 대하여 논의한다. 여기에서는 자동차 마케팅의 관점에서 글로벌 경쟁력, 친환경 및 자율주행 자동차에 대하여 검토한다. 제9장에서는 자동차 마케팅과 글로벌 경쟁력에 대하여 논의한다. 여기에서는 자동차 마케팅의 관점에서 글로벌 경쟁력, 글로벌 경쟁력 분석 및 글로벌 윤리경영에 대하여 구체적으로 설명한다. 마지막으로, 제10장에서는 자동차 마케팅과 친환경 및 자율주행 자동차에 대하여 논의한다.

PART 01 자동차 시장에 대한 기본적 이해

CHAPTER 01 자동차 시장의 현황과 특징

CHAPTER 02 자동차 시장에 대한 조사와 세분화

CHAPTER 03 자동차 시장에서의 소비자 행동

↓

PART 02 자동차 마케팅전략에 대한 통합적 접근

CHAPTER 04 자동차 마케팅전략의 개념적 기초

CHAPTER 05 자동차 마케팅 제품전략

CHAPTER 06 자동차 마케팅 가격전략

CHAPTER 07 자동차 마케팅 유통전략

CHAPTER 08 자동차 마케팅 촉진전략

↓

PART 03 자동차 마케팅의 도전과 전망

CHAPTER 09 자동차 마케팅과 글로벌 경쟁력

CHAPTER 10 자동차 마케팅과 친환경 및 자율주행 자동차

Chapter 09

자동차 마케팅과 글로벌 경쟁력

CHAPTER 09 자동차 마케팅과 글로벌 경쟁력

9.1 자동차 마케팅과 글로벌 경쟁력[1]

9.1.1 글로벌 경쟁력과 경쟁전략의 의의

(1) 글로벌 경쟁력의 의의

글로벌 경쟁력(global competitiveness)은 '기업의 글로벌화, 경쟁 및 경쟁정도'를 의미하는 세 가지 용어를 함축하고 있다. 기업의 글로벌화(globalization of company)는 국경초월적인 기업활동을 전제로 하며, 이것은 기업이 전 세계적으로 성장·발전하는 것을 의미한다. 만일 어떤 자동차 기업이 수출, 라이선싱, 해외지점(예를 들면, 유통기업) 또는 지사 설립, 해외 자회사 설립 등과 같은 활동 중에서 최소한 한 가지 이상을 실행한다면, 그 기업은 글로벌화와 관련이 있는 것으로 판단할 수 있다.

글로벌 경쟁력을 설명하기 위한 두 번째 용어인 경쟁(competition)은 적대적

1 박주홍(2020a), p. 41 이하 수정 재인용.

인 행동을 취하는 최소한 두 개의 공급자 또는 수요자를 갖는 시장의 존재를 전제로 한다.[2] 여기에서는 경쟁을 "보다 많은 성과 또는 이윤을 획득하기 위하여 동종 제품 또는 서비스를 생산하는 둘 이상의 기업이 시장에서 서로 겨루는 행동 또는 행위"로 정의하고자 한다.[3] 따라서 자동차 기업의 글로벌 경쟁(global competition)은 "자동차 기업의 국경초월적인 경영활동을 통하여 나타나는 전 세계적인 경쟁"을 의미한다.

마지막으로, 글로벌 경쟁력을 설명하기 위한 세 번째 용어인 경쟁정도(degree of competition)는 어떤 특정 국가시장에서의 경쟁에서 이길 수 있거나 견딜 수 있는 힘을 의미한다. 어떤 글로벌 기업의 경쟁정도 또는 힘이 경쟁기업보다 약한 경우에는 경쟁열위(competitive disadvantage)라고 하며, 경쟁기업보다 강한 경우에는 경쟁우위(competitive advantage)라고 한다. 그러므로 여기에서는 자동차 기업의 글로벌 경쟁력을 "어떤 자동차 기업이 경쟁기업과 비교하여 어떤 국가 또는 지역에서의 국경초월적인 경영활동을 통하여 전 세계적으로 달성할 수 있는 경쟁우위의 정도"로 정의하고자 한다.[4]

(2) 글로벌 경쟁전략의 의의

글로벌 경쟁전략(global competitive strategy)은 글로벌 기업이 전 세계적으로 경쟁우위를 확보하기 위하여 수립하는 전략을 말한다. 이 전략의 목표는 광범위한 글로벌 시장과 다양한 현지시장을 동시에 고려하면서 글로벌 기업이 필요로 하는 경쟁우위를 추구하는 데 있다. *스펄버*(Spulber)는 글로벌 경쟁우위의 확보와 관련된 다음과 같은 5개의 핵심적인 글로벌 경쟁전략을 제시하고 있으며, 이것을 G5 전략(G5 strategies)이라고 한다.[5]

---

2 Schmidt, I.(1981), p. 2.

3 박주홍(2007), p. 35 이하; 박주홍(1997), p. 256.

4 전게논문.

5 Spulber, D. F.(2007), p. 91 이하.

• **글로벌 플랫폼전략(global platform strategy)**

이 전략은 규모와 다양성에 중점을 두고 있다. 예를 들면, 닛산과 르노는 원가절감, 제품혁신 및 마케팅 효익 등을 목표로 플랫폼을 공유하고 있다. 즉, 이들 두 기업은 플랫폼의 공유를 통하여 글로벌 규모의 경제(예를 들면, 대량생산을 통한 원가절감)와 범위의 경제(예를 들면, 국가 또는 지역 간 지식의 공유를 통한 효율증대)를 동시에 달성할 수 있다.

• **글로벌 네트워크전략(global network strategy)**

이 전략은 글로벌 관점에서 비교우위의 조정을 추구한다. 이 전략에서는 수요자와의 글로벌 네트워크와 공급자와의 글로벌 네트워크를 통하여 거래의 경제성 또는 효율성이 증대될 수 있다. 이 전략은 자동차 기업의 글로벌 생산과 관련되어 있다.

• **글로벌 중개자전략(global intermediary strategy)**

이 전략은 중개와 시장조성을 목표로 한다. 특히, 글로벌 판매기업 또는 전자상거래 기업(예를 들면, eBay, Amazon.com 등) 등이 이러한 경쟁전략을 추구하고 있다. 실제적으로 볼 때, 자동차 유통만을 담당하기 위해 글로벌 중개자전략을 수행하는 유통기업은 거의 없다고 볼 수 있다.

• **글로벌 기업가전략(global entrepreneur strategy)**

이 전략의 목적은 기업가 정신에 근거하여 글로벌 기업이 새로운 조합들(combinations)과 사업들(businesses)을 창출하는 데 있다. 이러한 목적을 달성하기 위하여 글로벌 기업가는 글로벌 제품혁신 및 공정혁신 등을 통한 경쟁우위, 그리고 전 세계 수많은 국가의 장점 또는 이점을 효과적으로 활용하는 재정거

래(arbitrage) 등을 추구할 수 있다.[6]

• **글로벌 투자전략(global investment strategy)**

이 전략의 목표는 글로벌 기업에게 가장 유리한 국가를 선택하여 투자하는 것이다. 글로벌 자동차 기업은 현지국의 입지우위와 내부화우위(본사와 자회사, 자회사와 자회사 간의 내부거래를 통해 창출되는 이점) 등을 고려하여 투자에 대한 의사결정을 할 필요가 있다.

9.1.2 자동차의 글로벌 경쟁력에 영향을 미치는 마케팅 요인

자동차의 글로벌 경쟁력에 영향을 미치는 주요 마케팅 요인을 간략히 살펴보면 다음과 같다.[7]

• **자동차에 대한 종합적 이해를 기초로 한 제품개발**

자동차는 혁신적 기술에 기초한 신뢰성, 일상성을 겸비한 스포츠 특성, 낮은 연비와 환경친화적인 운행능력, 저렴한 신차가격으로 제공되는 안락성 등과 같은 다양한 측면들이 종합적으로 고려되어야 하는 제품의 특성을 갖는다. 그러므로 자동차 기업이 이와 같은 종합적 이해를 바탕으로 제품을 개발한다면, 글로벌 경쟁력을 유지하는 데 도움이 될 수 있다.

---

6 재정거래(또는 차익거래)는 글로벌 재무관리에서 주로 사용하는 용어이다. 예를 들면, 이것은 서로 다른 외환시장에서의 상대적인 환율 차이에 근거하여 어떤 통화의 매입과 매도를 통하여 이윤을 추구하는 행위를 의미한다. 글로벌 자동차 기업이 전 세계적인 관점에서 국가별 비교를 통하여 가장 유리한 조건을 갖춘 공급자를 선택하거나 교체하는 행위는 재정거래에 해당된다.

7 Diez, W.(2015), p. 448 이하.

• 모델 프로그램과 모델 수명주기

자동차 모델 프로그램은 차급별 세분시장을 결정하는 수직적 세분화, 그리고 동일 차급 내 서로 다른 모델들을 제공하는 수평적 세분화를 통하여 구축될 수 있다(제2장, 2.2.3 및 <그림 2-3> 참고>). 또한, 모델 수명주기는 신차의 개발주기와 관련되어 있다. 어떤 자동차 기업이 글로벌 경쟁력을 강화하기 위해서는 모델 프로그램과 모델 수명주기에서 경쟁우위를 확보하여야 한다.

• 고객관계관리와 서비스 제공

자동차 기업은 잠재적 고객들을 자신의 고객으로 만들고, 실제적 고객의 충성도를 지속적으로 유지하기 위해 효율적 고객관계관리를 해야 할 뿐만 아니라, 다양한 서비스(예를 들면, 애프트서비스)를 제공함으로써 고객의 만족도를 높일 수 있다.

• 브랜드 이미지

이것은 자동차 기업의 글로벌 경쟁력을 강화할 수 있는 가장 중요한 영향요인의 하나이다(제5장, 5.4 참고). 제품의 탁월성으로 유지되는 브랜드 이미지는 제품에 대한 고객의 브랜드 충성도를 강화하는 중요한 수단이 될 수 있다.

• 전략적 성공요인으로서의 마케팅

자동차의 글로벌 경쟁력을 높이기 위한 전략적 성공요인으로서의 마케팅의 중요성이 강조되고 있다. <표 9-1>은 글로벌 자동차 산업의 중점투자대상과 관련된 설문결과를 제시한다. 이 표에 나타나 있는 바와 같이, '마케팅/브랜드 관리'가 글로벌 경쟁력 강화를 매우 중요한 중점투자대상으로 밝혀졌다. 넓은 의미에서 볼 때, 가장 중요한 중점투자대상으로 확인된 '모듈/플랫폼 전략'은 제품과 관련되어 있으므로 마케팅의 영역에 포함된다고 볼 수 있다.

표 9-1 글로벌 자동차 산업의 중점투자대상

중점투자대상	비 율(%)
모듈/플랫폼 전략	88
경량 소재	85
마케팅/브랜드 관리	83
신공장 건립	83
안전의 향상	78
로지스틱스 및 유통	75
연결성 및 인포테인먼트	75
고객의 전자기기 인터페이스(공유)	75
전기 자동차를 위한 파워 일렉트로닉스	72
배터리 기술	68
전기 모터 생산	65
연료전지 기술	58
혁신적 비즈니스 모델	52

- 독일의 경영컨설팅 기업인 KPMG가 2013년 전 세계 자동차 기업에 근무하는 200명의 최고경영층을 대상으로 전화 인터뷰한 결과임.

자료원: KPMG(2014); Diez, W.(2015) p. 452 재인용.

9.2 자동차 마케팅과 글로벌 경쟁력 분석

9.2.1 산업차원의 글로벌 경쟁력 분석

(1) 다이아몬드 이론

포터(Porter)는 글로벌 경쟁력을 통합적으로 고찰하기 위하여 10개국 110여 개의 산업에 대한 분석을 시도하였다.[8] 그에 의하면, 어떤 국가의 특정 산업의 글로벌 경쟁력은 <그림 9-1>에 제시되어 있는 4개의 주요 요소와 2개의 부속 요소(기회 및 정부)에 의하여 결정된다. 이 그림에 나타나 있는 바와 같이, 4개의 주요 요소가 연결된 모양이 다이아몬드를 연상시키기 때문에 다이아몬드 이론(국가경쟁이론이라고도 함)이라고 한다.

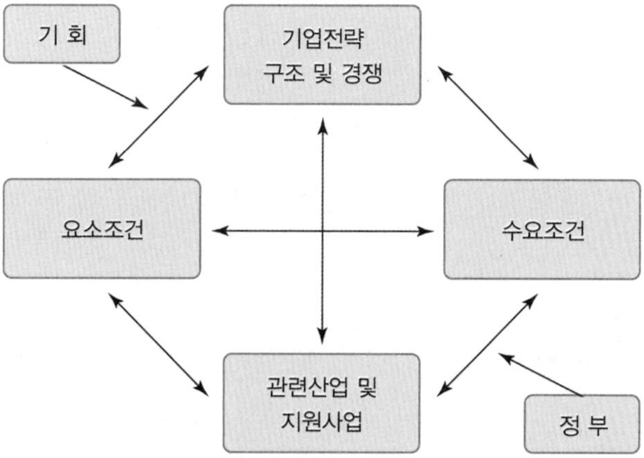

자료원: Porter, M. E.(1990), p. 127.

❙ 그림 9-1 *포터*(Porter)의 다이아몬드 모델 ❙

8 Porter, M. E.(1990).

4개의 주요 요소와 2개의 부속 요소는 다음과 같다.

- **요소조건(factor conditions)**

인적 및 물적 자원, 지적 자원, 자본 및 사회간접자본 등이 포함된다.

- **수요조건(demand conditions)**

국내 구매자의 구성, 국내시장의 규모와 성장단계, 국제시장수요의 보편성(예를 들면, 국내제품에 대한 해외 구매자의 높은 선호도) 등이 포함된다.

- **관련산업 및 지원산업(related and supporting industries)**

상호 보완적 또는 협력적인 산업, 산업클러스터의 존재 등이 포함된다.

- **기업전략, 구조 및 경쟁(firm strategy, structure, and rivalry)**

경영자의 행동양식, 의사결정방식, 기업의 조직구조, 국내 경쟁상황(예를 들면, 경쟁기업의 수, 경쟁강도 등) 등이 포함된다.

- **기 회(chance)**

우연적 발견, 원재료 가격과 환율에서의 큰 변동, 특정 제품에 대한 수요의 극단적인 변동, 외국 정부의 정치적 의사결정, 전쟁 등이 포함된다.

- **정 부(government)**

정부의 정책(예를 들면, 지원금 및 보조금의 지급, 금융혜택 등), 정부의 경제개발계획 등이 포함된다.

어떤 국가의 자동차 산업이 글로벌 경쟁력을 갖기 위해서는 무엇보다도 다이아몬드 모델을 구성하고 4개의 주요 요소가 상호 유기적으로 작용하여야 한다. 4개의 주요 요소 중에서 어느 하나의 요소에서 문제가 발생한다면 자동차 산업의 글로벌 경쟁력은 약화될 것이다. 또한, 하나 또는 두 개의 주요 요소에 기초하여 자동차 산업의 글로벌 경쟁력이 유지되고 있다면, 단기적으로는 글로벌 경쟁력이 약화되지 않을 수도 있으나 장기적으로는 글로벌 경쟁력이 크게 약화될 수 있다.

*포터*의 다이아몬드 이론은 어떤 국가의 특정 산업에 대한 글로벌 경쟁력의 역동성을 잘 설명하고 있다. 그러나 이 이론은 특정 산업의 글로벌 경쟁력에 대한 의사결정모델이 아닌 설명모델의 성격을 가지고 있기 때문에, 어떤 국가의 특정 산업에 대한 글로벌 경쟁전략을 수립하는 데 있어서 한계가 따른다. 또한, *포터*는 특정 산업의 글로벌 경쟁력을 강화하기 위하여 주요 요소들 간의 상호 긍정적인 지원의 중요성을 강조하고 있지만, 그의 이론에서는 주요 요소들 간의 관련성이 명확하게 설명되거나 분석되지 않았다.

(2) 산업경쟁력 분석모델

어떤 산업 내의 경쟁력을 분석하기 위하여 *포터*는 기존기업 간의 경쟁, 잠재적 진출기업의 위협, 공급자의 교섭력, 구매자의 교섭력 및 대체품의 위협 등과 같은 5개의 경쟁요인(competitive factors)을 제시하였다.[9] <그림 9-2>에 제시된 바와 같이, 이들 5개의 경쟁요인 중에서 잠재적 진출기업의 위협, 기존기업 간의 경쟁 및 대체품의 위협 등과 같은 3개의 경쟁요인은 '경쟁(competition)'과 연관되어 있다. 반면에 공급자의 교섭력과 구매자의 교섭력 등과 같은 2개의 경쟁요인은 '협력(cooperation)'과 관련되어 있다. 이러한 경쟁요인의 구체적인 의미는 다음과 같이 요약될 수 있다.

9 Porter, M. E.(1980).

• 기존기업 간의 경쟁(rivalry among competitors)

이것은 어떤 산업 내에서 이루어지고 있는, 그리고 시장에 참여하는 모든 기업 간의 경쟁을 의미한다.

• 잠재적 진출기업의 위협(threat of potential entrants)

이것은 미래의 어느 시점에 어떤 새로운 경쟁기업이 시장에 참여하는 경우에 나타날 수 있는 위협을 말한다.

• 공급자의 교섭력(bargaining power of suppliers)

이것은 최종조립기업의 제조원가에 영향을 미칠 수 있는 부품 또는 원재료 공급업체의 판매가격(공급가격)에 대한 교섭력을 뜻한다. 예를 들면, 완성차를 제조하는 어떤 최종조립업체(자동차 회사)에 부품 또는 원재료를 납품하는 공급업체(부품업체)의 판매가격에 대한 교섭력이 크다면, 최종조립업체의 경쟁상황은 악화될 수 있다. 반면에 공급업체의 판매가격에 대한 교섭력이 작다면, 최종조립업체의 경쟁상황은 개선될 수 있다.

• 구매자의 교섭력(bargaining power of buyers)

이것은 구매자 또는 소비자가 행사하는 최종제품에 대한 가격교섭력을 의미한다. 즉, 어떤 제품에 대한 구매자의 가격교섭력이 크다면, 이것은 제조업체의 경쟁상황에 불리하게 작용할 수 있다. 이와 반대로 구매자의 가격교섭력이 작다면, 이것은 제조업체의 경쟁상황에 유리하게 작용할 수 있다.

• 대체품의 위협(threat of substitutes)

이것은 기존의 제품시장에서 구매자 또는 소비자가 다른 대체된 제품을 구매할 때 나타날 수 있는 위협이다. 예를 들면, 가솔린 또는 디젤 자동차의 대체품은 수소, 하이브리드 또는 전기 자동차가 될 수 있다.

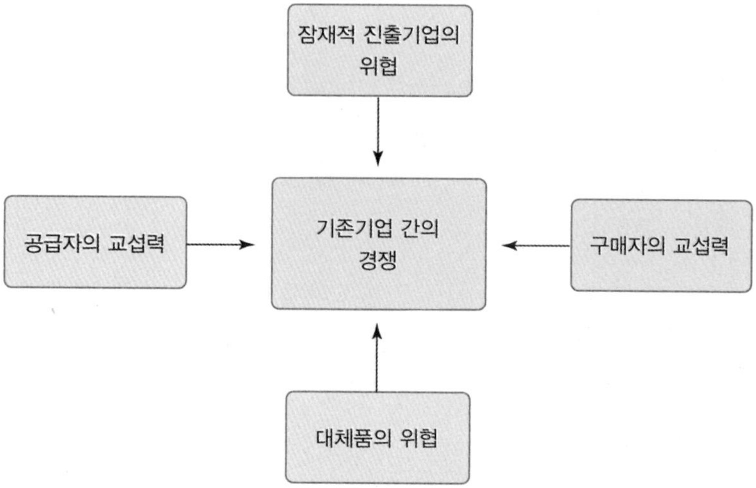

자료원: Porter, M. E.(1980).

▌그림 9-2 *포터*(Porter) 의 산업경쟁력 분석모델 ▌

*포터*가 제시한 산업 내의 경쟁을 분석하기 위한 5개의 경쟁요인을 구체적으로 살펴보면 다음과 같다.[10]

- **기존기업 간의 경쟁**

신제품 개발능력, 초과생산능력, 경기변동에 따른 매출액의 규모, 규모의 경제 또는 대량생산, 가격인하능력, 품질보증의 수준 등

- **잠재적 진출기업의 위협**

고도의 자본투자, 짧은 제품수명주기, 막대한 연구개발비, 독점적 제품, 산업표준의 변화, 규모의 경제, 광범위한 유통경로 등

10 전게서; Neuland, E./Hough, J.(Ed., 2007), p. 208 이하.

• **공급자의 교섭력**

원재료 및 공급자의 부족, 독점적 공급자, 공급자의 집중정도, 공급자의 전방통합능력(예를 들면, 1차 부품업체에 의한 2차 부품업체의 인수) 등

• **구매자의 교섭력**

구매자의 후방통합능력(예를 들면, 도매업체에 의한 소매업체의 인수), 구매자 교체비용, 구매자의 집중정도, 구매자의 총 구매가격 등

• **대체품의 위협**

대안적 및 경쟁적인 제품과 서비스의 가치, 기술의 대안적 사용 또는 다른 기술의 개발 등

*포터*의 산업경쟁력 분석모델은 어떤 산업의 경쟁력을 '경쟁'과 '협력'의 관점에서 체계적으로 분석한다. 이 모델은 기업이 활동하고 있는 현재와 미래의 경쟁력을 분석하는 데 사용될 수 있을 뿐만 아니라 미래에 진출하려는 산업의 경쟁력을 예측하는 데도 활용될 수 있는 장점을 가지고 있다.[11] 그러나 이 모델은 산업경쟁력을 정태적으로 분석하는 것을 가정하고 있으므로 산업경쟁력과 산업구조가 동태적으로 변화하는 상황을 충분하게 고려하지 못하는 단점을 지니고 있다. 또한, 이 모델은 어떤 산업에 속해 있는 기업들 간의 구체적인 경쟁전략의 차이점을 명확하게 설명하지 못하는 한계점을 가지고 있다.[12]

---

11 조동성(1997), p. 532.

12 장세진(2005), p. 123 이하.

9.2.2 기업차원의 글로벌 경쟁력 분석

*포터*는 어떤 성공적인 기업전략을 수립하기 위하여 어떤 경쟁우위가 관련되어 있는가, 그리고 어떤 시장에서 이러한 경쟁우위가 활용될 수 있는가에 대하여 연구하였다.[13] 그가 제시한 경쟁우위는 차별화우위(differentiation advantage)와 비용우위(cost advantage)이며, 이것들은 기업차원의 글로벌 경쟁전략의 수립을 위한 기본적 요소이다.

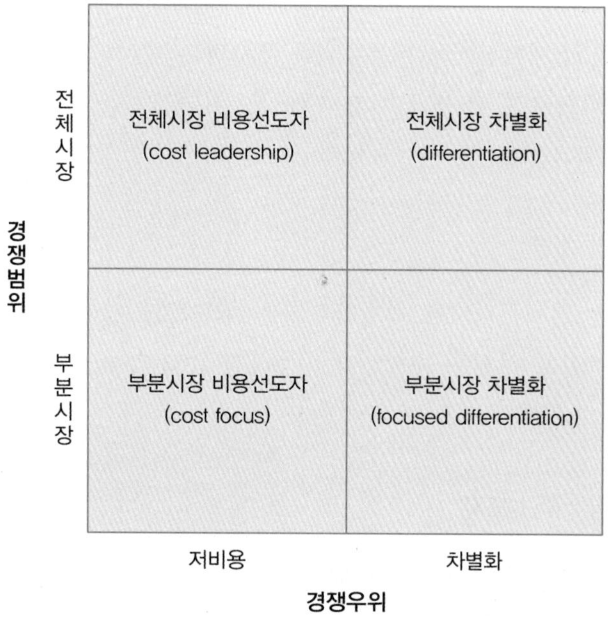

자료원: Perlitz, M.(2004), p. 52; Porter, M. E.(1985).

▌그림 9-3 *포터* 매트릭스▐

13 Porter, M. E.(1985).

<그림 9-3>은 경쟁우위(competitive advantage)와 경쟁범위(scope of competition) 등과 같은 두 가지 축으로 구성된 *포터* 매트릭스(Porter Matrix)를 보여준다. 이 그림에 나타나 있는 바와 같이, 경쟁우위는 저비용(lower cost)과 차별화(differentiation)로 구분되는 반면, 경쟁범위는 전체시장(industrywide or wide target)과 부분시장(single segment or narrow target)으로 구분되어 있다. 특히, 부분시장은 집중화(focus)와 관련되어 있다. *포터* 매트릭스가 제시하고 있는 4개의 경쟁전략의 개념과 사례를 살펴보면 다음과 같다.

- **전체시장 비용선도자**

이것은 전체시장에서 비용우위를 추구하는 전략이다. 이러한 전략을 추구하는 기업의 예로는 전 세계 시장을 대상으로 경쟁하는 일본기업(특히, 1990년대의 일본 자동차기업)을 들 수 있다.

- **전체시장 차별화**

이것은 전체시장에서 차별화우위를 추구하는 전략이다. 이에 대한 기업의 예로는 탁월한 신제품 개발능력을 보유한 IBM, Benz, BMW, Bayer, Sony 등과 같은 글로벌 기업을 들 수 있다.

- **부분시장 비용선도자**

이것은 어떤 기업이 비용우위를 기초로 부분시장(단일 세분시장)에 집중하는 전략이다. 이에 대한 기업의 예로는 1980년대 한국, 타이완 및 신흥공업국의 기업을 들 수 있다.

- **부분시장 차별화**

이것은 어떤 기업이 차별화우위를 바탕으로 부분시장(단일 세분시장)에 집중하는 전략이다. 이러한 전략을 추구하는 기업의 예로 Rolex, Hermes, Louis

Vuitton, Cartier 등과 같은 기업을 들 수 있다.

포터 매트릭스는 어떤 기업의 경쟁우위를 저비용, 차별화 및 집중화 등으로 분류하여 체계적으로 설명하고 있다. 그러나 *포터* 매트릭스는 단순히 저비용과 차별화와 같은 전략적 우위요소, 그리고 집중화와 같은 전략적 목표를 제시하고 있을 뿐이며 이러한 전략의 구체적인 실행방안을 제시하지 못하는 한계점을 지니고 있다.

9.2.3 경쟁기업의 분석

(1) 경쟁수준 분석

경쟁수준 분석(analysis of competition level)은 다양한 경쟁평가의 수준에 기초하여 자동차 기업이 판매하는 제품 또는 서비스의 경쟁상황을 확인하는 방법이다. 이 방법은 다양한 차원의 경쟁에 근거하여 경쟁기업을 분석하기 때문에 실질적인 경쟁관계를 파악하는 데 많은 도움을 줄 수 있다. 경쟁수준의 분석의 기초가 되는 경쟁평가의 기준은 다음과 같이 분류되고 설명될 수 있다.[14]

<표 9-2>는 경쟁수준 분석의 내용 및 사례를 제시한다.

- **예산 경쟁**

고객의 예산(예, 구매예산)을 누가 선점할 것인가에 대한 경쟁

- **본원적 경쟁**

고객의 본원적 욕구충족(예, 기본적인 인간욕구)과 관련된 경쟁

14 방용성/주윤황(2015), p. 197 이하.

• **상품유형 경쟁**

구체화된 고객욕구를 충족시키는 제품 또는 서비스 간의 경쟁

• **브랜드 경쟁**

동일 업종에 속해 있는 각 브랜드 간의 경쟁

표 9-2 경쟁수준의 분석내용 및 사례

구 분	내 용	사 례
예산 경쟁	고객의 예산을 누가 선점할 것인가에 대한 경쟁	포괄적이며, 고객이 구체화되지 않음
본원적 경쟁	고객의 본원적 욕구를 충족시키는 제품 또는 서비스 전체 차원의 경쟁	'탈 것'에서의 경쟁
상품유형 경쟁	구체화된 고객의 동일한 욕구를 충족시키는 제품 또는 서비스 간의 경쟁	이동수단 간 경쟁 (자동차, 모터 사이클 등)
브랜드 경쟁	동일 업종에 속해 있는 각 브랜드 간의 경쟁으로 고객니즈를 충족시켜주는 동일 제품 또는 서비스 차원의 경쟁	자동차 간 경쟁 (Mercedes-Benz, BMW, Audi 등)

자료원: 방용성/주윤황(2015) p. 198; 저자에 의해 일부 수정됨.

경쟁수준의 분석에서는 보다 정확한 자사의 경쟁적 위치, 강점 및 약점 등을 확인하기 위해서는 상품유형 경쟁과 브랜드 경쟁을 분석하는 것이 바람직하다. <표 9-3>은 상품유형 경쟁 및 브랜드 경쟁의 분석표(양식)를 보여준다. 이 분석표는 자동차 기업의 상황에 따라 다양하게 변형시켜 활용할 수 있다.

표 9-3 상품유형 경쟁 및 브랜드 경쟁의 분석표(양식)

구 분		매출액	제품 특징	강 점	약 점	경합 정도
상품유형 경쟁 (유사경쟁)	A제품					
	B제품					
	C제품					
	D제품					
	기 타					
브랜드 경쟁 (직접경쟁)	A제품					
	B제품					
	C제품					
	D제품					
	기 타					

자료원: 방용성/주윤황(2015) p. 198.

(2) 경쟁기업 그룹핑 분석

경쟁기업 그룹핑 분석(grouping analysis)은 경쟁기업들과 관련된 정보를 다양한 기준에 따라 수집한 후, 이를 기초로 하여 경쟁기업들을 일목요연하게 분류하여 집단화하는 것을 말한다. 이 방법은 다음과 같은 5단계를 거쳐 경쟁기업들을 분류한다.

- 1단계

분석대상이 되는 경쟁기업들을 선정한다.

- 2단계

경쟁기업 그룹핑과 관련된 평가기준들(예, 품질과 가격)을 정한다. 예를 들면, 2개의 평가기준을 사용할 경우 평면상에 표시되는 2차원적인 결과를 도출할 수 있다.

• 3단계

각 평가기준과 관련된 경쟁기업들의 정보를 수집한다.

• 4단계

수집된 각 경쟁기업들의 정보를 매트릭스에 시각적으로 표시한다.

• 5단계

경쟁기업 그룹핑 분석의 결과를 바탕으로 전략적 시사점(예를 들면, 향후의 경쟁포지션 설정)을 도출한다.

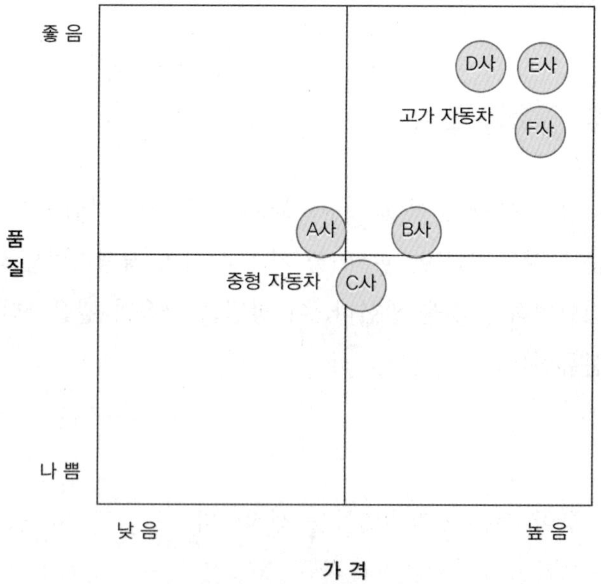

자료원: 방용성/주윤황(2015) p. 201; 저자에 의해 일부 수정됨.

▌그림 9-4 2차원적인 경쟁기업 그룹핑 분석의 사례▐

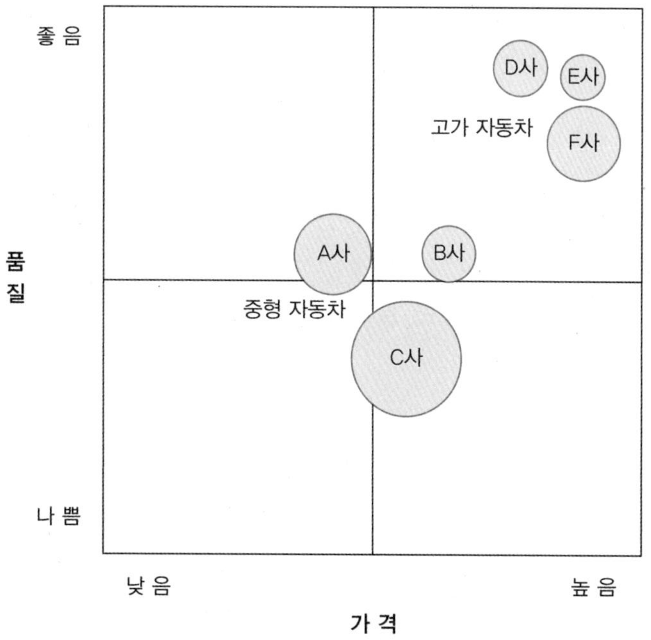

자료원: 박주홍(2017a) p. 152.

▌그림 9-5 3차원적인 경쟁기업 그룹핑 분석의 사례▐

<그림 9-4>는 2차원적인 경쟁기업 그룹핑 분석의 사례를 보여준다. 여기에서는 경쟁기업들(예, 자동차 기업)의 품질과 가격 등과 같은 두 가지의 정보를 기초로 하여 매트릭스가 완성되었다. 또한, <그림 9-5>는 3차원적인 경쟁기업 그룹핑 분석의 사례를 제시한다. 여기에서는 경쟁기업들(예, 자동차 기업)의 품질, 가격 및 연간 총매출액 등과 같은 세 가지의 정보를 바탕으로 하여 매트릭스가 완성되었다. 이 그림에서 연간 총매출액은 원의 크기로 표시되어 있다.

(3) 경쟁포지션 분석

경쟁포지션 분석(analysis of competition position)은 시장에서의 경쟁기업의 지위를 분석하고, 자사의 전략적 위치를 확인한 후 이에 대한 대응전략을 수립하는 방법이다. 경쟁포지션 분석에 필요한 기본적인 정보는 시장점유율이다. 자동차 기업 간 경쟁구도에서 확인할 수 있는 경쟁포지션은 다음과 같이 분류될 수 있다.[15] <표 9-4>는 경쟁포지션별 전략행동을 제시한다.

- **시장 리더(market leader)**

이것은 시장에서 지배적 위치를 차지하고, 시장점유율 1위의 위치를 유지하는 기업이다. 이러한 기업은 제품, 가격, 유통 및 촉진 등과 같은 마케팅활동을 선도하며 시장을 지배한다.

- **도전자(challenger)**

이것은 시장에서 선도적 지위를 갖지 못하지만, 시장점유율 2~3위를 유지하면서 시장 리더에 대항하는 기업들을 말한다. 이들의 주요 관심사항은 시장점유율 확대를 통하여 시장 리더의 지위를 빼앗는 것이다.

- **추종자(follower)**

이것은 시장 리더의 제품을 모방하여 그와 유사한 제품을 생산하고 판매하는 기업이다. 이들은 시장에서 시장 리더를 위협하는 제품을 공급할 능력이나 의사가 없으며, 일부 시장에서 확고한 위치를 확보하고자 노력한다.

- **니치 플레이어(niche player)**

이것은 시장 리더, 도전자 및 추종자가 관심을 두고 있지 않은 틈새시장

15 전게서, p. 202.

(niche market)에 진출하는 기업을 말한다. 틈새시장은 기존의 대규모 업체가 비교적 관심을 적게 가지거나 미처 관심을 두지 못한 시장으로서 기업의 성장 기회가 적고, 이익실현의 규모가 대체로 낮은 특징을 갖고 있다.

표 9-4 경쟁포지션별 전략행동

경쟁포지션	전략행동
시장 리더	시장 장악을 위해 모든 제품과 유통망에 대한 커버리지 확보 전략에 집중(시장표준 장악, 가격경쟁, 시장 확대)
도전자	시장 리더에 대항하는 신제품을 꾸준히 출시하고, 시장 리더와의 차별성 부각에 집중(리더 공격, 추종자 및 경쟁기업 공격)
추종자	시장 리더의 제품을 모방하며, 시장 리더보다 훨씬 좁은 커버리지에서 기능과 가격 면에서 사소한 차별화로 매출을 획득(도전자 공격, 모방전략)
니치 플레이어	극히 제한적인 제품 및 유통 커버리지를 갖고 있으며, 시장 전체의 흐름에서 벗어나 시장 리더나 도전자가 제공하지 않는 제품을 판매(틈새시장에서의 리더)

자료원: 방용성/주윤황(2015) p. 203.

(4) 경쟁기업 벤치마킹

경쟁기업 벤치마킹(benchmarking)은 동일한 고객집단을 대상으로 제품 또는 서비스를 판매하는 경쟁기업의 강점을 분석하여 자사의 경영과 생산에 합법적으로 응용하는 것을 의미한다. 벤치마킹은 원래 토목분야에서 사용되던 용어이다. 강물 등의 높낮이를 측정하기 위해 설치된 기준점을 벤치마크(benchmark)라 하는데, 그것을 세우거나 활용하는 일을 벤치마킹이라고 불렀다. 경영분야에서 이 용어가 처음 사용된 것은 1982년 미국의 뉴욕주 로체스터에서 열린 제록스사의 교육 및 조직 개발 전문가 모임에서부터이다.[16] 경쟁기업 벤치마킹은 다음과 같은 5단계를 거쳐 수행될 수 있다.[17]

16 http://100.daum.net/encyclopedia/view/49XXX9201035.

17 방용성/주윤황(2015), p. 204 이하.

• 1단계(벤치마킹 대상 결정의 단계)

이 단계에서는 벤치마킹해야 할 대상(예, 경쟁기업 또는 시장 리더 등) 및 관련된 주제가 결정된다.

• 2단계(벤치마킹 팀 구성)

이 단계에서는 벤치마킹을 실행할 팀이 구성되며, 각 팀원들에게 벤치마킹과 관련된 업무가 배정된다.

• 3단계(벤치마킹에 필요한 정보의 원천 확인)

이 단계에서는 벤치마킹에 필요한 정보를 수집하는 데 활용되는 정보의 원천이 확인되어야 한다. 경쟁기업의 직원, 컨설턴트, 분석가, 정부 관계자, 경영 및 무역관련 서적, 업계 보고서 등이 정보의 원천이 될 수 있다.

• 4단계(벤치마킹 데이터의 수집과 분석)

이 단계에서는 벤치마킹 정보가 수집되고, 이에 대한 분석이 이루어진다. 즉, 이 단계에서는 벤치마킹의 대상이 되는 경쟁기업의 강점들이 구체적으로 확인된다.

• 5단계(벤치마킹의 실행과 보고)

이 단계에서는 경쟁기업의 강점들이 벤치마킹을 실행한 기업의 다양한 경영활동을 위해 적용된다. 또한, 벤치마킹의 실행 결과는 보고 라인을 통하여 의사결정자에게 전달되며, 피드백 과정을 거치며 효율적인 벤치마킹이 이루어지게 된다.

9.3 자동차 마케팅과 글로벌 윤리경영

9.3.1 기업의 사회적 책임[18]

기업의 사회적 책임(corporate social responsibility)은 기업의 근원적인 존속 이유인 이윤추구활동 이외에 기업이 활동하고 있는 국가가 제정한 법률 준수, 윤리경영의 실천 및 기업의 이해관계자의 요구에 대한 적절한 대응 등을 포괄한다.[19] 즉, 기업이 활동하는 국가 및 사회에 긍정적인 영향을 미치는 책임 있는 활동을 말한다. 이러한 책임은 자동차 기업에게도 부과될 수 있으며, 자동차 마케팅의 성과와 글로벌 경쟁력은 사회적 책임의 수행여부에 따라 긍정적 또는 부정적 영향을 받을 수 있다.

일반적으로 기업의 사회적 책임은 다음과 같은 4단계로 구분될 수 있다. <그림 9-6>은 사회적 책임의 단계를 보여준다. 또한, <표 9-5>는 기업의 사회적 책임의 종류와 특징을 제시한다.

- 1단계

  경제적 책임(이윤극대화, 고용창출 등)

- 2단계

  법적 책임(회계의 투명성, 성실한 납세, 소비자의 권익 보호 등)

- 3단계

  윤리적 책임(환경보호, 안전한 제품생산, 인권 존중 등)

---

18 박주홍(2017b), p. 67 이하 수정 재인용.

19 박주홍(2012), p. 484 수정 재인용.

• 4단계

자선적 책임(사회공헌 또는 자선 등과 관련된 활동 등)

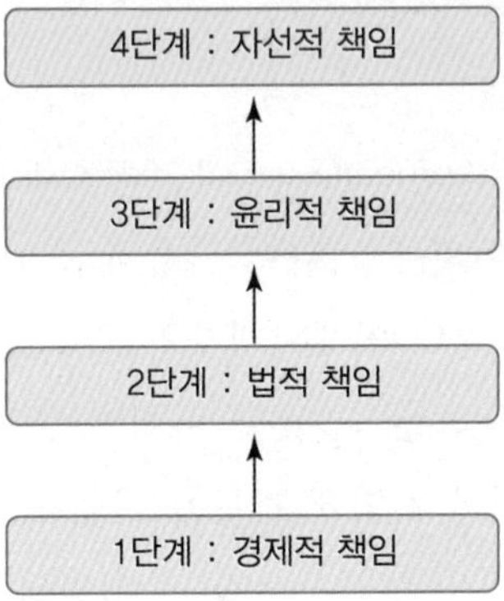

자료원: 박주홍(2017b), p. 68.

▌그림 9-6 사회적 책임 단계▐

• 표 9-5 기업의 사회적 책임의 종류와 특징

책임의 종류	자선적 책임	윤리적 책임	법적 책임	경제적 책임
사회적 기대	사회가 희망	사회가 기대	사회가 의무화	사회가 요구
윤리원칙	사회적 약자의 최대 복지	보편적 의무 인권	최대 다수의 최대 행복	자기이익 극대화, 적자생존원칙
윤리학설	정의론	의무론	공리론	윤리적 이기주의, 자유방임주의
구체적 사례	기부, 자선사업, 지역공헌, 헌금, 자원봉사	투명거래, 법의 정신 존중, 인권, 환경보호, 신뢰, 안전, 문화존중	공정거래, 뇌물/담합 불참가, 각종 법률/규정 준수	이익극대화, 시장점유율 증대, 기술혁신, 배당극대화, 경영전략

자료원: 이종영(2009), p. 125; 저자에 의해 일부 수정됨.

특히, 기업의 사회적 책임은 다음과 같은 주요 이해관계자와의 관계에 중점을 두어야 한다.[20]

- **현지국 정부**(host governments)

  경제 및 개발정책, 법률 및 규제, 정치적 개입, 뇌물 및 부패에 대한 저항 등

- **대중 및 환경**(the public and environment)

  현지국 국민 또는 주민과의 관계, 환경보호 등

- **사업 파트너**(business partners)

  공급자, 협력업체, 유통업체, 합작투자 파트너 등

- **소비자 및 종업원**(consumers and employees)

  소비자의 권익, 인권보호 등

뉴서클 커뮤니케이션(NewCircle Communication)의 *키프*(Keefe)는 기업의 사회적 책임을 촉진하는 다섯 가지의 추세를 다음과 같이 제시하였다.[21] 이러한 추세는 기업의 사회적 책임이 더욱 중요해지고 있다는 것을 시사한다.

- **투명성**(transparency)

  투명성이 증대되는 정보화 시대에 살고 있기 때문에 기업이 하는 대부분의 일들은 실시간으로 전 세계에 알려지게 된다.

---

20 Luo, Y.(2007), p. 208.

21 박우성/이강성/이영면/조봉순 역, Ghillyer, A. 저(2015), p. 109 재인용; Merrifield, M.(2003).

• 지 식(knowledge)

정보화 시대에 있어서 소비자와 투자자는 과거 어떤 시대보다도 더 많은 정보와 지식을 보유하고 있다. 이러한 정보와 지식을 바탕으로 소비자와 투자자는 기업에 대하여 많은 영향력을 행사할 수 있다.

• 지속가능성(sustainability)

지구의 자원이 급속도로 감소하고 있으며, 인구는 급증하고 있다. 기업은 이해관계자들의 다양한 요구에 부응하여 환경적으로 적절하며, 지속가능한 개발에 기여하는 계획과 전략을 수립하여야 한다.

• 글로벌화(globalization)

새로운 자본주의적 개발을 의미하는 글로벌화가 진행되는 현 시점에 있어서 개별기업의 이익과 전반적인 사회의 이익에 대한 균형을 통해 사회를 보호할 수 있는 공공제도가 필요하다.

• 공공부문의 실패(the failure of public sector)

대다수는 아니지만, 상당수의 개발도상국은 부정부패에 빠져 있다. 제대로 기능을 발휘하지 못하는 공공부문으로 인하여 수많은 문제점들이 야기되고 있다. 또한, 선진국에서도 공공부문의 문제점들이 발견되고 있다.

사회적 책임과 윤리경영은 서로 분리되어 있는 관계가 아닌 상호 결합되어 있다는 관점에서 고찰되어야 한다. 사회적 책임과 글로벌 윤리경영의 중요성은 다음과 같이 요약될 수 있다.

• 기업은 그들이 활동하고 있는 현지국 및 지역사회를 위하여 조직적이고 체계적인 가치(예를 들면, 양질의 일자리 제공, 고품질의 제품생산 등)를 제공하여야

한다.

- 경영자는 높은 수준의 윤리의식과 윤리적인 리더십에 기초하여 기업의 이윤 추구뿐만 아니라 그들이 활동하는 국가의 이익을 위하여 노력하여야 한다.
- 경영자는 사회적 책임과 글로벌 윤리경영을 통하여 기업의 글로벌 경쟁력을 강화하여야 한다.
- 현지국에서 활동하는 기업은 사회적 책임과 글로벌 윤리경영을 실천함으로써 건전한 글로벌 시민(global citizen)이 되어야 한다.

9.3.2 글로벌 윤리경영[22]

아래에서 논의하는 글로벌 윤리경영의 문제는 자동차 기업의 글로벌 경영 및 마케팅 활동과도 관련되어 있다. 또한, 아래에서 사용하는 '글로벌 기업'이라는 용어는 '글로벌 자동차 기업'을 포괄한다.

(1) 글로벌 윤리경영의 개념과 주요 과제

글로벌 윤리경영(global ethics management)은 글로벌 기업의 경영활동에 있어서 기업윤리를 중요한 가치로 설정하여, 투명하고 공정하게 업무를 수행하는 경영정신에 그 기초를 두고 있다. 즉, 글로벌 윤리경영은 글로벌 기업의 운영·관리에 있어서 윤리적 요소를 고려하여 글로벌 기업의 이윤극대화를 추구할 뿐만 아니라 비윤리적 경영 때문에 야기될 수 있는 위험을 회피하려는 목적으로 수행하는 경영방법을 의미한다. 글로벌 기업은 전 세계적 관점에서 이윤추구를 목적으로 하는 생산경제의 단위체로서의 역할을 담당하고 있지만, 그들이 속한 본국뿐만 아니라 그들이 진출한 현지국에서도 사회적 책임과 의무를 동시에 감

22 박주홍(2017b), p. 30 이하 수정 재인용.

당하여야 한다.

본국 및 현지국을 초월하여 전 세계적으로 활동하는 글로벌 기업은 다음과 같은 글로벌 윤리경영의 주요 과제를 해결하여야 한다.[23]

- **사회적 책임의 수행**

기업의 이해관계자의 요구 충족, 윤리경영의 실천, 본국 및 현지국의 법률 준수 등

- **종업원 권리의 보호**

임금, 근로조건, 직업안전, 보건 및 고용관행에서의 문제점 해결 등

- **인권의 보호**

아동노동, 인권침해, 인종차별, 여성차별 및 종교차별의 철폐, 이주노동자의 권리보호 등

- **부정부패의 방지**

회계부정, 비자금 조성, 뇌물, 정경유착, 탈세, 돈세탁 및 공금유용 등의 예방

- **환경보호**

환경오염 방지, 환경친화적 생산 및 환경오염과 배상 문제 등

- **정보관리**

정보윤리, 정보관리 및 정보보안 등

---

23 박주홍(2012), p. 484 이하.

• 경쟁요인으로서의 구매자 관리

구매자(바이어, 고객, 소비자) 권리의 보호, 담합의 방지, 제품책임, 제품안전 및 품질보증 등

• 경쟁요인으로서의 공급자 관리

원재료 및 부품 조달에서의 차별적 대우의 철폐, 불공정 거래의 방지 및 뇌물 철폐 등

• 경쟁요인으로서의 경쟁자 관리

불법적 경쟁의 회피, 불공정 내부거래 및 담합의 방지 등

• 기업의 지배구조에 따른 문제점 해결

기업의 지배구조와 윤리경영의 실천 및 지배구조관리 등

• 기업의 윤리경영의 관리

윤리적 의사결정, 윤리경영 프로그램의 운영 및 윤리강령의 제정 등

(2) 글로벌 윤리경영의 필요성과 윤리적 대안의 선택

글로벌 윤리경영의 필요성

글로벌 기업은 본국뿐만 아니라 현지국에서 활동하기 때문에 본국의 주권(sovereignty)과 현지국의 주권 통제를 받으며 경영활동을 수행한다. 또한, 글로벌 기업은 그들이 활동하는 현지국의 정치적·법적, 경제적, 사회문화적 및 기술적 환경의 영향을 받으며 운영되고 있다. 특히, 글로벌 기업의 현지 자회사는 현지국의 법률에 근거하여 설립된 회사이기 때문에 현지국의 법률과 규범을 지켜야 할 의무가 있지만, 경우에 따라서 글로벌 기업은 이러한 의무를 소홀히

하기도 한다. 이러한 의무를 소홀히 하는 것은 때때로 글로벌 기업의 비윤리성과 연결되기도 하며, 이 때문에 글로벌 기업은 손실을 감수해야 하거나 사회적 비난을 받을 수 있는 상황에 직면할 수 있다. 글로벌 윤리경영은 글로벌 기업이 본국 및 현지국에서 윤리성을 추구하고 비윤리성을 회피함으로써, 합법적이고 윤리적으로 이윤을 추구하기 위하여 필요한 경영방법이다. 글로벌 윤리경영이 필요한 주요 이유는 다음과 같다.

- 글로벌 기업의 합법적 및 윤리적 이윤추구
- 불법적 및 비윤리적 경영활동에 의한 글로벌 기업의 손실예방
- 글로벌 경영활동을 통한 현지국 경제발전 기여
- 현지국 문화와 사회적 규범의 존중
- 현지 자회사의 다양한 이해관계자 배려
- 글로벌 기업의 본국과 현지국의 윤리관 또는 윤리기준 차이의 극복

윤리적 대안의 선택

글로벌 기업의 관점에서 볼 때, 본국과 현지국의 상관습이 다르고, 이에 대한 법적 규정이 없을 경우, 글로벌 기업이 선택할 수 있는 윤리적 대안은 다음과 같이 네 가지로 요약될 수 있다.[24]

- **본국의 윤리규범에 따름**

기업의 본거지인 본국에서의 명성이 유지되고 사회적 지지를 받을 수 있다.

- **현지국의 윤리규범에 따름**

현지국의 문화와 관행을 존중하게 되면, 현지국에서의 영업활동이 원활하게 이루어질 수 있다고 판단한다.

---

24 이종영(2009), p. 617.

• **수익에 가장 유리한 대안을 선택함**

본국과 현지국의 윤리규범 중에서 수익이 더 높은 대안을 선택한다.

• **윤리수준이 더 높은 대안을 선택함**

이러한 선택을 한 글로벌 기업은 국제사회에서 사회적 책임을 잘 감당한다는 평가를 받게 된다.

<표 9-6>은 글로벌 기업의 윤리문제의 분류체계를 제시한다. 이 표에 제시된 바와 같이, 글로벌 기업은 본국과 현지국의 법규와 사회적 규범의 성격(예를 들면, 국가 간 법규의 합법과 불법 및 사회적 규범의 합치와 불합치)에 따라 다양한 윤리문제에 직면하게 된다. 이 표에 의하면, 본국의 법규와 사회적 규범이 현지국의 법규와 사회적 규범과 같을 경우, 글로벌 경영 및 마케팅 활동에서 윤리문제가 부각되지 않는다. 반면에, 본국의 법규와 사회적 규범이 현지국의 법규와 사회적 규범과 다를 경우에는 글로벌 경영 및 마케팅 활동에서 윤리문제가 중요한 의사결정의 대상이 될 수 있다.

표 9-6 글로벌 기업의 윤리문제의 분류체계

기 준			본 국			
			법 규		사회적 규범	
			합 법	불 법	합 치	불합치
현지국	법 규	합 법	O	?	O	?
		불 법	?	X	?	X
	사회적 규 범	합 치	O	?	O	?
		불합치	?	X	?	X

- O: 합법, 윤리적; ?: 본국과 현지국의 윤리기준 중에서 선택; X: 불법, 비윤리적

자료원: 이종영(2009), p. 609; 저자에 의해 일부 수정됨.

(3) 글로벌 윤리경영의 전략적 의미

글로벌 전략의 관점에서 볼 때, 글로벌 윤리경영은 글로벌 기업이 상대하여야 하는 다양한 이해관계자들과의 상호작용 및 비즈니스 행위를 다루고 있다. 일반적으로 윤리경영의 문제는 사후적으로 발생하는 경향이 있기 때문에 사전적으로 문제발생을 예방하기 위한 인적 및 물적 자원의 투입이 요구된다. 그러므로 글로벌 윤리경영의 과제는 글로벌 기업이 그들의 이용 가능한 인적 및 물적 자원을 내부적 및 외부적 환경분석을 통하여 분석한 후, 이것을 어떻게 결합하여 윤리경영의 문제점들을 처리할 것인가에 대한 전략적 의사결정과 관련되어 있다. 글로벌 윤리경영의 전략적 의미는 기업의 비용 투입 및 손실 예방의 측면에서 살펴볼 수 있다.[25]

- 비용 투입

비용 투입은 글로벌 윤리경영의 체계를 구축하는 데 소요되는 인적 및 물적 자원의 투입을 의미한다. 예를 들면, 기업의 사회적 책임의 이행, 환경오염의 예방 등과 관련된 비용 투입이 이루어질 수 있다.

- 손실 예방

비용 투입을 통하여 글로벌 윤리경영과 관련된 다양한 문제점들이 해결되는 경우, 글로벌 기업에 나타날 수 있는 손실이 예방될 수 있다. 만일 현지국에서 윤리경영의 문제를 처리하지 않는 경우, 글로벌 기업은 기업이미지 손상, 법적 문제의 발생, 환경오염 복구비용 등과 같은 부정적인 상황에 직면할 수 있다.

---

25 박주홍(2012), p. 477 이하 수정 재인용.

PART 01 자동차 시장에 대한 기본적 이해

CHAPTER 01 자동차 시장의 현황과 특징

CHAPTER 02 자동차 시장에 대한 조사와 세분화

CHAPTER 03 자동차 시장에서의 소비자 행동

↓

PART 02 자동차 마케팅전략에 대한 통합적 접근

CHAPTER 04 자동차 마케팅전략의 개념적 기초

CHAPTER 05 자동차 마케팅 제품전략

CHAPTER 06 자동차 마케팅 가격전략

CHAPTER 07 자동차 마케팅 유통전략

CHAPTER 08 자동차 마케팅 촉진전략

↓

PART 03 자동차 마케팅의 도전과 전망

CHAPTER 09 자동차 마케팅과 글로벌 경쟁력

CHAPTER 10 자동차 마케팅과 친환경 및 자율주행 자동차

Chapter 10

자동차 마케팅과 친환경 및 자율주행 자동차

CHAPTER 10

자동차 마케팅과 친환경 및 자율주행 자동차

10.1 자동차 마케팅의 전망과 자동차 산업의 변화방향

10.1.1 자동차 마케팅의 전망

친환경 및 자율 자동차의 개발, 판매 및 확산으로 인하여 자동차 마케팅과 관련된 다양한 측면들이 재확인되거나 재조명되어야 한다. 특히, 자동차 마케팅에 직접 또는 간접적으로 영향을 미칠 수 있는 자동차 기업이 통제할 수 없는 환경은 PEST 분석을 통하여 확인되어야 한다(제2장, 2.1.3 참고). 이러한 분석을 통하여 확인된 내용은 자동차 기업이 마케팅전략을 수립하는 데 여러 가지 시사점을 제공할 수 있다. 자동차 산업에 영향을 미칠 수 있는 변화되거나 변화되고 있는 PEST 환경과 관련된 주요 사항들을 간략히 제시하면 다음과 같다.[1]

1 Diez, W.(2015), p. 454.

• 정치적 · 법적 환경요인

이산화탄소 규제, 도시 교통관리의 문제, 자동차 안전성에 대한 요구, 정보보호의 첨예화, 자동차 소유와 관련된 비용(세금, 보험 등)

• 경제적 환경요인

글로벌화의 가속화, 시장의 포화, 경쟁의 격화, 자원부족과 소득불균형의 심화

• 사회문화적 환경요인

급격한 도시화, 인구통계적 변동의 가속화, 과도한 소비현상, 시장의 양극화, 정보 및 커뮤니케이션 행동의 변화

• 기술적 환경요인

디지털화의 가속화, 에너지 저장기술(예를 들면, 전기 배터리)의 발전, 센서기술의 발전, 혁신적 신소재의 개발과 사용, 기술이전의 가속화

자동차 마케팅 4P와 각각 관련된 핵심적인 주제들은 제2부에서 상세하게 논의되었다. 아래에서는 자동차 4P의 각 요소의 측면에서 미래에 중요하게 고려되어야 하는 사항 또는 트랜드를 요약하여 제시하기로 한다.[2]

• 제 품

모델 프로그램의 확장, 모듈 및 플랫폼 전략의 중요성 증대, IT/커넥티드카의 발전, 운전지원/자율주행 기술의 발전, 자동차 구조와 IT 시스템의 탈동조화(decoupling), 파워트레인 전동화의 발전, 디자인의 중요성 증대, 혁신적 모빌리티 개념의 의미 증대

---

2 전게서, p. 455 이하.

• 가 격

글로벌 가격의 조화, 제품 및 서비스 기반의 가격전략, 자동차 소유와 관련된 비용의 의미 증대, 목표집단 지향적 가격책정, 혁신적 자동차 공유모델의 개발

• 유 통

멀티채널 유통, 인터넷 기반의 소매 및 직접유통 등의 의미 증대, 혁신적 서비스에 대한 요구 증대, 고객관계관리의 강화

• 촉 진

디지털 커뮤니케이션과 크로스미디어 콘셉트의 의미 증대, 글로벌 커뮤니케이션 콘셉트의 개발과 실행, 홍보의 중요성 증대, 사회적 책임 커뮤니케이션의 강화, 퍼미시브 마케팅(permissive marketing, 사전 동의가 제공될 때 상품과 서비스를 광고하는 비전통적인 마케팅 기술)과 리버스 마케팅(reverse marketing, 고객이 기업을 찾는 마케팅) 커뮤니케이션 의미 증대

10.1.2 자동차 산업의 변화방향

최근 들어 자동차 산업은 기존의 기술패러다임(technology paradigm)이 새로운 기술패러다임으로 전환되는 파괴적 혁신(disruptive innovation)을 추구하고 있다. 기존의 기술패러다임은 휘발유 또는 경유를 사용하는 내연기관 자동차의 연비개선, 환경오염 저감장치의 개발 등에 중점을 둔 반면, 새로운 기술패러다임은 내연기관을 대체하는 전기 또는 수소자동차 등과 같은 친환경 자동차와 자율주행 자동차에 초점을 맞추고 있다. 자동차 산업의 변화방향을 요약하여 제시하면 다음과 같다.[3]

3 R&D정보센터(2015), p. 50 이하.

• 시스템의 지능화

IT융합기술에 기초한 차량 시스템의 지능화가 빠르게 진행되면서 자율주행 자동차의 개발과 도입이 급속도로 이루어지고 있다. 대표적인 사례는 다음과 같다.

- 2012년: 구글이 개발한 세계 최초 자율주행 자동차가 100km 이상 무사고 주행함.
- 2013년: Audi는 도로용 시험면허를 취득하여 자율주행 자동차의 개발 경쟁에 돌입함.
- 2013년: Mercedes-Benz는 독일 남서부 지역에서 100km 자율주행에 성공하였음.
- 2014년 애플은 자동차 전용 운영체제인 '카플레이(CarPlay)'를 출시하였으며, 음성 명령으로 차량을 제어하는 기술을 개발함.

• 동력원의 전기화

자동차 동력원의 전기화 추세가 가속화되고 있으며, 기존의 엔진 및 기계장치 관련 기술에서 2차 전지, 전기 모터 등 전기장치 관련 기술로 전환되고 있다.

- 동력 시스템이 전기 모터로 진화하는 단계에 따라 하이브리드차(hybrid electric vehicle, HEV), 플러그인 하이브리드차(plug-in hybrid electric vehicle, PHEV), 전기차(electric vehicle, EV), 연료전지차(fuel cell electric vehicle, FCEV) 순으로 상용화가 진행됨.

• 차체의 경량화

각국 정부의 차량 연비규제 강화에 따라 연비를 개선하기 위한 차체 경량화가 중요한 과제로 대두되고 있다.

- 차체에 필요한 철강재 비중을 줄이고 경금속 및 복합소재를 사용하는 경량화 연구가 활발히 수행되고 있음.

– 철강재 대신 비철금속(알루미늄 합금, 마그네슘 합금) 및 합성수지(엔지니어링 플라스틱, 탄소섬유강화 플라스틱) 계열의 소재 비중이 확대되는 추세에 있음.

10.1.3 자동차 부품산업의 변화방향

자동차 부품산업은 각종 자동차의 생산에 필요한 다양한 부품을 공급하는 산업을 의미한다. 또한, 자동차 부품산업은 소재, 석유화학, 전자, 기계 등의 분야와 밀접한 관계를 맺으며 발전해왔으며, 최근에는 자동차의 편의성, 친환경성 등이 강조되면서 IT, 환경기술 분야와의 관련성이 증대되고 있다.[4] 일반적으로 휘발유 또는 경유를 연료로 사용하는 내연기관 자동차는 2~3만 개, 하이브리드 자동차는 3만 5천 개, 전기 자동차는 1만 개의 부품으로 각각 구성되어 있다. <표 10-1>은 자동차 부품을 기능별로 분류하고 있다.

표 10-1 자동차 부품의 기능별 분류

기능 구분	부품 구분
차 체	판넬, 도어, 범퍼, 프레임
동력발생장치	엔진본체, 냉각장치, 연료장치, 윤활장치, 흡배기장치
동력전달장치	클러치, 변속기, 차축, 기어류
현가장치	쇼크 옵서버, 스프링, 스태빌라이저
조향장치	스티어링 휠, 스티어링 칼럼, 스티어링 기어
제동장치	브레이크 시스템 및 하부 부속품(디스크, 드럼 등)
전기·전자장치	배터리, 배선, 모터, 스위치, 센서, 램프, ECU
내·외장품 및 기타	시트, 안전벨트, 음향장치, 공조장치, 에어백, 와이퍼, 타이어, 휠 등

자료원: R&D정보센터(2015), p. 82.

4 전게서, p. 81.

자동차 부품산업의 주요 트랜드를 요약하여 살펴보면 다음과 같다.[5]

• **모듈화**

모듈(module)은 자동차 부품들의 기능을 갖는 조립단위를 의미하며, 모듈화는 부품공급구조 상 가장 하위에 위치한 단품 부품업체가 상위 부품업체에 부품을 납품하여 상위업체가 단품들을 조립하여 모듈을 제작하고, 이를 완성차업체에 납품하는 것을 말한다. 완성차업체의 관점에서 볼 때, 모듈화는 조립 소요시간의 단축(조립의 경제성), 및 비용절감 등과 같은 목표를 달성할 수 있다.

• **플랫폼 통합과 부품 공용화**

플랫폼은 자동차의 기본 뼈대를 말한다, 완성차업체는 개발 기간의 단축, 개발비용의 절감, 부품 공용화 등을 통한 규모의 경제를 확보하기 위하여 플랫폼 통합을 추구한다.

• **전장화**

자동차 산업 내에서 환경규제, 안전 및 편의장치가 강화되면서 전기 · 전자 제어장치 기술, IT가 적용된 전장부품의 장착 비중이 점차 증가하고 있다.

5 전게서, p. 93 이하.

10.2 친환경 자동차

10.2.1 친환경 자동차의 의의와 현황

친환경 자동차는 휘발유, 경유 등과 같은 화석 연료 대신에 신재생, 대체 연료 또는 전기구동 시스템(전동화)을 이용함으로써 탄소 배출량, 유해물질 등을 줄일 수 있는 무공해 또는 저공해 자동차를 말한다. 특히, 대표적인 친환경 자동차로 인정받고 있는 전기 자동차는 전 세계적으로 폭발적인 시장성장을 보이고 있다. <표 10-2>는 국내 전기차의 보급 현황 및 전망을 제시한다. 이 표에 나타나 있는 바와 같이, 국내 전기차 시장은 매우 가파른 성장세를 유지하고 있다.

표 10-2 국내 전기차 보급 현황 및 전망

연 도	보급 현황 및 전망(단위: 대)
2015	3,000
2017	10,000
2019	40,000
2021	100,000
2023	160,000
2025	250,000

- 2019년 기준 전망이기 때문에 실제와 다를 수 있음.
자료원: http://www.mezzomedia.co.kr/data/insight_m_file/insight_m_file_ 1281.pdf; HMG저널(2019).

<표 10-3>은 친환경 및 자율주행 자동차에 대한 관심정도를 보여준다. 이 표에 제시된 바와 같이, 친환경 자동차와 자율주행 자동차에 대한 국내의 잠재적 또는 실제적 소비자들의 관심정도가 매우 높음을 알 수 있다.

표 10-3 친환경 및 자율주행 자동차에 대한 관심정도

친환경 자동차	비 율(%)	자율주행 자동차	비 율(%)
관심 있음	68	관심 있음	70
보 통	24	보 통	22
관심 없음	8	관심 없음	8

- 이용의향 응답결과(복수응답 가능) : 친환경 자동차(전기차, 수소차 등) 54%. 자율주행 자동차 60%.
- 조사대상: 서울, 5대 광역시 거주 만 25~49세 남성 303명 온라인 조사.
- 조사기간: 2020.02.19.~2020.02.23.

자료원: http://www.mezzomedia.co.kr/data/insight_m_file/insight_m_file_ 1281.pdf.

친환경 자동차가 각국 정부, 제조업체 및 소비자로부터 많은 관심을 받으면서 내연기관 자동차의 생산과 판매를 금지하려는 움직임이 각국 정부 차원에서 급속도로 확산하고 있다. <표 10-4>는 주요 국가의 내연기관 자동차 판매금지 동향을 보여준다. 이 표에 나타나 있는 바와 같이, 유럽의 주요 국가들이 내연기관 자동차 판매금지를 발표하였으며, 독일, 중국에서도 활발한 논의가 이루어지고 있다.

표 10-4 주요 국가의 내연기관 자동차 판매금지 동향

국 가	추진현황
노르웨이	• 2025년부터 내연기관 차량 판매금지 법안 합의(2016.6) - 수도 오슬로에서 2017년부터 디젤 자동차의 일시적 운행 금지 조치 - 일반 승용차, 단거리 버스, 경량 트럭은 무공해 차량만 등록하는 방침
네덜란드	• 2025년부터 내연기관 차량 판매금지 법안 하원 통과(2016.4) - 신차에 대해서만 휘발유 및 경유 자동차의 판매금지를 추진 - 법안의 최종가결 시, 2025년부터 하이브리드 모델을 포함한 내연기관 자동차의 판매금지를 포함하고 있으나, 민주당의 강력한 반대로 실현 가능성에 주목
영 국	• 2040년부터 휘발유 및 경유 차량의 판매를 금지하는 정책 발표(2017.7) - 예산 지원(30억 파운드)과 함께 경유 차량에 대한 높은 부담금을 부과할 예정

국 가	추진현황
프랑스	• 2040년부터 내연기관 차량의 판매를 금지하는 정책발표(2017.7) - 1997년 이전에 생산된 경유차와 2001년 이전에 생산된 휘발유 차량을 친환경차로 바꾸면 인센티브를 주는 방식으로 내연기관 차량을 점차 퇴출
독 일	• 2016년 10월 결의안이 통과되었으나 연방하원 통과를 이끌어내진 못함 - 자동차 산업이 독일 산업의 중추라는 점을 감안하여 신중한 태도
인 도	• 2030년부터 전기차만 판매하는 정책을 추진하기로 발표(2017.6) - 생산된 지 10년이 경과한 경유차는 수도 뉴델리에 등록하지 못하도록 조치
중 국	• 신에너지 차량 개발과 대기오염 완화를 위해 화석연료 자동차의 생산, 판매를 중단하기 위한 계획을 마련 중 - 다만, 판매중단 시기는 자국 산업의 경쟁력 확보 시기와 연계하여 고려 중

자료원: http://www.energy.or.kr/web/kem_home_new/energy_issue/mail_ vol71/pdf/issue_174_01_02.pdf.

국토부 자료에 따르면, 2020년 말 기준 우리나라에 등록된 전체 자동차는 총 24,365,979대이다. 그중에서 친환경 자동차는 820,329대 등록되었으며, 친환경 자동차 등록 비중은 3.4%이다. 등록된 친환경 자동차 중에서 하이브리드 자동차는 674,461대, 전기 자동차는 134,962대, 수소 자동차는 10,906대인 것으로 나타났다.[6] 아래에서는 대표적인 친환경 자동차로 분류되는 하이브리드 자동차, 수소 자동차 및 전기 자동차에 대하여 살펴보기로 한다.

10.2.2 하이브리드 자동차

하이브리드 자동차(hybrid car)는 연료를 사용하는 내연기관과 전기 모터를 동시에 탑재한 자동차이다. 1899년 초에 생산된 로너–포르쉐 믹스드 하이브리드(Lohner–Porsche mixed hybrid)가 최초의 하이브리드 자동차였으며, 이것은

6 https://www.ekn.kr/web/view.php?key=20210120010004372.

운행 전에 외부 전원의 공급을 받을 수 있었다. 1997년 도쿄 모터쇼에 참가한 일본 토요타 자동차의 프리우스(Prius)가 세계 최초의 양산 하이브리드 자동차이다.[7]

하이브리드 자동차는 가솔린 엔진과 전기 모터, 수소연소 엔진과 연료전지, 천연가스와 가솔린 엔진, 디젤과 전기 모터 등 두 가지 이상의 구동장치를 사용하며, 저공해와 연비 절감을 추구하는 자동차이다. 이 자동차는 전기 모터로 출발하며, 일정 속도 이상으로 주행할 때 내연기관 엔진을 사용한다. 또한, 주행 중 또는 감속할 때 자동차의 운동에너지가 자체 발전기로 배터리에 전기를 충전하므로 별도의 충전소가 필요 없다. 그러나 플러그인 하이브리드 자동차는 외부 전원을 공급받아 충전할 수 있다.

하이브리드 자동차의 장단점은 다음과 같다.

• **장 점**

- 도심주행 연비가 우수하다.
- 저공해 자동차이다.
- 주유소에서 연료를 주입하므로 편리하게 운행할 수 있다.

• **단 점**

- 가격이 내연기관에 비해 비싸다.
- 장착된 전기 배터리는 소모품이며, 교체비용이 비싸다.
- 고속도로, 일반도로 등에서는 내연기관이 작동하므로 도심주행보다 연비가 낮다.
- 플러그인 하이브리드인 경우, 별도의 충전이 필요하다.

---

7 안병하(2007), p. 266.

10.2.3 수소 자동차

수소 자동차(hydrogen vehicle or hydrogen fueled car)는 수소를 연료로 사용하는 자동차이다. 이것은 수소 연료전지 자동차(fuel cell electric vehicle) 또는 수소 전기차라고 하며, 수소 연료전지를 사용해 전기 모터로 자동차가 구동된다. 이 자동차의 발전 장치는 전동기 구동을 위해 내연기관의 수소를 태우거나 연료전지(연료와 산화제를 전기화학적으로 반응시켜 전기에너지를 발생시키는 장치) 내에서 수소를 산소와 반응시켜 수소의 화학 에너지를 역학적 에너지로 변환한다.

수소 자동차의 실용화에 성공한 최초의 회사는 우리나라의 현대자동차이다. 현대자동차는 1998년 수소 연료전지를 개발하였고, 그 이후 실용화 과정을 거쳐 2013년 투싼 ix35 FCEV의 양산 체계를 세계 최초로 확립하였다. 그러나 이 자동차는 연료 충전 인프라와 높은 가격 때문에 시장에서 성공을 거두지 못했다. 2018년에 출시한 넥쏘는 다른 경쟁차종(2014년 토요타 미라이, 2016년 혼다 클라리티)에 비해 주행거리 및 연료 저장기술 측면에서 경쟁우위를 유지하고 있다.

수소 자동차의 장단점을 살펴보면 다음과 같다.

• **장 점**

- 친환경 무공해 자동차이다.
- 주행거리가 매우 길다.
- 수소 충전시간이 매우 짧다.

• **단 점**

- 수소 충전소가 매우 부족하다.
- 다른 내연기관 자동차보다 수소 자동차의 가격이 비싸다.
- 연료전지 교체비용이 비싸다.
- 전기 자동차보다 연료비가 비싸다.

10.2.4 전기 자동차

전기 자동차(electric car or electric vehicle)는 전기를 동력으로 사용하여 움직이는 자동차이다. 1830년대에 영국에서 개발된 이후에 19세기 후반까지 보급되었으나 충전의 문제와 배터리의 한계로 인하여 전기 자동차는 더 이상의 발전을 이룩하지 못했다. 최근 들어 전기 자동차는 배터리(2차 전지)의 성능 향상에 힘입어 우리나라뿐만 아니라 전 세계적으로 급속히 보급되고 있다.

전기 자동차는 기존의 내연기관 자동차에 비해 부품의 수가 절반에 지나지 않는 약 1만 개의 부품으로 구성되어 있다. 전기 자동차에서 가장 중요한 부품은 2차 전지이다. 2차 전지(secondary cell, storage battery or rechargeable battery)는 외부의 전기 에너지를 화학 에너지의 형태로 바꾸어 저장해 두었다가 필요할 때에 전기를 만들어 내는 장치를 말한다. 2차 전지는 납 축전지, 니켈－카드뮴 전지(NiCd), 니켈－메탈 수소 전지(Ni－MH), 리튬 이온 전지(Li-ion), 리튬 이온 폴리머 전지(Li-ion polymer) 등으로 구분될 수 있다.[8]

전기 자동차의 장단점을 다음과 같이 요약될 수 있다.

- **장 점**
  - 배기가스가 전혀 발생하지 않는다.
  - 소음이 거의 없다.
  - 내연기관 자동차, 하이브리드 자동차 수소 자동차에 비해 연료(전기)가 저렴하다.
  - 운전 중 기어를 바꿀 필요가 없어 운전조작이 간편하다.

---

8 R&D정보센터(2015), p. 695 이하.

• 단 점

- 내연기관 자동차보다 가격이 비싸다.
- 고가의 배터리가 필요하며, 배터리 교체비용이 비싸다.
- 충전시간이 길다(이러한 단점은 배터리와 충전기의 기술혁신에 의해 점차 해소되고 있다).

<표 10-5>는 2020년 전기 자동차 모델별 판매순위를 제시한다. 이 표에 나타나 있는 바와 같이, 미국의 Tesla가 전기 자동차 시장에서 강력한 우위를 차지하고 있다. 그다음으로 중국, 프랑스, 한국, 독일, 일본의 모델들이 10위권 이내에 들고 있다.

표 10-5 2020년 전기 자동차 모델별 판매순위

순 위	모델명	판매량(단위: 대)	시장점유율(%)
1	Tesla Model 3	365,240	12
2	Wulung HongGuang Mini EV	119,255	4
3	Renault Zoe	100,431	3
4	Tesla Model Y	79,734	3
5	Hyundai Kona EV	65,075	2
6	Volkswagen ID 3	56,937	2
7	Nissan Leaf	55,724	2
8	Audi e-Tron	47,928	2
9	Baojun E-Series	47,704	2
10	GW ORA R1/Black Cat	46,796	1

자료원: https://electrek.co/.

10.3 자율주행 자동차

10.3.1 자율주행 자동차의 정의

자율주행 자동차(autonomous driving car or autonomous vehicle)는 운전자가 자동차를 직접 조작하지 않고 스스로 움직이는 자동차를 말한다. 이러한 자동차는 IT 기기 또는 여러 가지 센서의 지원을 받아 주변환경의 인지, 위험의 판단, 주행경로의 계획 등을 자율적으로 수행하여 원하는 목적지까지 이동할 수 있다. 현재 Tesla를 포함한 많은 자동차 업체들이 자율주행 자동차의 상용화를 위해 기술확보와 개발에 매진하고 있다. 전통적인 자동차 업체 이외에도 구글(웨이모), 바이두(아폴로), 애플(타이탄 프로젝트) 등과 같은 IT 기업도 자율주행 기술개발에 참여하고 있다.[9]

미국 교통부 산하 도로교통안전국(National Highway Traffic Safety Administration, NHTSA)은 다음과 같이 다섯 단계로 자율주행을 구분한다.[10]

- 0단계

  수동, 운전자가 모든 모니터링 및 조작에 책임

- 1단계

  특정기능 자동, 한 가지 자동주행 기능을 자동으로 수행

- 2단계

  조합기능 자동, 두 가지 이상의 자동주행 기능이 동시에 조화롭게 수행됨.

---

9 손병학(2019), p. 156.

10 정지훈/김병준(2017), p. 94 이하 재인용.

- 3단계

제한적 자율주행(부분 자율주행), 특정 교통환경에서 자동차가 모든 기능을 제어

- 4단계

완전 자율주행, 자동차가 스스로 모든 기능을 제어하고 모니터(무인 주행차)

<표 10-6>은 자율주행 1단계 자동차의 대표적 기능을 보여준다. 자동차 업체들은 자동차 판매 시 이러한 1단계 자율주행 기능을 옵션으로 제시하고 있다.

표 10-6 자율주행 1단계 자동차의 대표적인 기능

기 능	의 미
ACC (Adaptive Cruise Control)	앞에서 주행하는 차와의 속도, 도로상황을 감안하여 적정한 차간 거리를 유지
ESC (Electronic Stability Control)	주행 중에 자동차의 자세를 실시간으로 감지하고 위험이 닥칠 경우 자동으로 자세를 유지
SCC (Smart Cruise Control)	주행 시 자동으로 차선을 유지
AEB (Autonomous Emergency Breaking)	보행자나 다른 차량 간의 충돌이 예상될 때 자동으로 정지

자료원: 정지훈/김병준(2017), p. 96.

자율주행 자동차의 장단점을 제시하면 다음과 같다.[11]

• 장 점

- 운전 스트레스가 해소되고, 이동성이 개선된다.
- 교통혼잡이 해소되고, 통근시간이 단축된다.
- 주차공간 활용도(예를 들면, 주차공간 찾기 기능 활용)를 제고할 수 있다.
- 교통사고율이 감소될 수 있다.
- 에너지 효율성이 제고되고, 공해 방지의 효과가 발생할 수 있다.
- 물류비용(예를 들면, 자율주행 트럭)이 감축된다.

• 단 점

- 자동차 가격(각종 자율기능 기능 탑재를 위한 추가 비용 포함)이 비싸다.
- 자율주행 자동차 사고발생 시 소송이 제기될 수 있으며, 책임의 소재가 모호할 수 있다.
- 안전성 문제가 발생(해커, 테러조직, 적대 국가 등에 의한 고의적 차량충돌, 교통혼란 등)할 수 있다.
- 프라이버시 침해(자율주행 데이터 관리의 문제)가 있을 수 있다.
- 자율주행 자동차 관련 제도 미비(면허발급 등 법적 근거)되어 있다.

10.3.2 자율주행 자동차의 시장전망

자율주행 자동차는 자동차 업체뿐만 아니라 IT 기업들도 많은 관심을 가지고 집중적으로 투자하는 주요 대상이 되고 있다. 현재 자율주행 자동차의 상용화 정도는 2단계(조합기능 자동) 정도에 해당되며, 앞으로의 지속적인 투자와 개

11 R&D정보센터(2015), p. 499 이하.

발에 힘입어 3단계(제한적 자율주행)와 4단계(완전 자율주행)로 진화할 것으로 예상된다.

<표 10-7>은 세계 자율주행 자동차 시장전망(2020~2035년)을 보여준다. 이 표에 제시된 바와 같이, 3단계 및 4단계 수준의 자율주행 자동차의 세계 시장규모는 연평균 40.2% 성장할 것으로 예상되며, 2035년의 3단계 및 4단계 수준의 자율주행 자동차의 시장규모는 1조 1,204억 달러에 달할 것으로 예상된다. 그리고 4단계 수준의 자율주행 자동차의 세계 시장규모는 2020년 6.6억 달러에서 2035년에는 6,299억 달러 규모에 달할 것으로 보이며, 연평균 성장률은 84.2%로 대폭적 성장이 예상된다.

표 10-7 세계 자율주행 자동차 시장전망(2020~2035년)

구 분	2020년	2025년	2030년	2035년	연평균 성장률(%)
3단계 (제한적 자율주행)	63.9	1,235	3,456	4,905	33.6
4단계 (완전 자율주행)	6.6	314	3,109	6,299	84.2
합 계	70.5	1,549	6,565	11,204	40.2

- 단위: 억 달러
자료원: Navigant Research(2013).

<표 10-8> 자동차 업체와 IT 업체의 자율주행 자동차 전략을 비교하여 제시한다. 이 표에 나타나 있는 바와 같이, 자동차 업체와 IT 업체의 자율주행 자동차에 대한 관점과 전략적 시각이 서로 다름을 알 수 있다.

표 10-8 자동차 업체와 IT 업체의 자율주행 자동차 전략 비교

구 분	자동차 업체	IT 업체
관 점	• 자동차와 컴퓨터의 결합 - 자동차 하드웨어에 소프트웨어 기술 적용 - 단계적으로 개선 및 적용	• 컴퓨터와 자동차의 결합 - 컴퓨터화된 운송수단 - 완전히 새로운 IT 기반 기술혁신
목 표	• 운전석 있는 조건적 반자율주행 - 상황에 따라 운전자가 직접 운전 - 핸들, 브레이크, 가속페달 보유 - 자동모드와 수동모드 겸용	• 운전석 없는 완전 자율주행 - 출발 버튼과 정지 버튼 - 자동모드만 있고 수동모드 없음
판매전략	• 매출 증대 및 브랜드 가치 제고 - 일반 고객에게 자동차 판매 - 1인 1차량 소유	• 새로운 신성장 동력 일환 - 택배, 렌트카 등 공유 서비스 - 소프트웨어, 칩, 단말기(기기) 판매
초 점	• 안전성 증진 및 운전하는 재미 - 운전 중 스마트폰 이용 불가	• 편의성 증대 - 운전 중 스마트폰, 태블릿 PC 이용
개발전략	• 자체 개발 기반으로 IT 업체와 협업	• 관련 기술 벤처업체 인수(M&A)
유 형	• 고속 4인승 세단 장거리 주행	• 저속 전기차(2인승) 단거리 주행
소비자	• 일반인	• 고령자, 장애인, 렌터카, 택배 이용 베이비붐 세대(1946-63년생)
강 점	• 크루즈컨트롤(ACC), 자동주차, 센서, 차선이탈 방지, ADAS	• 주행위치, 주변 교통정보 습득, 인터페이스, 소프트웨어, 운영체제
주요 업체	• Mercedes-Benz, Audi, BMW, GM, Toyota	• Google, Apple, Sony, Uber, Inductor

자료원: 한국전자통신연구원 경제분석연구실(2015); R&D정보센터(2015), p. 529 재인용.

참 고 문 헌

강영문(2010), 국제협상과 문화간 커뮤니케이션, 전남대학교출판부.

김기홍(2012), 게임이론의 관점에서 본 협상과 전략, 율곡.

김길선 역, Schilling, M. A. 저(2017), 기술경영과 혁신전략(Strategic Management of Technological Innovation), 제5판, 맥그로힐에듀케이션코리아.

김성수(2009), 21세기 윤리경영론 – 이론과 사례, 제3판, 삼영사

김종천(2002), "독일 자동차산업 발전의 결정요소," 질서경제저널, 제5집, 제2호, 한국질서경제학회, pp. 103~124.

김주헌(2004), 국제마케팅, 제2판, 문영사.

리서치애드(2020), 자동차 업종 광고비, 2020년 2월.

문병준 외(2007), 국제마케팅, 비즈프레스.

문준연(2006), 글로벌마케팅, 명경사.

박우성/이강성/이영면/조봉순 역, Ghillyer, A. 저(2015), 윤리적으로 경영하라, (Business Ethics Now, 4th Edition), (주)지필미디어.

박재기(2005), 글로벌 마케팅 – 전략적 접근, 형설출판사.

박주홍(1997), "전략혁신을 통한 기업의 국제경쟁력의 강화," 경상논총, 제15집, 한독경상학회, pp. 253~268.

박주홍(2004), "자동차 기업의 글로벌소싱에 대한 사례연구 – 쌍용자동차를 중심으로 –," 경상논총, 제29집, 한독경상학회, pp. 157~177.

박주홍(2007), 국제경쟁력강화를 위한 전사적 혁신경영, 삼영사.

박주홍(2009), 국제경영전략, 삼영사.

박주홍(2012), 글로벌전략, 유원북스.

박주홍(2013), 글로벌마케팅, 제2판, 유원북스.

박주홍(2016), 글로벌혁신경영, 유원북스.

박주홍(2017a), 경영컨설팅의 이해, 박영사.

박주홍(2017b), 글로벌 윤리경영, 삼영사.

박주홍(2019), 비즈니스협상 – 기능영역별 협상과 글로벌 비즈니스협상의 이슈 –, 박영사.

박주홍(2020a), 글로벌전략, 제2판, 유원북스.

박주홍(2020b), 혁신경영 – 신제품 개발과 통합적 기술관리, 박영사.

반병길/이인세(2008), 글로벌마케팅, 박영사.

방용성/김용한/주윤황(2012), 경영컨설턴트·기획자를 위한 컨설팅 프로세스와 컨설팅 수행기법, 학현사.

방용성/주윤황(2015), 컨설팅방법론, 학현사.

백종섭(2015), 갈등관리와 협상전략, 창민사.

설증웅/조민호(2006), 컨설팅 프랙티스, ㈜ 새로운 제안.

손병학(2019), 중국자동차의 굴기와 한국자동차의 위기, 인터북스.

슈미트/탄넨바움(2009), "차이를 창조적 에너지로 바꾸는 방법," 이상욱 역, Schmidt, W, J. et al. 편저(2009), 협상과 갈등해결 – 차이를 시너지로 바꾸는 관계의 기술, 21세기북스, pp. 19~45.

안병하(2007), 자동차산업 이야기, 도서출판 골든벨.

R&D정보센터(2015), 친환경차/자율주행차 R&D현황과 자동차부품/소재산업 경량화전략, 지식산업정보원.

HMG저널(2019), "정부 친환경차 보급 로드맵," HMG저널, 2019. 6.

유지연 역, Babitsky, S./Mangraviti, Jr., J. J. 저(2011), 협상과 흥정의 기술 – 절대 손해 보지 않는 마력의 흥정 테크닉 50, 타임비즈.

유필화/김용준/한상만(2012), 현대마케팅론, 제8판, 박영사.

윤대혁(2011), 글로벌시대의 기업윤리론, 탑북스.

윤홍근/박상현(2010), 협상게임: 이론과 실행전략, 도서출판 인간사랑.

윤훈현/성백순/남상국/이상진(2018), 현대마케팅, 청목출판사.

이건희/최창명(2004), 21세기 기업생존의 핵심 키워드 윤리경영론, 학문사.

이상욱 역, Schmidt, W, J. et al. 편저(2009), 협상과 갈등해결 – 차이를 시너지로 바꾸는 관계의 기술, 21세기북스.

이선우(2004), 협상론, 한국방송통신대학교 출판부.

이장로(2003), 국제마케팅, 제4판, 무역경영사.

이종영(2009), 기업윤리 – 윤리경영의 이론과 실제 –, 제6판, 삼영사.

이종옥/이규현/정선양/조상복/윤진효(2005), R&D 관리, 경문사.

장동운(2009), 아름다운 인간관계를 위한 갈등관리와 협상기술, 무역경영사.

장세진(2005), 글로벌경쟁시대의 경영전략, 제4판, 박영사.

정지훈/김병준(2017), 미래자동차 모빌리티 혁명, 메디치미디어.

조동성(1997), 21세기를 위한 국제경영, 경문사.

주우진/박철/김현식(2020), 마케팅관리, 제5판, 홍문사.

채서일(2003), 마케팅조사론, 제3판, 학현사.

최석신 외 역, Keegan, W. J./Green, M. C. 저(2011), 글로벌 마케팅(Global Marketing), 제6판, 시그마프레스.

카이저(2009), "고객과 협상하는 8가지 방법," 이상욱 역, Schmidt, W, J. et al. 편저(2009), 협상과 갈등해결 – 차이를 시너지로 바꾸는 관계의 기술, 21세기북스, pp. 113~130.

한국전자통신연구원 경제분석연구실(2015), 발표자료.

현대경제연구원 역, 하버드 경영대학원 저(2010), 내 의도대로 되는 하버드식 협상의 기술, 청림출판.

Albers, S./Gassmann, O.(Ed., 2005), *Handbuch Technologie- und Innovationsmanagement*, Wiesbaden.

Allesch, J./Klasmann, G.(1989), *PRIMA – Produktinnovationsmanagement in technologieintensiven kleinen und mittleren Unternehmen*, Köln.

Automobilindustrie Special(2012), *Die Top 20 der OEM-Plattformen*, Würzburg.

Ball, D. A. et al.(2004), *International Business, The Challenge of Global Competition*, 9th Edition, Boston et al.

Bauer Media(2008), *Pkw-Typologie*, o. O.

Bayus, B. L.(Ed., 2011), *Wiley International Encyclopedia of Marketing: Product Innovation & Management 5*, West Sussex.

Bea, F.X./Dichtl, E./Schweitzer, M.(Ed., 1994), *Allgemeine Betriebswirtschaftslehre*, Band 3, Stuttgart/Jena.

Bösenberg, D.(1987), "Unternehmen und Wertewandel: Die Auswirkung auf die Produktanforderungen," von Rosenstiel, L./Einsiedler, H.E./Streich, R. K.(Ed., 1987), *Wertewandel als Herausforderung für die Unternehmenspolitik*, Stuttgart, pp. 63~72.

Bradley, F.(2002), *International Marketing Strategy*, 4th Edition, London.

Brockmeier, B.(2000), *Internationale vertikale Marketingsysteme – Importeurs-steuerung durch deutsche Automobilhersteller*, Wiesbaden.

Busse von Colbe, W./Laßmann, G.(1990), *Betriebswirtschaftstheorie; Investitionstheorie*, Band 3, 3. Auflage, Heidelberg et al.

Cartwright, D.(1959, Ed.), *Studies in Social Power*, Research Center for Group Dynamics, Institute for Social Research, University of Michigan.

Cateora, P. R.(1993), *International Marketing*, 8th Edition, Burr Ridge, Illinois et al.

Cavusgil, S. T.(1988), "Unraveling the Mystique of Export Price," *Business Horizons*, Vol. 31, pp. 54~63.

Cavusgil, S. T. et al.(2008), *International Business – Strategy, Management and New Realities*, Upper Saddle River, New Jersey.

Cooper, R.(2011), "Stage-Gate Idea to Launch System," Bayus, B. L.(Ed., 2011), *Wiley International Encyclopedia of Marketing: Product Innovation & Management 5*, West Sussex.

Cooper, R./Kleinschmidt, E. J.(1991), "New Product Processes at leading Industrial Firms," *Industrial-Marketing Management*, Vol. 20, No. 2, pp. 137~148.

Crane, A./Matten, D.(2007), *Business Ethics – Managing Corporate Citizenship and Sustainability in the Age of Globalzation*, 2nd Edition, Oxford University Press.

Cundiff, E. W./Hilger, M. T.(1988), *Marketing in the International Environment*, 2nd Edition, Englewood Cliffs, New Jersey.

Czinkota, M. R./Ronkainen, I. A.(1995), *International Marketing*, 4th Edition, Fort Worth et al.

Daniels, J. D. et al.(2004), *International Business, Environments and Operations*, 10th Edition, Upper Saddle River, New Jersey.

DAT(2014), *DAT-Report 2014*, Stuttgart.

Diez, W.(2015), *Automobil-Marketing - Erfolgreiche Strategien, praxisorientierte Konzepte, effektive Instrumente*, 6. Auflage, München.

Doole, I./Lowe, R.(2004), *International Marketing Strategy - Analysis, Development and Implementation*, 4th Edition, London.

French, Jr., J. R. P./Raven, B.(1959), "The Bases of Social Power," Cartwright, D.(1959, Ed.), *Studies in Social Power*, Research Center for Group Dynamics, Institute for Social Research, University of Michigan, pp. 150~167.

Gillespie, K./Jeannet, J.-P./Hennessey, H. D.(2004), *Global Marketing - An Interactive Approach*, Boston/New York.

Heyde, W. et al.(1991), *Innovationen in Industrieunternehmen - Prozesse, Entscheidungen und Methoden*, Wiesbaden.

Hodgetts, R. M./Luthans, F.(2000), *International Management*, 4th Ed., McGraw-Hill.

Horváth, P.(1988), "Grundprobleme der Wirtschaftlichkeitsanalyse beim Einsatz neuer Informations- und Produktionstechnologien," Horváth, P.(1988), *Wirtschaftlichkeit neuer Produktions- und Informationstechnologien*, Stuttgart, pp. 1~14.

Horváth, P.(Ed., 1988), *Wirtschaftlichkeit neuer Produktions- und Informationstechnologien*, Stuttgart.

Horváth, P.(Ed., 1993), *Target Costing*, Stuttgart.

Horváth, P./Niemand, S./Wolbold, M.(1993), "Target Costing - State of the Art,"

Horváth, P.(Ed., 1993), *Target Costing*, Stuttgart, pp. 1~27.

Keegan, W. J.(2002), *Global Marketing Management*, 7th Edition, Upper Saddle River, New Jersey.

Kotabe, M./Helsen, K.(2008), *Global Marketing Management*, 4th Edition, Hoboken, New Jersey.

Kotabe, M./Helsen, K.(2011), *Global Marketing Management*, 5th Edition, Hoboken, New Jersey.

Kotler, P.(1984), *Marketing Management – Analysis, Planning, and Control*, 5th Edition, Englewood Cliffs, New Jersey.

Kotler, P.(1986), *Principles of Marketing*, 3rd Edition, Englewood Cliffs, New Jersey.

Kotler, P./Bliemel, F.(1992), *Marketing-Management*, 7. Auflage, Stuttgart.

Kotler, P./Keller, K. L.(2016), *Marketing Management*, 15th Boston et al.

KPMG(2014), *KPMG's Global Automotive Executive Survey 2014*.

Krix, P.(2014), "Ausgaben für Marketing sinken," *Automobilwoche*, Nr.3, p. 2.

Kumar, V.(2000), *International Marketing Research*, Upper Saddle River, New Jersey.

Lewicki, R./Barry, B./Saunders, D. M.(2007, Ed.), *Negotiation – Readings, Exercises, and Cases*, Boston et al.

Luo, Y.(2007), *Global Dimensions of Corporate Governance*, Malden et al.

Meffert, H./Bolz, J.(1994), *Internationales Marketing-Management*, Stuttgart et al.

Merrifield, M.(2003), "Corporate America's Latest Act: Juggling Corporate Social Responsibility," *Baylor Business Review*, Vol. 2, No. 1, Fall 2003.

Navigant Research(2013), *Autonomous Vehicle*.

Neuland, E./Hough, J.(2007, Ed.), *Global Business – Environments and Strategies, Managing for Global Competitiveness Advantage*, 3rd Edition, Oxford University Press, Southern Africa, Cape Town.

Perlitz Strategy Group(2009a), *Data Analysis by PSG-StrategyPilot*, Demo Version.

Perlitz Strategy Group(2009b), *IT-based Strategy Development using the PSG-*

StrategyPilot, Unpublished Material, Mannheim.

Perlitz, M.(2004), *Internationales Management*, 5. Auflage, Stuttgart.

Porter, M. E.(1980), *Competitive Strategy: Techniques for Analyzing Industries and Competitors*, The Free Press.

Porter, M. E.(1985), *Competitive Advantage*, New York – London.

Porter, M. E.(1990), *The Competitive Advantage of Nations*, London – Basingstoke.

Pruitt, D. G./Rubin, J. Z.(1986), *Social Conflict: Escalation, Stalemate, and Settlement*, New York.

Ritter, T.(2005), "Innovationszetzwerken," Albers, S./Gassmann, O.(Ed., 2005), *Handbuch Technologie-und Innovationsmanagement*, Wiesbaden, pp. 623~639.

Sakurai, M.(1989), "Target Costing and How to use it," *Journal of Cost Management*, 3/1989, pp. 39~50.

Schmidt, I.(1981), *Wettbewerbstheorie und -politik, Eine Einführung*, Stuttgart.

Shaw, W. H./Barry, V.(2010), *Moral Issues in Business*, 11th Edition, Belmont, California.

Solomon, M. R./Stuart, E. W.(2003), *Marketing – Real People, Real Choices*, 3rd Edition, Upper Saddle River, New Jersey.

Spremann, K.(1991), *Investition und Finanzierung*, 4. Auflage, München/Wien.

Spulber, D. F.(2007), *Global Competitive Strategy*, Cambridge et al.

Strebel, H.(Ed., 2003), *Innovations-und Technologiemanagement*, Wien.

Strebel, H./Hasler, A.(2003), "Innovations- und Technologienetzwerke," Strebel, H.(Ed., 2003), *Innovations-und Technologiemanagement*, Wien, pp. 347~381.

Terpstra, V./Sarathy, R.(1994), *International Marketing*, 6th Edition, New York.

Trott, P.(2012), *Innovation Management and New Product Development*, 5th Edition, Gosport, Hampshire.

Ury, W. L./Brett, J. M./Goldberg, S. B.(2007), "Three Approaches to Resolving Disputes: Interests, Rights, and Power," Lewicki, R./Barry, B./Saunders, D.

M.(2007, Ed.), *Negotiation – Readings, Exercises, and Cases*, Boston et al, pp. 1~13.

Vahs, D./Burmester, R.(2005), *Innovationsmanagement, Von der Produktidee zur erfolgreichen Vermarktung*, 3. Auflage, Stuttgart.

von Rosenstiel, L./Einsiedler, H.E./Streich, R. K.(Ed., 1987), *Wertewandel als Herausforderung für die Unternehmenspolitik*, Stuttgart,

Wedel, M./Kamakura, W. A.(1998), *Market Segmentation – Conceptual and Methodological Foundations*, Boston.

http://100.daum.net/encyclopedia/view/49XXX9201035.

http://global-autonews.com/bbs/board.php?bo_table=bd_013&wr_id=275&page=55.

http://www.autoherald.co.kr/news/articleView.html?idxno=36848.

http://www.energy.or.kr/web/kem_home_new/energy_issue/mail_vol71/pdf/issue_174_01_02.pdf

http://www.interbrand.com.

http://www.mezzomedia.co.kr/data/insight_m_file/insight_m_file_1281.pdf.

http://www.strategicbusinessinsights.com/vals/ustypes.shtml.

http://www.wipo.int/about-ip/en/.

https://de.statista.com/statistik/daten/studie/74992/umfrage/werbeausgaben-der-automobilhersteller-in-deutschland/.

https://electrek.co/.

https://interbrand.com/best-brands/.

https://namu.wiki/w/%EC%9E%90%EB%8F%99%EC%B0%A8.

https://news.joins.com/article/24016539.

https://www.ama.org/AboutAMA/Pages/Definition-of-Marketing.aspx.

https://www.chosun.com/economy/auto/2021/01/18/E4QG7CU7NRHVDBLHPFJ2AS2HMA/.

https://www.ekn.kr/web/view.php?key=20210120010004372

https://www.focus2move.com/.

https://www.jdpower.com/business/press-releases/2020-initial-quality-study-iqs.

https://www.kaida.co.kr/ko/kaida/bbsList.do?boardSeq=18.

국 문 색 인

ㄱ

영 문 색 인

A

B

E

F

G

저자 약력

박 주 홍(朴 珠 洪)

계명대학교 경영학과(부전공: 독어독문학) 졸업(경영학사)
계명대학교 대학원 경영학과 졸업(경영학석사)
독일 슈투트가르트(Stuttgart) 대학교 경영학과 수학
독일 호헨하임(Hohenheim) 대학교 대학원 국제경영학과 박사과정 수학
독일 만하임(Mannheim) 대학교 대학원 국제경영학과 졸업(경영학박사)

독일 바덴-뷰르템베르크(Baden-Württemberg)주 학예부 박사학위지원 장학금 수상
독일 학술교류처(DAAD) 연구지원 장학금 수상
BMW 학술상 수상, 2001
계명대학교 업적우수상 수상, 2017
남서울대학교 경영학과 조교수 및 경영연구센터 소장 역임
독일 만하임(Mannheim) 대학교 국제경영학과 방문교수 역임
계명대학교 경영대학 부학장, 경영학부장, 계명카리타스봉사센터장, 취업지원처장, 학생복지취업처장
계명테크노파크사업단장, 대구테크노파크 계명대학교센터장 역임
한국자동차산업학회 이사, 한독사회과학회 이사 역임
현재 계명대학교 경영학전공(국제경영) 교수(juhong@kmu.ac.kr)
독일 Perlitz Strategy Group(경영컨설팅사) 아시아지역 학술고문(www.perlitz.com)
한국질서경제학회 부회장, 한국국제경영학회 상임이사, 한독경상학회 이사

주요 논문, 저서 및 역서

자동차 마케팅전략, 박영사(2021)
글로벌전략, 제2판, 유원북스(2020)
혁신경영 - 신제품 개발과 기술혁신 -, 박영사(2020)
비즈니스협상 - 기능영역별 협상과 글로벌 비즈니스협상의 이슈 -, 박영사(2019)
글로벌경영, 제2판, 유원북스(2018)
글로벌 윤리경영, 삼영사(2017)
경영컨설팅의 이해, 박영사(2017)
글로벌혁신경영, 유원북스(2016)
글로벌 인적자원관리, 유원북스(2016)
글로벌마케팅, 제2판, 유원북스(2013)
글로벌전략, 유원북스(2012)
글로벌경영, 유원북스(2012), 집현재(2011)
글로벌마케팅, 박영사(2010)
국제경영전략, 삼영사(2009)
국제경쟁력강화를 위한 전사적 혁신경영, 삼영사(2007)
국제경영(역서, Manfred Perlitz 저), 형설출판사(2003) 외 4권의 저서
"AHP를 이용한 제품혁신을 위한 의사결정 우선순위의 분석: 조직적 측면을 중심으로"(2018)
"The Competitiveness of Korean and Chinese Textile Industry: The Diamond Model Approach"(2010, 공동연구) 외 50여 편의 논문

자동차 마케팅전략

초판발행 2021년 6월 30일

지은이 박주홍
펴낸이 안종만 · 안상준

편 집 전채린
기획/마케팅 장규식
표지디자인 박현정
제 작 고철민 · 조영환

펴낸곳 (주) 박영사
서울특별시 금천구 가산디지털2로 53, 210호(가산동, 한라시그마밸리
등록 1959. 3. 11. 제300-1959-1호(倫)
전 화 02)733-6771
f a x 02)736-4818
e-mail pys@pybook.co.kr
homepage www.pybook.co.kr
ISBN 979-11-303-1315-3 93320

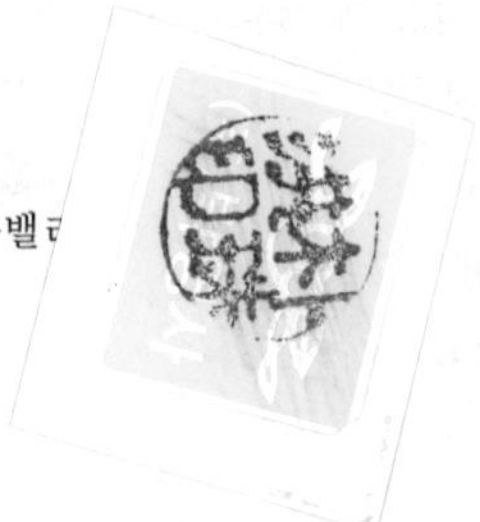

정 가 29,000원